_____ 님의 소중한 미래를 위해

이 책을 드립니다.

벌거벗은
교양

복잡한 세상이
술술 읽히는
세상의 모든
TOP 10

벌거벗은 교양

지식스쿨 지음

메이트북스

메이트북스 우리는 책이 독자를 위한 것임을 잊지 않는다.
우리는 독자의 꿈을 사랑하고,
그 꿈이 실현될 수 있는 도구를 세상에 내놓는다.

벌거벗은 교양

초판 1쇄 발행 2023년 2월 15일 | **지은이** 지식스쿨
펴낸곳 (주)원앤원콘텐츠그룹 | **펴낸이** 강현규·정영훈
책임편집 박은지 | **편집** 안정연·남수정 | **디자인** 최선희
마케팅 김형진·유경재 | **경영지원** 최향숙 | **홍보** 이선미·정채훈
등록번호 제301-2006-001호 | **등록일자** 2013년 5월 24일
주소 04607 서울시 중구 다산로 139 랜더스빌딩 5층 | **전화** (02)2234-7117
팩스 (02)2234-1086 | **홈페이지** matebooks.co.kr | **이메일** khg0109@hanmail.net
값 18,000원 | **ISBN** 979-11-6002-393-0 03100

모든 인간은 태어나면서부터 알기를 원한다.

• 아리스토텔레스 •

기존 책들이 알려주지 않는 신박한 교양!

'사람의 삶이라는 게 한순간에 바뀔 수 있습니다'라는 것을 요즘 몸소 체험하고 있습니다. 유튜브라는 매체를 통해 구독자와 시청자들을 만나는 일을 업으로 삼기 전, 저는 그저 대한민국 대부분의 직장인들처럼 주어진 일에 충실하고 그 대가로 월급을 받는 평범한 삶을 살고 있었습니다.

그 사이 코로나19가 터졌고 거의 매일 퇴근 후 즐기던 운동도 할 수 없게 되자 불현듯 세상에 숨겨진 각종 정보와 자료들을 많은 사람들이 알수 있도록 하나하나 벗겨내 영상으로 정리하고픈 욕구가 생겨나기 시작했습니다. 그렇게 독학으로 영상편집을 공부하면서 지금의 지식스쿨 채널을 만들 수 있었습니다. 현재 지식스쿨 채널은 제 인생 2막의 중심이자 일상의 전부입니다.

지식스쿨 내의 다양한 영상들은 순전히 호기심이 발단이 되어 만들어진 창작물입니다. 개인적으로 궁금했던 주제들을 과거부터 현재에 이르기까지 수시로 정리하면서 매일 하나의 주제를 영상으로 풀어나가고 있는데, 이를 풀어가는 방식에 대해서도 나름 많은 고민을 했습니다. 어떻게 하면 필자인 저뿐만 아니라 많은 사람들이 제작 영상에 꾸준히 호기심을 이어갈 수 있고, 시청 시 내용을 쉽게 이해할 수 있을까 하는 부분에 초점을 맞췄습니다.

그렇게 탄생한 것이 지금의 'TOP 10' 콘텐츠였습니다. 즉 영상을 만드는 가장 큰 목적은 '개인적인 호기심을 차곡차곡 정리하는 것'과 '숨겨진 세상의 지식들을 하나하나 벗겨내 모두와 공유하는 것'이라 볼 수 있습니다. 저의 체력이 다하거나 호기심이 마르지 않는 이상 계속될 것입니다.

'TOP 10' 콘텐츠에 대한 반응은 구독자의 증가가 말해주듯 예상외로 뜨거웠습니다. 하나의 주제를 기존의 나열식이 아닌 순위로 구분해 설명하니 이를 시청하는 분들은 내용에 더 집중할 수 있었고 다음 순위에 대해 궁금증이 커져 자연스레 관심도도 이에 비례해 높아질 수 있었습니다. 물론 'TOP 10' 콘텐츠 특성상 깊이 있는 지식전달이 어려울 수 있습니다.

그렇지만 깊이 있는 지식은 마니아를 제외한 다양한 사람들을 콘텐츠로 불러들이는 데에는 분명 한계가 있기 때문에 숨겨진 세상의 지식들을 하나하나 벗겨내 모두와 공유하기 위해서는 지금과 같은 'TOP 10' 콘텐츠가 가장 효율적이고 최적화된 방향이라 생각합니다.

　다만 그동안 영상을 제작하면서 한 가지 마음에 걸렸던 것이 있습니다. 유튜브라는 매체에 접근할 수 없는 분들이 우리 주변에 의외로 많다는 점입니다. 이런 와중에 지식스쿨 영상 중 일부를 책으로 출판할 수 있는 기회가 주어져 그런 분들도 지식스쿨을 함께할 수 있다는 점에서 다행이라 생각합니다.

　지식스쿨의 모든 영상을 책에 담을 수는 없었지만 적어도 다양한 분야를 책에 담고자 노력했습니다. 역사, 문화, 사회, 과학, 정치, 경제 등 어찌보면 어렵게 느껴질 수 있겠지만 전문서적은 아니니 큰 부담없이 편하게 읽을 수 있을 겁니다. 평범한 사람이 평범한 지식으로 평범하게 쓴 것이어서 누구든지 쉽게 읽을 수 있고, 충분히 이해할 수 있다고 생각합니다. 복잡한 출퇴근 시간에 읽거나 다급한 화장실에서도 어렵지 않게 읽을 수 있는 책이라 감히 자부합니다.

　그간 영상으로 만든 콘텐츠 중에서도 각별히 사람들의 큰 관심을 받았던 것들을 엄선해 엮은 이 책은 총 5장으로 구성되어 있습니다. 1장은 세상을 바라보는 시선과 미래를 내다보는 지혜를 키워줄 독특한 역사의 흔적에 대한 이야기입니다. 과거에 있었던 사실을 기록한 역사는 이미 지나간 것들이라 동떨어진 세상이라 생각할 수도 있겠지만 역사는 현재 살아가고 있는 사람들에게 많은 것들을 전해줄 수 있음을 보여줍니다.

2장은 세계 모든 사회에 존재하는 문화의 차이에 대한 이야기입니다. 문화는 사람들의 삶을 풍요롭게 하고, 이러한 문화의 차이는 사람들의 호기심을 자극해 재미를 안겨줍니다. 3장에서는 전 세계의 관심을 모았던 사회 현상에 대한 이야기입니다.

4장은 호기심을 자극할 만한 과학적 지식을 다룹니다. 과학을 딱딱한 분야라고 인식하는 사람들이 더러 있지만 21세기 과학은 우리의 삶에 많은 변화를 가져다줍니다. 사람들이 늘 휴대하는 스마트폰처럼 과학에는 호기심을 자극할 만한 것들이 매우 풍부합니다. 5장은 정치와 경제 분야에서 벌어졌던 독특한 일들을 모은 것으로, 정치와 경제에 대한 여러분들의 관심을 한 단계 더 높여줄 것입니다.

지식스쿨 영상제작 이후 이렇게 출판할 수 있었던 것은 주변의 도움이 컸습니다. 자주 놀아주지 못한 딸과 아들에게 미안하고 항상 묵묵히 응원해준 가족들에게 감사한 마음이 큽니다. 또한 지식스쿨을 열렬히 시청해주시고 많은 관심을 보여준 구독자들에게는 정말로 깊은 감사의 말씀을 드리고 싶습니다. 출판의 기회를 준 메이트북스에도 감사드립니다.

지식스쿨

지식스쿨 채널의 콘텐츠는 세계여행을 하면서 다양한 산해진미를 맛보는 것과 같은 느낌으로 다가옵니다. 또한 세계 각국에 대한 풍부한 정보를 취급하면서 구독자들의 지식 수준을 높여주는, 채널 이름에 걸맞은 활동으로 언제나 구독자들의 호기심과 갈망을 충족시켜주고 있습니다. 이제는 영상뿐 아니라 책에서도 같은 것을 경험하고 신선한 지식과 교양을 맛볼 수 있을 것이라 기대합니다. 어서 빨리 책을 읽어보고, 또 지인들에게 책을 소개할 수 있기를 기쁜 마음으로 기다려봅니다. ___***이드

지하철 출퇴근길에 신문보다 재밌는 콘텐츠 매력에 빠져 매일같이 시청하고 있던 구독자입니다. 폭넓은 지식을 간결하게 정리해주는 지식스쿨 님 덕에 세상은 참 다이내믹하구나 새삼스레 느끼게 됩니다. 그간의 내용이 책으로 나온다니 참 반가운 마음입니다. 읽다 보면 왠지 만물박사가 될 것만 같은 기분입니다. 앞으로 2탄도 기대! ___영**

매일매일 학생이 아닌데도 공부하는 느낌! 항상 영상 감사합니다. ___L*e

지식스쿨의 콘텐츠는 뇌리에 박히는 신박한 주제만을 다뤄서 항상 흥미롭게 보고 있었습니다. 지금껏 생각지 못한 물음들, 그리고 한 번쯤 궁금했지만 해답을 얻지 못했던 호기심들을 늘 명쾌하게 해소해주시죠. 이렇게 친절한 교양 선생님의 첫 책이라니, 무척 기대되네요!　　　__교양**몬**

일상에서 알아두면 유용한 상식에서부터 세계경제, 정치, 역사 등 다양한 영역을 넘나들며 알려주는, 말 그대로 '지식'스쿨의 알찬 내용을 순위별로 알려주신 덕에 그동안은 흥미진진하게 보고 들었다면, 이제 활자로 대할 수 있겠군요! 꼼꼼히 읽고 제 지식으로 만들겠습니다!　　　__**드**

믿고 보는 지식스쿨의 영상이 책으로 출간되다니 무척 기대됩니다. 무미건조한 출퇴근 시간 동안 TOP 10으로 정리해주신 유용한 정보 덕분에 그 시간이 정말 알찼습니다. 알찬 정보를 많이 얻어서 조금이나마 제 삶이 윤택해졌습니다. 책이 출간되면 꼭 정독하고 싶습니다!　　　__en***tlf

다양한 분야의 정보들에 대한 친절한 길잡이가 되어주시니까 정보의 편식이 심한 저 같은 사람들에게는 더더욱 고마운 영양제입니다.　　　__*KIY**l

벌써부터 출간에 대한 기대로 가슴이 웅장해집니다.　　　__You**be

귀로 듣는 것도 좋지만 소장해서 눈으로 읽는 것도 좋은 것 같아요. 기대됩니다.　　　__김**

CONTENTS

CHAPTER 1

뚜렷하게 남아 있는 독특한 역사의 흔적

CHAPTER 2

우리가 미처 몰랐던
세계의 문화 이슈

CHAPTER 3

전 세계의 관심을 모으는
사회 현상

CHAPTER 4

호기심을 자극할 만한 과학적 지식

CHAPTER 5

정치와 경제의 특이한 이슈

과거에 있었던 사실을 기록한 역사는
오랫동안 무수히 많은 사람들과
함께한 영욕의 흔적입니다.
이미 지나간 것들이라 동떨어진
세상으로 생각할 수도 있겠지만
역사는 현재를 살아가고 있는 사람들에게
많은 걸 전해줄 수 있습니다.
'뚜렷하게 남아 있는 독특한 역사의 흔적'은
여러분의 세상을 바라보는 시선과
미래를 내다보는 지혜를 키워줄 것입니다.

뚜렷하게 남아 있는
독특한 역사의 흔적

국내여행이 곧 세계여행?
인류 역사상
가장 큰 제국 TOP 10

과거에는 다른 국가를 침략해 직접 또는 간접적으로 지배하는 식민지 지배가 상당히 많았습니다. 힘으로 억압해 문화와 민족적 특성이 전혀 다른 국가를 상대로 확장된 통치 방식을 적용시키는 국가를 우리는 '제국'이라고 부릅니다.

제국의 영향력은 다양한 기준으로 판단할 수 있는데, 무엇보다 쉽게 확인할 수 있는 기준은 영토의 크기라고 볼 수 있습니다. 제국이 다른 국가를 강력한 힘으로 굴복시켜 확보한 것이 영토이기 때문에 영토를 기준으로 제국의 영향력을 판단한다는 것은 어찌 보면 너무나 당연한 것일 수도 있습니다.

인류 역사상 가장 큰 제국이 어디인지 TOP 10 순서대로 알아보겠습니다. 참고로 현재의 국가들은 제국의 개념과는 다소 차이가 있어 제외했습니다. 그렇다면 기원전부터 거슬러 올라가 역사상 가장 큰 제국은 과연 어디였을까요?

10 _____ 흉노제국

10위는 흉노제국입니다. 흉노제국의 영토 면적은 기원전 176년에 최대 확장을 이뤘습니다. 당시 흉노제국의 면적은 약 900만 제곱킬로미터로, 이를 전 세계 영토 면적에 비춰본다면 6.68%의 비중입니다.

흉노제국은 시베리아, 내몽골, 서만주 등에 걸쳐 형성돼 있었던 유목 제국이었습니다. 지리적 위치의 특성상 한족 국가와는 지속적으로 갈등을 빚기도 했었습니다. 한무제 당시 제국이 분열되면서 중원에서의 세력은 약화됐고, 중국 문화의 유입으로 인해 문화의 정체성도 사라졌습니다. 게다가 돌궐족, 선비족 등이 부흥하면서 흉노제국은 운명을 다하게 됐습니다.

9 _____ 원나라

9위는 원나라입니다. 원나라가 영향력을 확장해 최대 영토였던 시기는 1310년이었습니다. 당시 원나라는 약 1,100만 제곱킬로미터의 영토를 확보하고 있었습니다. 이는 전 세계 영토 면적 대비 8.16%를 차지하는 비중입니다.

원나라는 몽골제국의 쿠빌라이 칸이 1271년 국호를 대원으로 부르며 중국식 국호를 사용해 건국했습니다. 이후 원나라는 1279년 남송을 무너뜨리고 중국을 통일했습니다. 원나라는 고려를 침공해 우리와도 관련이 있습니다. 원나라는 고려뿐만 아니라 일본, 미얀마, 베트남 등지로도 세력을 확장하며 전성기를 누렸습니다. 그렇지만 원나라는 1368년 명

나라에 중원을 뺏기면서 쇠퇴하기 시작해 이후 북만주, 내몽골에서 북
원으로 존재하게 됐습니다.

7 ———————————————————— 우마이야제국

공동 7위 첫 번째는 우마이야제국입니다. 우마이야제국의 영토가 가장
넓었던 시기는 720년이었습니다. 당시 우마이야제국의 영토는 약
1,110만 제곱킬로미터의 규모였습니다. 전 세계 영토 면적과 비교했을
때 우마이야제국은 8.24%의 영토를 차지했습니다.

661년 건국된 우마이야제국은 지금의 시리아 다마스쿠스를 중심으로
막대한 영토를 다스렸습니다. 제국을 유지하기 위해 아랍어를 공용어로
삼았고 행정·우편 제도를 개편했을 뿐만 아니라 일부는 종교의 자유를

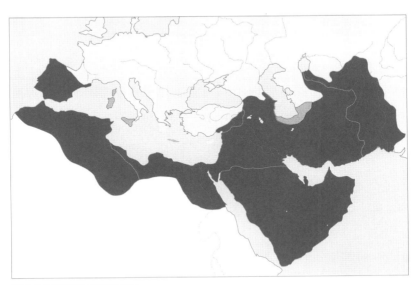

750년 당시의 우마이야제국 영토

허용하기도 했습니다. 그렇지만 시간이 흐르면서 사치와 향락을 일삼았으며 그로 인해 세제 문제 등으로 제국에 대한 불만이 커졌습니다. 결국 750년 압바스혁명으로 무너지며 광대한 영토의 제국은 사라지게 됐습니다.

7 ──────────────────────── 압바스제국

공동 7위 두 번째는 압바스제국입니다. 압바스제국의 영토가 최대 규모였던 시기는 750년이었습니다. 당시 압바스제국의 영토는 약 1,110만 제곱킬로미터였습니다. 전 세계 영토의 8.24%를 차지하는 규모입니다. 750년 압바스혁명을 통해 우마이야제국을 무너뜨리고 지금의 이라크 바그다드를 중심으로 건국했습니다. 압바스제국은 몽골제국의 공격을 받기 전까지 제국으로 존속했습니다. 압바스제국은 아랍인과 비아랍인의 차이를 두고 통치하기보다는 이슬람법을 바탕으로 통치를 했고 언어 또한 아랍어를 공용어로 두었습니다. 영토 면적은 북아프리카 일부 지역부터 아랍 그리고 중앙아시아에 걸쳐 형성됐고, 당시 이슬람 문화도 폭넓게 발전해 전성기를 누렸습니다. 오늘날의 '아랍권'이라는 권역은 압바스제국에서부터 형성된 것이라고 봐도 무방합니다.

6 ──────────────────────── 프랑스 식민제국

6위는 프랑스 식민제국입니다. 프랑스 식민제국의 최대 영토는 1920년에 기록했습니다. 당시 프랑스 식민제국의 영토는 약 1,150만 제곱킬로미터로, 이는 전 세계 영토의 8.53%를 차지하는 규모입니다.

프랑스 식민제국은 크게 2번에 걸쳐 탄생했습니다. 첫 번째 프랑스 식민제국은 1534년에 시작돼 1814년까지 유지됐고, 두 번째는 1830년에 알제리를 점령하며 시작됐습니다.

프랑스 식민제국의 최대 전성기는 바로 두 번째 프랑스 식민제국입니다. 첫 번째 프랑스 식민제국은 340만 제곱킬로미터의 영토 수준이었던 데 비해 두 번째 프랑스 식민제국은 이보다 3배 이상 넓은 면적이었습니다. 최대 전성기인 1920년 당시 절정에 달했던 프랑스 식민제국의 면적은 이후 1945년 반식민지 운동 등의 영향으로 점차 줄어들기 시작했습니다.

참고로 영토 면적의 전성기와 달리 프랑스 식민제국의 인구는 이보다 다소 늦은 1936년에 절정에 달했습니다. 당시 1억 1,000명을 기록하며 전 세계 인구의 5.15%를 차지하기도 했습니다.

5 _____ 스페인제국

5위는 스페인제국입니다. 스페인제국의 역사상 최대 영토는 1810년에 형성됐습니다. 당시 스페인제국은 약 1,370만 제곱킬로미터의 면적을 확보하고 있었습니다. 이는 전 세계 영토 면적 대비 10.17%를 차지하는 수준입니다.

스페인제국은 1492년부터 사하라를 포함해 식민지 일부 지배권을 포기한 1976년까지 존재했습니다. 스페인제국의 규모는 스페인을 중심으로 유럽, 아메리카, 필리핀, 아프리카, 오세아니아 등에 걸쳐 형성되었습니다. 스페인제국은 정점의 시기에 아메리카 식민지에서 독립의 움직임이 발생해 영토가 줄어들기 시작했고, 1900년에 이르러서는 아프리카만 식민지로 남게 되면서 제국으로서의 영광을 다했습니다. 스페인제국의 영토는 사라졌지만 현재 4억 7천만 명 이상의 사람들이 스페인어를 공용어로 사용하고 있고, 로마 가톨릭도 아직까지 과거 여러 식민지에서 종교로 남아 있습니다.

4 _____ 청나라

4위는 청나라입니다. 청나라의 영토 면적은 1790년에 최대를 기록했는데, 당시 영토 면적은 약 1,470만 제곱킬로미터였습니다. 청나라의 이같은 면적은 전 세계 영토 면적의 10.91%를 차지하는 비중입니다.

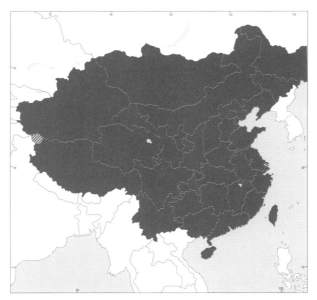

1820년 당시의
청나라 영토

중국의 마지막 통일 왕조였던 청나라는 1636년에 건국돼 신해혁명 발발 후 1912년까지 존속했습니다. 청나라의 영토 면적은 지금의 중국보다 더 넓습니다. 옹정제와 건륭제 시기가 바로 청나라의 전성기였습니다. 당시 청나라의 영토는 중국북동부, 외몽골, 내몽골, 신장, 티베트 등의 지역을 모두 확보했습니다.

3 _____ 러시아제국

3위는 러시아제국입니다. 러시아제국의 영토 면적이 최대였던 시기는 1895년입니다. 당시 러시아제국은 약 2,280만 제곱킬로미터의 영토 면적으로, 이를 전 세계 영토 면적과 비교한다면 16.92%의 수준입니다. 참고로 현재 러시아 영토는 약 1,709만 제곱킬로미터입니다.

1721년 표트르 1세가 건국한 러시아제국은 1917년 3월 러시아혁명이 일어나기 전까지 제국으로서 존재했습니다. 스웨덴제국, 오스만제국 등이 쇠퇴하면서 러시아제국의 영향력은 더욱 확대됐습니다. 최대로 융성한 1895년 러시아제국은 유럽, 아시아, 북아메리카에 걸쳐 형성됐습니다. 즉 당시 러시아제국은 아제르바이잔, 아르메니아, 핀란드, 폴란드를 포함해 알래스카까지 걸쳐 있었습니다.

2 _____ 몽골제국

2위는 몽골제국입니다. 몽골제국의 역대 최대 영토 면적은 1279년에 기록했습니다. 당시 몽골제국은 약 2,400만 제곱킬로미터의 영토 면적을 확보하고 있었습니다. 몽골제국의 이 같은 영토 면적은 전 세계 전체 영토 면적 대비 17.81%를 차지하는 수준입니다. 몽골제국의 최대 영토 면적은 북아메리카와 필적할 수 있는 규모입니다.

스페인이나 영국 등 유럽 국가의 식민지들과는 다르게 몽골제국은 하나의 인접국으로 존재하는 단일 제국이었습니다. 1206년 칭기즈 칸이 몽골제국을 건국해 여러 씨족을 통합하고 공격적으로 영토를 확장해 나갔습니다. 이후 칭기즈 칸의 손자인 쿠빌라이 칸이 통치할 때 몽골제국의 영토를 최대로 확장했습니다. 당시 쿠빌라이 칸은 남송을 정벌해 중국 전체를 이민족으로서 최초로 정벌한 기록을 세우기도 했습니다. 바그다드, 모스크바, 상하이, 북경 등을 몽골제국 내에서 다닐 수 있었던 시기였습니다.

1 ──────────────────────────────── 대영제국

인류 역사상 가장 큰 제국 1위는 대영제국입니다. 대영제국의 영토 면적은 1920년에 최대 규모를 보여주었습니다. 당시 대영제국은 약 3,550만 제곱킬로미터라는 엄청난 규모의 영토 면적을 확보하고 있었습니다. 대영제국의 이 영토 면적은 무시할 수 없는 규모로, 전 세계 영토 면적 대비 26.35%의 비중입니다. 당시 대영제국의 면적은 아프리카, 북아메리카, 유럽 대륙보다도 큰 규모였습니다.

대영제국은 16세기에 처음으로 해외 식민지를 개척하기 시작했습니다. 수백 년간의 지속적인 확장 정책에 힘입어 1920년에 이르러서 '팍스 브리타니카'로 불릴 정도로 제국의 최대 전성기를 맞이했습니다. 인도, 호

대영제국의 전성기 당시의 영토

주, 캐나다, 이집트, 이라크, 남아프리카공화국 등 그야말로 세계 곳곳이 대영제국의 영토나 다름없는 상황이었습니다. 당시 대영제국은 전 세계 인구의 25%에 가까운 4억 명이 속해 있을 정도로 역사상 최대 제국이었습니다.

이런 발명품이?
제1차 세계대전이 남긴
새로운 발명품 TOP 10

제1차 세계대전은 프란츠 페르디난트 대공의 비극적인 사건을 시작으로 1914년부터 1918년까지 전개됐습니다. 제1차 세계대전은 많은 피해를 불러온 비극적인 전쟁이지만, 한편으로 이에 따른 세계의 변화도 매우 컸습니다. 제1차 세계대전을 거치면서 여러 국가가 해체되었고 식민 통치를 받았던 국가들이 독립했으며 국제연합(UN)의 전신이라 할 수 있는 국제연맹이 설립됐습니다.

또한 전쟁에 참가하는 국가들은 모든 국력을 쏟아부어 치러야 하는 상황이니만큼 이에 따른 엄청난 기술의 변화도 일어났습니다. 여기에서는 바로 이러한 것들을 알아보려고 합니다. 제1차 세계대전으로 새롭게 발명됐거나 개선돼 대중화된 것들입니다. 무수히 많은 것들 중 10가지를 추려서 정리했습니다. 어떠한 것들이 있을까요?

요즘은 군대뿐만 아니라 민간에서도 드론을 사용할 정도로 드론은 상당히 대중화됐습니다. 그런데 드론의 개발은 최근에 이뤄진 것이 아닙니다. 제1차 세계대전이 발발하기 전인 1911년, 비행기가 발명된 지 얼마 되지 않았음에도 발명가 엘머 스페리(Elmer Sperry)는 무선으로 비행기를 제어하는 것에 관심이 있었습니다. 이를 위해 안정화가 필요했고 미 해군을 위한 자이로스코프를 개발했습니다. 1913년 미 해군은 자이로스코프를 활용한 자동 조종 장치를 시험하기 위해 비행기를 제공해주기도 했습니다.

이후 지속적인 관찰과 연구를 거듭하다 1916년에 피터 휴이트(Peter Hewitt)가 합류해 폭발물을 실어 나를 수 있는 파일럿 없는 비행기를 개발했습니다. 무선 조종 무인 항공기 개발은 사거리 120km 이내의 목표

최근 급격한 기술발달로 많은 사람들이 사용하고 있는 드론

물을 공격할 수 있는 무인 공중 폭탄 개념으로 접근했습니다. 미국이 독일에 선전포고를 하면서 미 정부는 이들의 계획을 전쟁 준비에 포함시켰고, 결국 1917년 5월 최종 승인이 이뤄졌습니다. 미 해군으로부터 5대의 해상기와 자금을 지원받았지만 전쟁에 투입되기 직전 제1차 세계대전이 종전돼 투입은 이뤄지지 못했습니다. 다만 이들이 개발한 시스템은 이후 개선 작업을 거쳐 1922년 새롭게 설계한 비행기에 장착됐고 최대 144km 거리에 있는 목표물을 성공적으로 타격한 바 있습니다.

9 ———————————————————————— 쾰른 소시지

제1차 세계대전 당시 영국 해군이 해상을 봉쇄하자 독일에서는 식량난이 가중됐습니다. 이에 독일 쾰른의 부시장인 콘라트 아데나워(Konrad Adenauer)는 쌀과 옥수수 가루로 빵을 만들기도 했고 이에 대한 특허도 받았습니다. 더불어 고기도 부족해지자 1916년 지역 주민들이 이를 극복할 수 있도록 소시지도 개발했습니다.

이 소시지는 고기가 아닌 대두 밀가루를 활용해 고기의 단백질을 대체해 만든 것이었습니다. 아이러니하게도 독일 쾰른 주민들의 식량난을 위해 개발한 이 소시지는 독일의 식품 규정에 의해 특허를 받을 수는 없었습니다. 오히려 영국, 덴마크, 스위스, 오스트리아 등에서 특허를 받았습니다. 참고로 아데나워가 행정가임에도 이런 소시지를 개발할 수 있었던 것은 과거 그가 제빵사 가족의 손자였던 가정환경이 영향을 미쳤다고 보는 시각이 있습니다.

8 ─────────────────────────────── 티백

티백은 1908년 뉴욕의 상인인 토머스 설리번(Thomas Sullivan)에 의해 우연히 발명됐습니다. 그가 샘플로 찻잎을 작은 실크로 된 봉투에 넣어 손님들에게 보냈는데 이걸 받은 손님들이 이를 뜨거운 물에 담그는 것으로 생각했던 것입니다. 뜨거운 물에 담그니 차가 우려졌습니다. 이에 착안해 토머스 설리번은 실크로 된 티백을 출시해 본격적으로 전 세계에 판매하기 시작했습니다.

그렇지만 실크로 된 티백은 차를 우리는 데 불편하다는 단점이 제기됐습니다. 제1차 세계대전 중 독일 회사인 티칸은 이를 개선해 거즈로 된 티백을 제작해 전선에 보냈습니다. 군인들은 이러한 티백을 받으면서 '차 폭탄'이라고 부르기도 했습니다. 그렇지만 티백은 전장에서 활발히 사용됐고 상업화의 가능성을 열었습니다. 티백은 제1차 세계대전 전부터 존재했지만, 현재 우리가 사용하는 티백은 제1차 세계대전에서 그 형태가 갖추어지게 된 것입니다.

7 ─────────────────────────────── 필라테스

한 사람이 수용소에 수감되지 않았다면 지금의 필라테스는 없었을 것입니다. 그 사람은 바로 1883년 출생한 뮌헨글라트바흐 출신의 조셉 필라테스(Joseph Pilates)입니다.

그는 체조 선수 출신의 아버지를 두었지만 어렸을 때 몸이 매우 허약했습니다. 허약했기 때문에 그는 건강에 대한 관심이 매우 컸습니다. 그는 정신적 건강과 육체적 건강이 서로 연관돼 있다고 믿었습니다. 제1차 세계대전 기간 그는 맨섬의 수용소에 수감됐는데, 수용소의 환경이 너무 열악해 다른 독일 수감자들과 함께 운동으로 건강을 유지하고자 했습니다. 그는 자신이 개발한 운동 방법을 동료 수감자들에게 설득해서 사용하도록 했습니다. 침대에 묶인 수감자들은 스프링과 끈을 사용해 저항훈련을 했습니다. 이것이 조셉 필라테스가 수용소에서 영감을 얻은 운동 방법입니다. 종전 후 그는 미국으로 이주해 맨해튼에 스튜디오를 설립했고, 필라테스는 오늘날에 이르게 됐습니다.

6 _____ 트렌치코트

트렌치코트는 1800년대 후반 개버딘 직물의 발명과 1900년대 초 영국군 장교의 레인코트 디자인으로 등장했습니다. 초기 트렌치코트는 일부 장교만 착용했고, 제1차 세계대전에 참전한 대부분의 영국군과 프랑스군은 무거운 코트를 걸치고 있었습니다. 트렌치코트는 이를 개선하고자 본격적으로 발명됐습니다.

전쟁 기간 동안에 디자인은 개선됐습니다. 계급을 붙이기 위해 어깨에 스트랩이 부착됐고, 칼이나 장비 등을 장착하기 위해 D링이 활용되었습니다. 또한 지도를 넣기 위해 커다란 주머니도 갖추었고 냄새 배출을 위한 통풍구도 자리하게 됐습니다. 결국 이러한 요구 사항을 포함한 방수코트 디자인은 기존의 영국군 장교의 코트와 결합돼 지금 우리가 볼 수 있는 트렌치코트가 됐고, 전후에는 민간에도 유행이 돼 지금에 이르렀습니다.

5 _____ 일회용 생리대

1896년 '존슨앤존슨'사가 일회용 생리대를 최초로 판매했지만, 궁극적으로는 제1차 세계대전에서 전선에 배치된 간호사들이 일회용 생리대의 활발한 사용을 이끌었습니다. 1914년 미국의 제지회사 연구원들이 유럽을 돌고 있었는데 독일의 펄프 및 제지회사를 방문하던 도중 면보다 5배 더 흡수 효과가 좋은 나무 펄프로 된 제품을 발견한 것입니다. 게다가 이를 대량생산할 경우 제품 가격도 절반 이하로 낮출 수 있다고 봤습니다. 결국 이들은 이 아이디어를 미국으로 가져가 상표로 등록했고, 전쟁에서 사용할 수 있는 붕대를 대량생산했습니다.

그렇지만 전선의 간호사들은 이 붕대가 위생적이고 개인적으로 사용하는 데 장점이 있다는 것을 알게 되면서 개인적인 목적으로 사용하기 시작했습니다. 이것이 이후에 가격 경쟁력과 흡수력이 개선된 일회용 생리대의 출시를 이끌었습니다.

4 _____ 지퍼

1800년대 중반부터 많은 사람들이 추위를 예방하고 간편하게 옷을 입는 방법을 연구했습니다. 1893년 휘트컴 저드슨(Whitcomb L. Judson)이 'clasp locker'로 특허를 받아 지퍼의 초기 모델을 선보였지만 획기적인 아이디어와는 다르게 잠금이 수시로 풀리는 등 여러 단점이 드러나면서 상업화로 이어지지는 못했습니다. 이후 스웨덴계 미국인 기드온 선드백(Gideon Sundback)은 저드슨의 제품을 개선하기 위해 노력했고,

단추보다 편리한 오늘날의 지퍼

결국 1909년 독일에서 특허를 등록하게 됐습니다. 그의 노력으로 발명품은 지속적으로 개선됐고 잠금장치(Hookless Fastener)를 1913년에 고안했습니다.

문제는 상업화였는데 미군이 이를 최초로 적용했습니다. 미 해군이 유니폼과 부츠에 이 발명품을 적용했고, 1917년 제1차 세계대전에 참전하면서 유럽에서 목격되기 시작했습니다. 이후에는 이것이 군용으로 검증됐기에 자연스레 민간으로 사용이 확대된 것입니다. 이것이 후에 오늘날의 지퍼로 이르게 됐습니다.

3 ———————————————————— 혈액은행

제1차 세계대전 당시 워낙 많은 인명피해가 발생하면서 혈액과 관련해 수혈과 보관에 대한 급속한 발전이 이뤄졌습니다. 전쟁 기간에 캐나다

장교 로렌스 로버트슨(Lawrence Robertson)은 부상당한 병사들을 위해 수혈을 해야 한다고 강조했고, 1915년 10월에 파편으로 부상당한 병사에게 주사기로 수혈을 진행했습니다. 이는 성공적이었고 상부에도 보고가 됐습니다. 1916년 영국 의학저널에도 발표되어 영국 정부에도 수혈의 장점을 적극적으로 알릴 수 있었습니다. 결국 로버트슨은 1917년 서부전선에 세계 최초로 수혈 기관을 설립했습니다.

또한 1917년 미군 장교인 오스왈드 로버트슨(Oswald Robertson)은 영국군과 협의해 군인들로부터 기증받은 혈액을 보관하는 혈액은행을 설립하기도 했습니다. 혈액은 저장을 위해 최대 28일간 얼음병에 보관됐고, 더불어 혈액의 응고를 막기 위해 구연산나트륨을 첨가하기도 했습니다. 이는 부상자 치료소에서 사용됐습니다.

2 ——————————————————————— 방독면

1915년 4월 독일군은 연합군을 상대로 독가스를 최초로 사용했습니다. 이는 위력적이었고, 연합군은 이에 대응하기 위한 방독면에 관심을 갖게 됐습니다. 최초에는 투명한 렌즈가 부착된 화학흡수 직물로 만든 조잡한 형태의 마스크였습니다. 더욱 확실한 방어가 필요했고, 지속된 개선 작업을 거쳐 1915년 호스가 연결된 대형 박스 형태의 호흡 보호구가 개발됐습니다.

1916년 2월부터 제작됐는데 전장에서의 원활한 활동을 위해 거듭 개선 작업이 이뤄졌고, 1916년 8월부터는 작은 크기로 제작됐습니다. 개선된 방독면은 1917년 1월에 영국군의 표준 방독면으로 자리 잡게 됐습니다. 제1차 세계대전 이후에도 방독면은 꾸준한 개선 작업을 거쳐 오늘날의 방독면이 됐지만 당시의 급박한 상황이 큰 영향을 주었다는 것을 무시하기는 힘들 것입니다.

1 ———————————————————— 스테인리스강

1800년대 후반에는 금속의 부식 방지에 대한 관심이 높았습니다. 이에 여러 야금술사들이 특허를 시도했으며, 영국군도 총기에 더 알맞은 금속을 찾고 있었습니다. 총을 지속적으로 발사하게 되면 총신이 마찰과

일상에서 매우 유용하게 쓰이는 스테인리스강

열 때문에 변형되거나 부식됐기 때문이었습니다.

1912년 영국군은 영국 셰필드 브라운 퍼스 연구소의 해리 브리얼리 (Harry Brearley)에게 더 강한 합금을 찾아달라고 요청했습니다. 그러던 중 그는 그동안 공장에서 총신에 어울리는 합금을 찾는 실험을 하다가 버린 고철 스크랩 사이에서 우연히 반짝이는 금속을 발견했습니다. 비가 오고 외부 습기에 노출된 지 오래됐음에도 금속이 부식되지 않은 원래 상태 그대로 있던 것이었습니다. 1913년 이 우연으로 스테인리스를 발견할 수 있었고, 영국군은 신속히 총신에 적용시키기 위해 이를 채택했습니다.

잘못된 믿음이 불러온
인류 역사상
최악의 희생 TOP 10

희생이라는 단어의 사전적 의미는 '다른 사람이나 어떤 목적을 위해 자신이 가진 것을 바치거나 포기하는 것'이라고 정의돼 있습니다. 그중 인간의 생명을 대상으로 한 희생의 역사는 매우 오래됐습니다. 기원전 8000년경 농경이 시작되면서 사회가 형성되고 권력이 탄생하게 되자 누군가는 제물 등으로 희생돼야 하는 상황이 벌어지게 된 것입니다. 희생의 대상은 개인이거나 집단이었습니다. 신, 통치자, 조상의 영혼을 위해 식인을 비롯한 다양한 방법이 동원돼 반강제적 희생을 치른 것입니다.

이렇게 희생된 사람의 수는 역사 속에서 가늠하기가 불가능할 정도로 매우 많았습니다. 특히 중남미의 경우에는 유럽의 신대륙 발견으로 상륙하기 전까지 대륙 전역에서 활발하게 이뤄지기도 했습니다. 그렇지만 그나마 다행인 건 현재는 사이비 종교 등의 일부 사례를 제외하고는 대부분 사라졌다는 것입니다. 인간을 대상으로 한 최악의 희생 10가지를 살펴보겠습니다.

10 ─────────────── 켈트족 위커맨

고대 유럽의 켈트족은 5년 주기로 거대한 의식을 치렀습니다. 의식에서는 위커맨을 사용해 인신공양으로 인간을 희생시켰는데, 위커맨은 나무를 사용해 만든 사람의 형상을 지닌 구조물입니다. 당시 켈트족이 사용한 위커맨은 거대한 사람 형상의 구조물로 동물을 가두는 우리와 다름없어서 위커맨 안에는 인신공양의 대상들이 들어갔습니다. 주로 들어갔던 범죄자나 포로들이 위커맨 안에 갇히게 되면 켈트족의 사제들이 위커맨에 불을 붙이는 것입니다.

다만 시기가 오래돼 명확한 증거는 남아 있지 않습니다. 그렇지만 현대의 일부 종교의식이나 축제에서 유사한 모습을 찾아볼 수 있습니다. 물론 위커맨의 크기도 작아졌고 사람의 희생을 불러오지도 않기 때문에 과거 켈트족과는 다르다고 봐야 합니다.

9 ─────────────── 이집트 파라오

고대 이집트 사람들은 사후세계에 대한 믿음이 강했던 터라 죽음 이후의 삶에 대해서도 관심이 높았습니다. 이 때문에 고대 이집트에서 파라오의 죽음은 많은 사람들의 삶에도 영향을 미쳤습니다. 파라오가 죽을 때 사람들이 같이 매장됐는데, 그 수는 파라오에 따라 적게는 수십 명에서 많게는 수백 명에 이르렀습니다. 다만 제1왕조에서 벌어졌던 대규모의 희생은 시간이 흐를수록 그 규모가 작아졌습니다.

고고학에서 이들의 유해를 확인했을 때는 유골에 외상이 없었는데, 이

사후세계에 대한 믿음이 강했던 고대 이집트

를 통해 짐작해보면 목이 졸렸거나 약물에 의해 희생됐을 것이라고 추
정하고 있습니다. 파라오가 죽을 때 많은 사람들의 희생이 가능했던 것
은 앞서 언급한 것처럼 사후세계에 대한 믿음이 있어서일 것입니다. 즉
사후세계에서도 파라오를 위해 헌신하고 더불어 영원한 행복과 안전을
보장받을 수 있다는 강한 믿음이 이들을 희생하게 만드는 강한 동기가
됐던 것입니다.

8 _____ 레오파드 소사이어티

레오파드 소사이어티는 믿음이 무서운 결과를 초래할 수 있다는 것을
보여줍니다. 레오파드 소사이어티는 서아프리카의 비밀 집단인데 주로
현재의 라이베리아, 코트디부아르, 나이지리아, 시에라리온 지역을 일
대로 활동했습니다.

이들은 표범 가죽을 입고 표범의 발톱과 이빨 등을 무기로 활용해 희생자를 찾아다녔습니다. 이들은 희생자를 제의에 바쳤고, 이후 희생자의 시신을 집단 내 구성원들에게 나눠주며 식인이 이뤄졌습니다. 그중 혈액은 힘을 주는 약이라고 인식해 중요하게 다뤘습니다. 또한 이러한 제의와 식인은 부족을 강하게 하고 집단 내 구성원들의 결속을 높인다고 굳게 믿었습니다.

그렇지만 레오파드 소사이어티는 영국과 프랑스가 아프리카에 진출하면서 위축됐습니다. 이후 라이베리아 등 독립한 아프리카 국가들에서도 불법으로 규정해 근절됐습니다.

7 _____ 잉카제국

13세기에 건국된 잉카는 15세기에 들어서서 잉카제국으로 거듭났습니다. 잉카제국에서는 어린아이를 대상으로 인신공양이라는 희생이 이뤄졌습니다. 이러한 희생의 목적은 태양신에게 아이들을 바치기 위함이었습니다. 아이들은 잉카제국 내의 아이들이 아닌 외부 국가의 아이들이 주로 선발됐는데, 선발된 아이들은 일정 기간 잘 먹으며 관리를 받은 후에 희생됐습니다. 매년 수십 명의 어린아이들이 희생됐습니다. 또한 황제가 새로 등극하거나 장례를 치를 때도, 국가가 위기일 때 위기를 극복하기 위해서도 인신공양이 이뤄졌습니다. 이때는 수백 명에서 천 명에 가까운 어린아이들이 희생됐습니다.

일부 성인도 예외는 아니었습니다. 일정한 의식의 기준에 맞춰 성인 중에서도 희생자가 선발됐는데 그 수도 수천 명 수준인 것으로 추정하고 있습니다. 이처럼 잉카에서도 만만치 않은 인간의 희생이 이뤄졌습니다. 이를 증명하기라도 하듯 희생당한 아이들의 미라가 대거 발굴되기도 했습니다.

6 _____ 진나라

중국에서 인간 희생의 역사는 기원전 2300년경으로 거슬러 올라가서 명나라에 이르기까지 오랜 기간 이뤄졌습니다. 대부분 사람을 같이 묻는 순장의 형태였는데, 가장 잘 알려진 국가는 진나라입니다.

사마천에 따르면 진나라의 무공이 죽을 때 66명이 같이 묻혔고, 기원전 621년 진나라의 전성기를 통치했던 목공이 죽었을 때는 177명이 같이 묻혔습니다. 또한 기원전 537년 진나라의 경공 때는 186명이 묻히기도 했습니다.

순장의 대상은 왕비, 첩을 비롯해 시종까지 다양했는데, 특히 진나라의 전성기를 이뤘던 당시 유능한 신하들까지 같이 묻혀버려 국력에도 크게 영향을 미쳤습니다. 끔찍했던 진나라의 순장제도는 헌공이 즉위한 뒤인 기원전 384년에 폐지됐습니다.

5 _____ 사티

인도의 사티는 남편이 죽어 시신을 화장할 때 생존해 있는 아내가 불길 속에서 같이 희생되는 힌두교의 관습입니다. 사실 말이 희생이지, 사티가 관습이었던 당시에는 주변 사람들에 의해 강요되는 의무처럼 행

남편이 사망하면 아내가 함께 희생돼야 했던 인도의 사티

해지기도 했습니다.

사티의 연원은 분명치 않습니다. 다만 힌두교의 귀족들로부터 유래된 것으로 추정되는데, 10세기경부터 관심이 높아졌고 12세기 이후부터는 다른 지역으로 확산돼 매우 활발하게 이뤄졌습니다.

영국의 동인도 회사가 인도에 진출하며 세력을 확장하던 1800년대 초만 하더라도 동인도 회사는 인도 내 세력 확장이 주목적이었기 때문에 사티에 대해 금지령을 내리지 않았습니다. 이 때문에 수도인 콜카타에서는 1803년 500건에 가까운 사티가 행해졌고, 벵골 지역에서는 1815년 378건이었던 사티가 3년 뒤인 1818년에는 839건이 행해지기도 했습니다. 이로 인해 1829년에 사티를 행했을 경우 처벌하는 규정을 마련했고, 1857년 인도의 통치권이 동인도 회사에서 영국 정부로 이양되면서 인도를 통치하게 된 영국 정부도 미망인 재혼법, 유아살해 방지법 등의 법률을 제정했습니다.

그렇지만 사티는 근절되지 않았습니다. 1943년부터 1987년까지 28건의 사티가 공식 보고된 것이 이를 말해줍니다. 1987년 공식 보고된 사티는 8개월간 혼인 생활을 이어가다가 24세의 남편이 사망하자 18세의 아내가 희생된 경우입니다. 이 사건으로 인해 1987년 인도 정부는 사티 예방법을 통과시켰는데, 이에 따르면 사티를 배우자에게 강요할 경우 사형이나 종신형에 처해지고 사티를 미화하면 1~7년의 징역에 처하도록 규정됐습니다.

4 마야문명

마야문명에서는 인신공양 형태의 인간의 희생이 오랜 기간 이뤄져왔습니다. 기원전 3114년~기원전 1200년에 이르기까지 마야문명 탄생과 관련한 이론은 다양하지만 인간의 희생은 마야문명의 절정기인 250~900년 사이에 시작돼 17세기 말까지 진행됐습니다. 마야문명에서 인간의 희생은 신들에게 피를 제공하기 위한 것으로, 희생자는 지위 높은 포로가 주대상이었고 일부는 여성과 아이들도 대상이 됐습니다. 또한 스페인 정복 기간인 16~17세기에는 많은 스페인들이 마야인들에게 잡혀 희생을 치르기도 했습니다.

제의가 진행되면 가장 먼저 '심장 적출'을 했는데 마야문명에서는 이를 신들을 위한 최고의 제물로 여겼습니다. 이외에 목을 치거나 활을 사용하는 것도 인간을 제물로 바치는 방법으로 활용됐습니다.

인도의 써기는 최초 1356년 기록으로 그 존재가 드러났고, 16세기경부터 악명 높은 활동이 알려지기 시작한 범죄 집단입니다. 써기는 자신들을 힌두교의 신인 칼리의 자녀로 여겼고, 자신들의 범죄가 아니었다면 칼리가 모든 인류를 파괴했을 것이라고 굳게 믿었습니다. 즉 자신들이 사람을 희생시킨 것은 신성한 봉사라는 믿음에서 우러나온 행동이라는 것입니다.

또한 써기는 희생자들의 피를 보기보다는 목을 조르는 행위로 살인을 저질렀습니다. 무굴제국 때만 하더라도 희생자가 피를 흘릴 경우 사형을 선고받았지만 피를 흘리지 않았다면 사형을 피할 수 있었기 때문입니다. 이 때문에 이러한 방식이 고착화된 것으로 보입니다.

여행자로 위장한 그들은 자신들보다 수가 적은 여행자를 대상으로 안심하게 한 뒤 노란색 스카프 등으로 뒤에서 목을 졸라 범행을 이어갔습니다. 이후 여행자들의 물품을 강탈했고, 시신은 묻거나 강에 수장했습니다. 써기는 인도 전역에 광범위하게 퍼져 있었고 이로 인한 희생자만 200만 명 이상으로 추정되는 수준입니다.

영국은 인도를 통치하며 1807년 써기의 존재에 대해 인지할 수 있었습니다. 써기의 실체를 파악한 후 윌리엄 벤팅크(William Bentinck) 총독을 중심으로 영국은 군대를 투입해 이들을 추적했고, 1836년에 이르러서야 근절할 수 있었습니다.

현재 서아프리카 베냉에는 과거 다호메이 왕국이 존재했었습니다. 1600년경에 건국돼 1900년 초까지 존재했었던 다호메이 왕국은 1730년부터 독특한 연간 의식을 행했습니다. 1718년에 직위한 아가자 왕은 중앙 집중적으로 왕조의 연간 의식을 치렀는데, 이는 다호메이 왕국의 종교와도 연계됐습니다. 의식은 공물 제공, 인간의 희생, 군사 퍼레이드 등을 들 수 있는데 무엇보다 대규모로 이뤄졌던 인간의 희생은 끔찍했습니다.

군대를 보내 약한 부족을 제압했고, 포로로 많은 사람들을 체포해 젊은 사람들을 노예로 팔고 팔지 못한 사람들을 의식에 활용했습니다. 아메리카 대륙으로 많은 노예를 보내며 노예무역을 활발히 했던 다호메이 왕국은 노예도 매우 중요했지만 의식도 중요했기에 주로 전쟁포로나

각종 의식으로 많은 인명피해를 불러왔던 다호메이 왕국

범죄자들이 다호메이 왕국의 죽은 왕들을 위해 희생됐습니다. 전해져 오는 기록에는 1727년에는 4,000명, 1789년에는 사망한 왕의 장례식을 위해 2년 동안 전쟁포로 1,500명이 희생됐고, 1830년대와 1840년대에는 각각 300명 이상이 희생됐습니다. 그 외에 매년 적게는 40~50명, 많게는 200~300명 정도가 희생됐습니다.

또한 다호메이 왕국의 한 사원에는 왕이 아내와 묻힌 무덤이 있는데, 200명의 아내를 거느렸던 왕이 죽게 되자 관습에 따라 아내들도 같이 묻히기를 강요받았고 41명의 아내가 왕을 따르기 위해 살해되기도 했습니다. 이러한 희생은 1890년 프랑스가 다호메이 왕국을 점령하면서부터 사라지게 됐습니다.

1 ──────────────────────────── 아즈텍제국

아즈텍에서 벌어졌던 인신공양 형태의 인간의 희생은 국가 전체에서 대규모로 행해졌다는 데 그 특징을 볼 수 있습니다. 이는 세계적으로도 유례없는 규모입니다. 다만 정확한 수치는 연구마다 상이하지만 연간 최소 2만 명에서 최대 25만 명 정도로 추정되고 있습니다.

이러한 희생은 신이 인간의 생존을 위해 자신을 희생한 만큼 인간이 이에 보답해야 한다는 차원에서 이뤄졌습니다. 특히 전쟁의 신이 태양을 떠오르게 해주는 만큼 매일 제의를 통해 심장을 공급해야 종말을 늦출 수 있다는 목적도 있었습니다. 물론 이러한 희생은 통치의 수단으로 활용되기도 했습니다.

인간을 희생하는 제의는 아즈텍에서 매우 빈번하게 치러졌습니다. 희

인신공양이 매우 빈번하게 진행됐던 아즈텍

생자의 2/3 이상은 전쟁의 포로가 된 성인 남성, 나머지는 여성과 아이들로 추정됩니다. 보통 성전 위 제단에서 흑요석 칼로 심장을 적출하거나 목을 치는 방법 등으로 제의의 희생이 진행됐습니다. 더불어 식인풍습도 아즈텍에서는 존재했습니다. 아즈텍에서의 이러한 대규모 희생은 1519년 스페인의 에르난 코르테스(Hernán Cortés)가 아즈텍에 발을 들여놓은 후 1521년에 아즈텍이 몰락하면서 끝이 났습니다.

산업혁명 당시만 해도
일반적이었던
충격적인 관행 TOP 10

수천 년간 농업이 중심이었고 공업이라고 해봐야 수공업 정도가 전부였던 세계는 18세기부터 전환점에 서게 됐습니다. 그 중심에는 영국이 있었습니다. 영국은 1688년 명예혁명과 1689년 권리장전으로 입헌군주제를 실시해 시민사회의 토대를 마련했고, 이에 따라 시민들의 경제력도 좋아져 소비의 여력을 갖췄습니다. 또한 영국에서는 1·2차 인클로저운동을 통해 지주들이 공유지를 사유지로 전환해 대규모 농업을 실시함에 따라 일반 농민들은 도시로 이주할 수밖에 없게 돼 도시에는 노동력이 풍부해졌습니다. 게다가 영국은 공장제 수공업이 발달해 자본도 풍부했는데, 이러한 배경들이 영국의 산업혁명을 이끌었습니다.

산업혁명은 경제 구조를 비롯해 사회 전반에 걸쳐 급속한 발전과 변화를 불러왔습니다. 이 때문에 제대로 검증되지도 않은 것들이 일반적으로 행해지거나, 과거부터 전해 내려온 풍습들이 사라지거나, 갑자기 유행처럼 시작됐다가 사라지기도 하는 등 변화의 연속이었습니다. 지금은 이해하기 힘들지만 산업혁명 당시에는 일반적이었던 관행들은 어떤 것들이 있었을까요? 이해하기 힘든 것일수록 상위에 랭크했습니다.

산업이 급속하게 발달하던 19세기 런던에서는 노숙자로 대표되는 약자
들도 걱정됐나 봅니다. 당시에는 4페니만 지불하면 노숙자 등의 약자들
이 보호소에서 머무를 수 있었습니다. 보호소는 4페니를 지불한 노숙자
들에게 음식을 제공하고 잠자리도 제공했는데 잠자리가 충격적입니다.
관 모양의 나무 상자였기 때문입니다. 노숙자들은 그 안에서 잠을 청할
수 있었고, 편안한 수면을 위해 관을 방수포로 덮을 수 있었습니다.

오늘날에는 이런 잠자리에 들어갈 사람이 없겠지만 당시에는 노숙자들
이 추위를 피할 수 있어서 인기가 좋았습니다. 구세군이 운영했던 당시
의 보호소는 20세기 초까지 운영됐습니다.

19세기 영국에서 운영됐던 '4페니 관'이라고 불린 간이숙박시설

9 _____ 검정패션

산업혁명 당시 영국에서는 검은색 옷을 입고 있는 사람들이 많았습니다. 개인의 취향이라고 볼 수도 있겠지만 이는 생활환경 때문이었습니다. 급속한 공업의 발달로 인해 당시 런던의 대기오염은 매우 심각했습니다. 이 때문에 밝은색 옷을 입는다면 얼마 지나지 않아 옷의 색깔은 어둡게 변했습니다. 실제 런던의 대기오염 수준은 19세기와 현재를 비교했을 때, 당시 대기가 더 최악이었습니다.

19세기 영국의 대기가 최악이었던 주된 원인은 석탄 연소였습니다. 산업혁명으로 석탄 산업이 확산되면서 석탄 가격은 1820년부터 1850년까지 절반으로 하락했고, 반대로 소비는 1820년 2천만 톤에서 1900년 1억 6천만 톤으로 8배 증가했습니다. 결국 심각한 대기오염은 시민들의 패션을 바꿔놨습니다.

8 _____ 목욕기계

정숙함이 중요했는지는 모르겠지만 19세기 영국에서는 수영복이 대중화된 의복은 아니었습니다. 더구나 남성들은 해변에서 마음대로 다닐 수 있었지만, 여성들은 그렇지 못했습니다. 이때 18세기에 등장했던 목욕기계가 19세기 해변에서도 사용됐습니다. 사실 19세기 전만 해도 수영복 자체가 없어서 해변에서 남녀의 알몸 물놀이가 일반적이었지만, 수영복이 발명되면서 영국에서는 오히려 남녀가 해변에서 분리돼 따로 있어야 했습니다. 이는 1832년 법으로도 규정된 사실입니다. 이 때문에 목욕기계는 여성의 입장에서는 해변에서 물놀이를 하게 해주는 중요한 도구이기도 했습니다.

목욕기계는 수영복을 입은 여성이 시선을 피해 탈의를 하고 여성들을 해변으로 데려다주기도 했는데, 그러면 여성은 목욕기계에 앉아 발을 담그거나 목욕기계로 해변의 시선을 막은 채 물놀이를 했습니다. 이러한 목욕기계는 20세기 초반까지 영국의 해변에 있었습니다.

7 ——————————————————— 강신술

19세기는 과학과 산업이 급격하게 발달하던 시기였지만 아이러니하게도 당시 많은 사람들은 흔히 신내림과 비슷한 강신술에 많은 관심을 갖고 있었습니다. 이는 최면을 비롯해 투시, 운세 등 다양한 형태로 표출됐는데, 기존의 종교를 버리고 강신술에 매달리는 등 사람들의 믿음은 매우 강했습니다. 이를 믿는 사람들의 계층도 매우 다양했는데, 영국의 빅토리아 여왕과 앨버트 왕자가 1846년 윈저성에서 심령술사의 의식에 참석한 적이 있었다는 것은 이를 너무나 잘 대변한다고 볼 수 있습니다.

19세기 후반 영국에서는 강신술이 널리 퍼지면서 다양한 강신술 협회가 설립되기도 했습니다. 그러나 강신술사의 대부분은 돈을 벌기 위해 사람들을 속이는 게 주된 목적이기 때문에 현재의 시각으로 본다면 신뢰하기는 힘든 수준이라고 볼 수 있습니다.

전 세계로 식민지가 확장되면서 19세기부터 서구에서는 원주민을 불러들여 전시하는, 이른바 '인간 동물원'을 운영하기 시작했습니다. 서구 문화의 우월성을 강조한다는 것이 바탕에 깔려 있다고 봐도 무방했는데, 처음에는 일시적으로 운영하는 정도였습니다. 1835년 샴쌍둥이였던 창과 앵의 전시회나 1850년 소두증을 앓고 있었던 막시모와 바르톨라의 전시회가 대표적입니다.

그런데 이러한 전시회가 인기를 끌자 1870년대부터는 규모를 키운 인간 동물원 형태로 꾸려지게 됐습니다. 1889년 파리 세계 박람회에서의 흑인 마을의 경우 400명의 원주민이 전시됐는데 2,800만 명이 방문했습니다. 이후에도 영국을 비롯해 서구에서는 꾸준하게 인간이 전시돼 흥행을 이어갔는데, 이러한 인간 전시에 대해 당시에는 특별한 문제 제기가 되지 않은 것도 활성화를 더욱 부채질했습니다.

1905년 만국 박람회의 프랑스관에 설치됐던 세네갈 마을

샴쌍둥이였던 창과 앵 벙커의 모습

참고로 1903년 일본 오사카에서 열린 박람회에서도 인간관이라는 것이 개설됐습니다. 당시 인간관에는 한국인과 오키나와인이 전시되기도 했습니다.

5 _____ 미라 파티

19세기 영국에서는 이집트에 대한 관심이 매우 컸고, 실제 많은 영국인들이 이집트를 방문했었습니다. 이때 영국인들은 미라를 이집트 방문 기념품이라 인식해 귀국하면서 많이 가져왔습니다. 이후 봉인된 미라의 아마포를 풀기 위해 사람들을 초대하기도 했는데 이러한 모습은 당시에 흔했습니다.

현재 고고학계에서의 발굴 과정을 보면 브러시를 동원할 정도로 매우 섬세하게 진행되는데 이러한 오늘날의 시각으로 보면 당시의 미라 파티는 충격적이라고 볼 수 있습니다. 그렇지만 이러한 미라 파티에서 한 번 오픈된 미라는 이후 흥미가 떨어지는 데다 이와 별개로 역사 보존의 중요성이 커지고 도굴에 대한 부정적 인식이 확산되면서 사라지게 됐습니다.

4 _____ 사진 추모

1839년 은판 사진이 등장하면서 영국에서는 사진으로 영원히 기억하고자 하는 사람들이 생겨나기 시작했습니다. 기술 초기 단계여서 지금의 사진과는 달리 촬영의 비용은 더 많이 소요됐는데, 그럼에도 사진을 통해 고인이 된 사람을 추모하려고 했습니다. 부유한 사람들은 여전히 초상화로 고인을 추모했지만 대부분의 사람들은 초상화를 제작하기에는 비용도 부족할뿐더러 시간도 없었기에 사진 추모는 점점 대중화됐습니다.

눈에 띄는 건 이러한 고인을 위한 사진 추모에 있어 고인의 포즈가 시대 유행에 따라 달라졌다는 점입니다. 최초에는 침대에 눈을 감고 누워 있는 모습이 많았지만 이후 앉아 있는 모습으로 고인을 모신 뒤 촬영하는 등 차이가 있었습니다. 그러나 포즈는 달라도 앞서 언급했던 것처럼 영원히 기억하고자 하는 목적은 변하지 않았습니다.

3 ──────────────────────────────── 시신 판매

19세기 중반 이전에 영국에서는 해부학 연구를 위한 시신을 대부분 사형수의 시신으로 충당했습니다. 그러나 의과대학이 증가하면서 해부학 연구를 위한 시신의 수요 또한 증가해 이를 충당하려면 연간 500구 정도의 시신이 있어야 했습니다. 그렇지만 법원의 사형 선고가 과거보다 줄어들면서 이러한 수요를 맞추기는 불가능해졌습니다. 이에 돈벌이에 나서려는 사람들이 생겨났는데, 묘지를 파헤쳐 의과대학에 시신을 판매한 것입니다.

이러한 시신 도둑들이 증가하자 시신이 부패할 때까지 별도로 보관했다가 이후 매장하는 시설도 등장하는 등 시신 판매 자체를 못 하게 만드는 방법들이 생겨나기 시작했습니다. 한편 이와 별개로 실제 묘지를 파헤치지 않고 해부학을 위한 시신을 판매하기 위해 살아 있는 사람의 인명을 앗아가 시신으로 만들어 판매하는 사건도 발생했습니다. 이에 결국 1832년 영국에서는 해부학법을 제정함으로써 무분별한 판매 행위에 제약을 가했습니다.

2 _____ 비소 사용

지금이야 비소는 유독한 물질로 잘 알려져 있지만 당시만 하더라도 이러한 인식은 매우 약했습니다. 오히려 비소는 다양한 분야에서 널리 사용됐습니다. 피부를 더 좋게 보여줄 수 있다는 믿음에 비소는 화장품의 원료로 사용되기도 했고, 남성의 생식능력 개선을 위해 의약품의 원료로 사용되기도 했습니다. 또한 비소가 더 밝게 만들어준다고 해서 벽지에 비소를 사용하거나 설탕 가격이 비싸 이를 대신해 과자에 비소를 첨가하는 등 비소의 사용은 흔했습니다.

비소는 체내에 지속적으로 축적되고 게다가 금단현상까지 존재해 당시 많은 사람들이 중독됐고, 또한 유독성으로 인해 많은 사람들이 생명을 잃기도 했습니다. 이에 영국에서는 1851년 비소법, 1868년 약국법을 제정해 비소의 판매와 유통에 제약을 가했습니다.

1 _____ 아내 판매

재산이 많다면 아내와의 이혼이 가능했지만 경제적으로 넉넉지 않은 일반 영국인들은 이혼이 쉽지 않았습니다. 이 때문에 17세기 말부터 영국에서는 아내를 판매하는 관행이 생기기 시작했습니다. 아내를 판매하

19세기 영국에서 아내를 판매하고 있는 모습

면 남편 입장에서는 재정적인 책임에서 벗어날 수 있었고, 아내의 입장에서도 불행한 결혼 생활에서 벗어날 수 있는 기회이기도 했습니다. 물론 남편이 판매를 주도해도 아내의 동의가 있어야 했습니다.

아내를 판매하기로 결정했다면 지역 신문에 사전 광고를 한 뒤 아내를 경매시장에 내놓게 되는데, 이러한 판매 사례는 다양한 직업군에서 상당히 많은 기록으로 전해져오고 있습니다. 구매자들의 직업 확인이 가능한 158건을 분석했을 때 운송업이 19건으로 가장 많았고, 그 뒤를 잇는 건축업은 14건으로 확인됐습니다. 또한 판매 가격은 개인차로 인해 다양했는데 1865년 판매된 한 사례는 150파운드로 이는 현재 1만 4,400파운드(한화 2,204만 원, 2023.1.30. 기준) 정도의 가치입니다. 아내 판매는 19세기 중반 이후 감소했지만 20세기 초까지 사례는 존재했습니다.

세계 초강대국인
로마제국에서 행해졌던
독특한 관행 TOP 10

로마제국은 상하수도시설, 공중목욕탕, 콘크리트, 수로, 바닥 난방만 보더라도 어느 정도 부흥했었는지를 짐작할 수 있습니다. 로마제국은 경제·문화·행정·군사 등 당시 모든 분야에서 세계의 중심이었습니다. 때문에 광대한 영토를 대상으로 안정적인 통치를 위해 기원전 3세기 로마제국에서는 법의 체계화가 절실했습니다.

최초 기원전 8세기 이후 이렇게 재탄생한 로마법은 이후 독일법만 봐도 알 수 있듯이 18세기의 유럽에까지 많은 영향을 미쳤습니다. 로마법은 그만큼 합리적이었고 보편적인 시각을 담아냈다고 볼 수 있습니다.

그러나 또 한편으론 당시 로마에서 행해졌던 일부 관행들은 지금의 시각으로 봤을 때 다소 독특하다고 생각되는 것들이 존재했습니다. 이러한 로마의 관행들 중 대표적인 10가지를 알아보겠습니다.

10 _____ 확실한 세제

로마인들은 소변을 사용해 세탁을 진행했습니다. 지금의 세탁소와 같은 당시 풀로니카에서는 소변이 세제와 같은 역할을 했는데, 풀로니카의 노동자였던 풀로들은 물과 소변 그리고 기타 혼합물들을 사용해 세탁을 진행했습니다.

이것이 가능했던 것은 소변의 암모니아 성분이 세정에 뛰어났기 때문입니다. 따라서 당시 풀로들은 동네 길목에 놓아둔 항아리에 행인들의 소변이 모아지면 이를 활용해 욕조에서 발로 밟으며 옷을 빨았습니다. 이후 물로 헹군 뒤 옷을 고슴도치 가죽이나 엉겅퀴 식물로 닦고, 이어 더욱 하얗게 하기 위해 유황이 놓여 있던 고리버들 바구니 위에 옷을 매달아 말리는 것으로 세탁을 마쳤습니다. 참고로 소변이 세탁효과가 있었다지만 특유의 냄새도 여전했기에 풀로들은 세탁 과정에서 이를 참아내야 했습니다.

9 _____ 목욕의 마무리

대중탕을 즐겨 이용했던 로마인들은 목욕에 유난히 관심이 많았는데, 그들의 목욕은 현대인들의 목욕과는 다소 차이가 있었습니다. 특히 로마인들은 목욕 마지막에 자신의 몸에 향유를 발라 몸의 때를 제거했습니다.

향유를 바른 상태로는 온몸이 기름범벅인 상태라 기름을 제거해야 했는데, 당연히 기름의 특성상 물로 제거하는 것은 불가능했던 터라 이를

목욕의 마무리로 사용됐던 스트리길

대신해 낫 모양의 금속으로 된 스트리길을 사용했습니다. 스트리길로 몸에 묻은 기름을 긁어내는 방식으로 제거했던 것입니다. 어찌 보면 칼이나 다름없는 것이라 사용하는 데 있어서 주의가 필요했습니다. 참고로 황제 아우구스투스는 목욕 후 스트리길을 사용하다 얼굴을 다치기도 했습니다.

8 ─────────────────────── 출산은 무서워

로마인들은 까다로운 양육으로 인해 자녀를 출산하는 것을 조심스러워했습니다. 좋게 표현하자면 가족계획에 대한 관심이 높았다는 것으로 볼 수 있는데, 이를 막기 위한 피임이 다양한 방법으로 동원됐습니다. 대표적으로 꿀, 올리브오일, 양모 등을 여성의 중요 부위에 넣어 예방했던 것으로 알려져 있습니다. 실제로 효과가 있었는지는 불분명하지만, 이러한 것들을 동원했을 정도로 그들의 삶에 있어서 가족계획은 큰 비중을 차지했습니다.

7 ——————————— 소중한 외모

외모에 대한 로마인들의 관심은 아름다움을 추구한 면도 있지만 더불어 과시하기 위한 목적도 어느 정도 작용했습니다. 때문에 외모를 관리하는 데 있어서 상상조차 힘든 로마인들의 다양한 방법이 지금도 전해지고 있습니다.

가령 얼굴을 창백하게 하기 위해 납 반죽을 얼굴에 문지르기도 했고, 피부에 수분을 공급하고자 으깬 달팽이를 문지르기도 했으며, 털에 대해 민감했던 터라 제모를 위해 박쥐의 피 등을 털이 있는 부위에 바르기도 했습니다. 이뿐만 아닙니다. 머리카락을 윤기 있게 하기 위해 하마 가죽을 머리카락에 문질렀고, 심지어 눈썹에는 개미알을 으깨 문지르기도 하는 등 외모를 가꿀 수 있다면 재료가 어떤 것이든 모두 활용할 수 있다는 것을 로마인들은 보여줬습니다.

6 ——————————— 털 제거 작전

로마인들은 털 없는 피부에 관심이 많았습니다. 로마인들이 털을 제거하는, 이른바 제모에 관심이 있었던 것은 로마인들이 청결함을 아름다움으로 여긴 것도 있었지만 제모를 통해 해충인 이를 제거하거나 줄일 수 있다는 실용적인 목적도 있었습니다. 따라서 로마의 남성들에게는 몸단장에 있어 수염관리뿐만 아니라 제모도 빼놓을 수 없었습니다.

로마의 그 유명한 정치가인 카이사르도 제모에 관심이 매우 많았습니다. 그는 단 한 곳을 제외하고 자신의 몸에 있는 털을 원하지 않았는데,

참고로 그 한 곳은 바로 머리였습니다. 그는 유명한 대머리로, 자신의 머리숱을 가리고자 항상 월계관을 쓰고 싶어 했습니다. 아무리 제모에 관심이 있었다고 하더라도 머리카락만은 의미가 달랐던 것 같습니다.

5 _____ 진정한 슬픔

로마시대 당시 시민들은 계급을 초월해 대부분 20~30세 정도의 평균 수명을 갖고 있었습니다. 죽음에는 사회적 계급이 중요하지 않다는 걸 말해주는 것이라 볼 수 있는데, 다만 이후 치러지는 장례는 좀 달랐습니다. 망자를 기리는 추도식에서 가족의 명성을 알리기 위해 많은 비용을 써서 화려하게 치른 것입니다. 심지어 장례에서 애도하는 사람이 많을수록 대단하다고 생각됐기 때문에 대신 우는 전문가들까지 고용되기도 했습니다.

그러나 이는 당시 로마제국에서 경쟁처럼 이뤄졌고, 시간이 흐를수록 옷을 찢는 등 슬픔의 표현 강도가 높아지는 문제를 만들었습니다. 이에 로마제국에서는 여성들이 장례식에서 우는 것을 금지했습니다. 여성들만 포함된 이유는 당시 남성들은 대중 앞에서 우는 것을 수치로 여겼던 터라 굳이 금지할 필요가 없었기 때문입니다.

4 _____ 금지된 색상

로마제국의 서민들은 다른 색은 몰라도 보라색인 티리언 퍼플 색상의 옷은 입을 수 없었습니다. 당시 로마제국에서 티리언 퍼플은 왕족을 상징하는 색이었기 때문입니다. 특히 4세기부터는 황제만이 티리언 퍼플 색상의 토가를 입을 수 있었습니다. 티리언 퍼플 1g을 생산하기 위해 고등 1만 마리가 필요했고, 이후 복잡한 과정을 거쳐야 염료를 얻을 수 있었기 때문에 옷이 사회적 지위와 부를 대변한다는 걸 감안한다면 그 자체만으로도 엄청난 색상이었던 것입니다.

게다가 가격은 상상을 초월했습니다. 도미티아누스의 최고가격 칙령에는 티리언 퍼플로 염색된

함부로 사용할 수 없었던 색상인 티리언 퍼플

실크가 500g에 15만 데나리였는데, 당시 노동자의 하루 평균 임금이 25데나리였으니 비교가 불가능한 수준이었습니다.

서민들은 값싼 재료로 모조색을 만들어 입으면 되지 않을까 생각할 수 있겠지만 이 역시도 처벌의 대상이었습니다. 황제만이 티리언 퍼플을 표현할 수 있었기 때문입니다. 다만 예외는 있었습니다. 로마 기사단에 속한 기사들은 특권으로 티리언 퍼플 줄무늬 로브를 착용할 수 있도록 허가받았습니다.

3 _____ 자녀의 존재감

로마제국 당시 결혼 후 자녀를 데리고 있는 가정의 가장은 자녀가 많을 경우 제3자와 계약을 맺어 자신의 자녀를 노예로 팔 수 있었습니다. 이는 당시 로마법으로 아버지에게 보장된 권리였는데, 일반적인 노예와 달리 자녀는 일정 시간이 지나면 구매자가 다시 집으로 돌려보내야만 했습니다. 이렇게 돌아온 자녀를 아버지는 다시 제3자에게 팔 수 있었습니다.

그러나 로마법에서는 한 명의 동일한 자녀를 기준으로 판매횟수에 제한을 두었습니다. 3회를 초과해 자녀를 판매할 경우 아버지로서 부적격하다고 인식했는데, 이로 인해 자녀가 노예에서 해방될 경우 동시에 아버지로부터도 해방돼 독립할 수 있게 했습니다.

2 _____ 벼락 맞을 놈

로마인들은 신으로서의 주피터를 제우스와 동등하게 봤고, 주피터가 하늘을 관장한다고 생각했습니다. 이에 주피터를 상징하는 것 중 하나가 바로 벼락이었습니다. 때문에 갑자기 벼락을 맞은 사람을 두고 많은 로마인들은 주피터가 분노해 직접 그 사람의 목숨을 앗아간 것이라고 인식했습니다.

그런데 문제가 있었습니다. 이렇게 벼락 맞은 사람을 매장할 수 없었다는 점인데, 이유인즉 이를 무시하고 죽은 사람을 매장할 경우 이는 주피터로부터 재물을 훔치는 것으로 간주했기 때문입니다. 즉 벼락 맞은 사람을 매장할 경우 그 사람은 주피터로부터 벼락을 맞아 희생될 운명이라고 봤습니다.

1 ———————————————————— 검투사의 피

고대 로마에서는 검투사가 목숨을 걸고 맹수나 범죄자들과 대결을 펼쳤습니다. 이러한 투기장에는 황제뿐만 아니라 상당히 많은 일반인들까지 운집해 대결을 관람했습니다. 로마제국에서는 1세기 전후만 하더라도 뛰어난 검투사들의 경우 많은 로마인들의 주목을 받기도 했습니다.

그런데 놀라운 점은 뛰어난 실력을 지닌 검투사들을 두고 사람들이 또 다른 관심을 가지고 있었다는 것입니다. 바로 그들의 피였습니다. 로마

고대 로마에서 용맹함을 상징했던 검투사

제국이 아무리 발전된 문명을 가지고 있었다지만 미신도 팽배했습니다. 로마인들은 건강미 넘치는 검투사들이 사자의 영혼을 갖고 있다고 믿었고 그들의 피를 먹는다면 가지고 있었던 질병을 치료할 수 있다고 확신했습니다. 실제 로마제국 내의 의료진들은 환자들에게 검투사의 피를 먹으면 좋다고 처방을 내리기도 했습니다.

나치 독일이 발명해
지금도 전 세계에서
사용 중인 것 TOP 10

전쟁은 사람들의 일상을 무너뜨리며 많은 피해를 불러오는 비극입니다. 그렇지만 전쟁은 이면에 '기술 발전'이라는 급속한 변화를 이끌기도 합니다. 전쟁은 국가의 모든 것을 동원해 목숨을 걸고 싸워야 하는 상황이라 기술에 대한 관심이 높을 수밖에 없고, 또한 기술개발을 위해 막대한 예산을 투입하기 때문입니다.

제2차 세계대전도 마찬가지였습니다. 역사상 참혹한 전쟁 중 하나로 평가받는 제2차 세계대전은 1945년 추축국의 패배로 막을 내렸습니다. 그런데 추축국 중 나치 독일은 전후에도 미국과 소련을 비롯한 많은 국가의 관심을 받았습니다. 바로 그들이 갖고 있던 기술 때문이었습니다. 실제 독일이 발명한 발명품 중 일부는 아직도 전 세계에서 많이 애용되고 있고, 또한 그들의 발명이 단초가 돼 미국과 소련을 비롯한 연합국은 놀라운 기술 발전을 맞이하기도 했습니다.

그렇다면 제2차 세계대전 당시 나치 독일에서 발명해 지금도 전 세계에서 애용하고 있거나 기술 발전의 토대를 마련한 것들은 어떤 게 있을까요? 이를 알아보겠습니다.

액체와 기체로 존재하는 사린은 중추신경계를 손상시킬 정도로 매우 유독한 물질입니다. 사린은 최초 1938년 독일의 화학업체인 IG파르벤이 강력한 살충제를 만들려다 발견됐습니다. 이후 1939년 중반 나치 독일은 사린을 전시에 사용하고자 화학전 연구소로 가져왔고, 사린의 대량 생산을 추진했습니다. 생산시설의 건립이 진행됐지만 다행히 전쟁은 끝이 났고, 나치 독일은 이를 사용하지 못했습니다. 나치 독일이 생산했던 사린의 양은 최소 500kg에서 10t 정도로 추정되는 터라 자칫 사용했다면 큰 피해가 발생할 수 있었을 것입니다.

전쟁이 마무리되고 사린이 알려지면서 1950년대에 미국과 소련 모두 이를 확보해 군사 목적으로 생산했습니다. 그렇지만 사린은 1993년 화학무기 금지협약(CWC)에 의해 현재는 생산과 비축이 모두 금지된 상태입니다.

1929년 헝가리 물리학자 칼만 티아니(Kálmán Tihanyi)는 대공 방어를 위한 적외선 감지용 카메라를 발명해 야간투시의 가능성을 열었습니다. 본격적으로는 1935년 독일의 AEG사가 개발한 야간투시장치부터였습니다.

1939년 나치 독일은 육군에 이를 도입했고 전쟁 막바지인 1943년에는 실전에 투입했는데, 먼저 50대의 판터 전차에 이를 장착해 운용했습니다. 보병에게는 돌격소총에 이를 장착해 1945년 2월 전투부터 사용하게 했는데, 보고서에 따르면 야간 저격에 꽤 큰 효과를 본 것으로 알려졌습니다. 나치 독일은 휴대 장착이 가능한 야간투시장치를 세계 최초로 실전 배치했고, 이후 미국을 비롯해 많은 국가에서 활용하는 계기가 됐습니다.

8 _____ 제리캔

전시에 보급은 매우 중요합니다. 나치는 연료의 원활한 보관과 휴대를 중요하게 보고 새로운 연료통 개발에 몰두해 당시로서는 혁신적인 제리캔을 발명했습니다. 이는 나치가 사용했던 삼각 형태의 기존 연료통과는 비교할 수 없을 만큼 효율적이었습니다. 강철을 압착해 만든 제리캔은 2명이 같이 잡을 수 있게 손잡이가 디자인됐고, 견고한 사각 형태

나치 독일의 제리캔을 모방해 생산한 제리캔으로 주유를 하고 있는 영국군

덕에 차량 적재나 휴대가 편리했으며, 펌프나 깔때기도 필요 없이 급속한 급유가 가능하도록 설계됐습니다.

나치는 1차로 5,000개의 제리캔을 생산해 야전 부대로 보내 반응을 체크했는데, 이때 긍정적인 반응을 확인하면서 본격적으로 제리캔을 생산해 보급했습니다. 보급이 확산되면서 자연스레 연합군도 이를 입수하게 됐고, 급기야 연합군에서도 이를 모방해 생산했습니다. 연합군의 제리캔 생산량만 1,900만 개에 달했을 만큼 제리캔은 혁신적인 발명품이었습니다. 이후 제리캔은 민간으로도 확산됐는데, 다양한 파생 제품과 함께 지금도 전 세계에서 애용하고 있습니다.

7 ———————————————————— 메스암페타민

제약산업이 발달했던 독일에서는 1938년 메스암페타민이 처방약으로 판매됐습니다. 나치 수뇌부는 메스암페타민이 전투력 증강에 긍정적인 효과를 가져다줄 것으로 보고 이를 대대적으로 사용하게 했습니다. 수면 시간을 줄일 수 있고, 병사 개개인의 능력도 급격히 향상시켜 주는 것이라 믿었기 때문에 나치는 독일군에게 하루 5알의 섭취를 권고했습니다.

제2차 세계대전 기간에 무려 2억 정의 메스암페타민이 나치의 지시하에 생산됐는데, 보급 이후 일정 부분 효과도 있었지만 문제는 부작용이 크다는 것이었습니다. 이에 1940년부터 사용량이 급격히 감소했고, 1941년부터는 의사 처방 없이는 판매를 금지해 군인들의 사용도 제한했습니다.

전쟁이 끝난 후 메스암페타민은 미국으로 건너갔고 1950년대 다이어
트 신약으로 인기를 끌었지만 역시 부작용으로 인해 금지 약물로 지정
됐습니다. 이는 전 세계를 통틀어 마찬가지였는데, 그럼에도 메스암페
타민은 암암리에 유통되고 있는 상황입니다.

6 ——————————————————— 성화봉송

1928년 올림픽에 성화가 최초로 등장했지만 릴레이식 성화봉송은
1936년 베를린 하계올림픽에서 처음으로 이뤄졌습니다. 베를린 하계올
림픽은 히틀러의 책사였던 괴벨스가 중심이 돼 나치당이 준비를 했는
데, 당시 조직위원회 사무총장인 카를 디엠(Carl Diem)이 성화봉송의 아
이디어를 제시했습니다. 당시 베를린 하계올림픽 조직위는 올림픽으로

1936년 베를린 올림픽 당시 성화봉송

독일 전체에 즐거움을 주고자 했고, 원활한 성화봉송을 위해 도로까지 새로 건설했습니다.

결국 성화봉송은 나치 독일의 힘을 보여주고자 선전으로 활용됐는데, 히틀러가 총애했던 레니 리펜슈탈(Leni Riefenstahl)은 성화봉송을 촬영해 이를 영화 〈올림피아〉에 사용했습니다. 당시 베를린 하계올림픽의 성화봉송은 3,331명의 주자가 3,187km를 이동하며 마무리됐습니다. 나치 독일이 선전의 목적으로 성화봉송을 진행했지만 그 선전 효과가 컸는지 이후 모든 올림픽에서 행해졌습니다.

5 ——————————————————— 카세트테이프

1928년 독일의 프리츠 플뢰머(Fritz Pfleumer)는 마그네틱 테이프를 발명했는데, 이를 기반으로 1935년 독일의 AEG사는 마그네토폰이라는 릴방식의 테이프 레코더를 개발했습니다. 개발 초기인 데다 대중화가 안 된 터라 당연히 가격은 매우 비싸 일부 계층만이 사용했습니다. 독일에서는 나치의 라디오 방송이나 녹음에 마그네토폰이 사용됐는데, 전쟁이 끝나면서 이러한 테이프 레코딩 기술은 연합국의 수중으로 들어가게 됐습니다.

미국의 앰펙스사는 독일에서 확보한 이 장치의 기술을 바탕으로 테이프 레코더를 상업화할 수 있었습니다. 대중들의 접근이 가능해지자 테이프 레코더는 가정과 학교로 빠르게 보급됐고, 1953년에만 100만 개가 판매될 정도로 인기가 좋았습니다.

제2차 세계대전 기간 미국은 독일과의 무역을 금지했습니다. 이로 인해 미국에서 독일로의 수출은 차단됐는데, 그중 당시 독일이 선호했던 코카콜라도 마찬가지였습니다. 코카콜라 원액의 수입이 어려워지자 코카콜라의 독일 공장은 생산 차질로 공장 가동이 중단될 수밖에 없었습니다. 이에 코카콜라 독일 대표였던 막스 카이트(Max Keith)는 새로운 대체품을 개발한다는 계획을 세웠습니다. 당시 독일에서 비교적 구하기 쉬웠던 우유 찌꺼기인 유장, 사탕무, 사과 찌꺼기 등을 활용해 새로운 탄산음료 개발을 진행했는데, 이렇게 탄생한 것이 환타였습니다.

환타는 독일에서 인기를 끌어 1943년에는 300만 상자가 팔리기도 했고, 독일과 마찬가지로 당시 어려움을 겪었던 네덜란드 공장에서도 생산이 이뤄지기도 했습니다. 전후 코카콜라 미국 본사는 독일 내 코카콜라 생산을 다시 이어갔는데, 환타에 대한 소유권을 확보했지만 환타가 나치와 연관돼 있다는 판단에 한동안 생산을 하지 않았습니다. 그러나 경쟁사인 펩시를 견제하기 위해 1955년부터 환타를 생산하기 시작했고, 환타는 오늘날 대중의 인기 음료가 됐습니다.

독일의 안톤 플레트너(Anton Flettner)는 FL282라는 헬리콥터를 만들었습니다. 길이 6.5m 높이 2.2m로 지금의 헬리콥터와 비교하면 작은 크기였지만 이는 세계 최초로 양산에 성공한 헬리콥터였습니다. 1941년 첫 시험비행을 성공해 본격적으로는 1942년부터 생산됐는데, 160마력의 엔진을 장착해 최대 시속 150km로 비행할 수 있는 성능을 갖고 있었습니다.

나치 독일은 수직 이착륙이 강점이었던 FL282에 관심이 매우 컸고, 특히 독일 해군은 선박 간 물자 수송이나 연락에 효율적이라고 판단해 적극적이었습니다. 이에 다양한 개량 버전의 개발이 추진됐고, 급기야 나치 독일은 1944년 BMW와 1,000대의 생산 계약을 체결하기도 했습니다. 그러나 연합군의 뮌헨 공장 폭격은 FL282의 생산을 멈추게 했는데, 이 때문에 최종적으로는 24대만 생산됐습니다.

2 ──────────────────────── 터보제트 엔진

1930년대 영국이 터보제트 엔진을 최초로 개발했던 시기와 비슷한 시기에 독일에서는 물리학자이자 엔지니어인 한스 폰 오하인(Hans von Ohain)이 터보제트 엔진을 개발했습니다. 1935년에는 터보제트 엔진의 특허를 획득하기도 했는데, 이를 바탕으로 나치 독일에서는 1939년 8월 27일 세계 최초로 제트 추진 항공기의 시험비행에 성공했습니다.

하인켈 178이라는 이 항공기는 하인켈사의 고속 비행을 위한 기술개발 끝에 달성한 결과물로, 당시 기준으로는 상당히 획기적인 사건이었습니다. 이후 영국이 독일의 시험비행에 자극을 받아 1941년 제트 추진 항공기인 글로스터 E.28/39를 개발했고, 전후 1950년대에는 미국과 소련 등이 중심이 돼 본격적인 제트 추진 항공기 시대를 열었습니다.

나치는 연합군 도시를 공격하기 위해 세계 최초의 초음속 로켓을 개발
했는데 이는 바로 V-2입니다. 로켓 과학의 아버지라 불리는 베르너 폰
브라운(Wernher von Braun)의 주도로 1936년부터 본격적인 개발이 시
작돼 1937년 A-4라는 프로토타입을 개발했는데, 이것이 이후 개량 과
정을 거쳐 V-2로 탄생했습니다. 1944년 6월 20일 V-2의 최초 시험 발
사가 성공했고, 그해 9월 6일 파리로 발사하면서 본격적인 공격이 이뤄
졌습니다. 최종 3,000개 이상의 V-2가 발사돼 많은 피해가 발생하자 연
합국은 V-2 공격에 당황할 수밖에 없었습니다. 마땅한 방어 수단도 없
었을뿐더러 기존 무기체계와는 다른 형태의 무기였기 때문입니다.

그럼에도 전쟁은 연합국의 승리로 돌아갔고 미국, 소련, 영국은 독일의
V-2 기술과 시설을 확보하기 위해 노력했습니다. 미국은 폰 브라운을
비롯한 100명이 넘는 연구진을 확보할 수 있었고, 이들을 미국으로 데
려가 본격적으로 로켓을 개발했습니다. 소련은 V-2 생산시설을 확보했
는데, 이 생산시설을 소련으로 가져가 로켓을 개발했습니다. 이는 이후
미국과 소련 로켓 기술의 엄청난 발전을 가져다줬습니다.

1945년 쿡스하펜 근처의 V-2 로켓

처음에는 미쳤다고
다들 무시했지만
결국 옳았던 인물 TOP 10

모든 사람들의 의견이 같을 수는 없습니다. 그렇지만 광기에 사로잡히거나 특정 사안만을 맹목적으로 추종하는 사회에서는 다른 의견을 제시하는 인물들에 대해 상당한 거부반응을 보였습니다. 그동안의 인류 역사에서 이는 반복됐었고, 현재도 마찬가지입니다. 처음에는 사회에서 미쳤다고 무시됐지만 결국엔 옳았다고 인정받은 대표적인 인물들에 대해 알아보겠습니다.

10 _____ 존 스노

영국의 의사였던 존 스노(Jon Snow)는 1854년 런던에서 콜레라가 창궐한 것에 대해 연구를 진행했습니다. 그는 콜레라가 물이 오염돼 전염이 이뤄진 것이라 주장했습니다. 그렇지만 그의 주장은 전염병이 나쁜 공기에 의해 퍼진다는 당시 사회의 인식 때문에 무시됐고 비판의 대상이 됐습니다. 그러자 그는 자신의 주장을 입증할 수 있는 증거를 찾기 위해 노력했고 한 마을을 주목했습니다. 해당 마을에서는 수백 명의 사람들이 사망했지만 인근 교도소에서는 콜레라에 감염된 수감자가 없었기 때문입니다. 마을 사람들과 같은 공기를 마셨음에도 교도소에서는 자체 우물을 사용했기에 이런 결과가 나온 것이라고 그는 확신했습니다.

그럼에도 그의 주장은 대변과 구강의 전파 경로를 수용해야 했던 것이라 대중에게 인정받지 못했고, 그러

존 스노

던 중 그는 1858년 뇌졸중으로 사망했습니다. 1866년 스노를 반대했었던 영국의 감염병 전문가 윌리엄 파(William Farr)는 자체적인 콜레라 발병 조사 과정에서 과거 스노의 진단이 맞았다는 걸 확인했고, 대중들에게 물을 끓여 마시라고 강조했습니다. 스노가 사망한 지 8년이 지나서야 그의 주장이 받아들여진 것입니다.

9 ——————————————————— 라이트 형제

18세기 말 몽골피에 형제(Montgolfier Brothers)의 열기구를 시작으로 많은 사람들이 비행에 대한 관심을 보였지만 초기 라이트 형제(Wright Brothers)만큼 조종이 가능한 항공기를 제작한 사람은 없었습니다. 글라이더를 통한 여러 번의 실험 이후 1903년 엔진을 장착한 플라이어 1호의 첫 시험비행에 성공했고, 이후 이는 플라이어 2호와 3호로 이어졌습니다. 그러나 라이트 형제는 특허를 확보하지 못한 상태라 이를 매우 조

심스러워했는데, 이 때문에 그들은 항공기를 구매하겠다는 의사를 표명해야만 시험비행을 할 것이라고 결심했습니다.

라이트 형제는 미국을 비롯해 유럽 각국 정부에 서신을 보내 자신들의 항공기 구매를 요청했습니다. 그러나 모두 그들의 제안을 거부했고, 언론에서도 그들에게 관심을 보이지 않았습니다. 라이트 형제는 1908년 초까지 비행하지 않았고 그 시기에 새로운 항공기만 제작했습니다. 그러던 중 프랑스와 생산 계약에 성공했고, 1908년 프랑스에서 새로운 항공기로 성공적인 시험비행을 마쳤습니다. 그제야 미국 정부에서도 관심을 보이며 그들을 받아들였습니다.

8 _____ 윌리엄 하비

17세기 초 영국의 의사인 윌리엄 하비(William Harvey)는 당시 기준으로 놀랄 만한 주장을 했습니다. 우리의 신체 내 혈액이 심장을 지나며 몸 전체로 순환하고 있다는 이론이었습니다. 그러나 그의 주장은 2세기 그리스의 의사인 갈렌(Galen)이 주장했던 '간과 심장의 2개로 나뉜 별개의 순환시스템이 있다'는 당시의 일반적인 믿음과 배치되는 것이었습니다.

결국 하비는 당시에 매우 강한 비판을 받을 수밖에 없었는데, 이 때문에 그는 동굴에 숨어 있기도 하는 등 은둔생활을 했습니다. 하지만 현재 많은 사람들이 알고 있듯이 우리의 혈액은 심장을 지나 순환하고 있습니다.

7 ———————————————————— 앨리스 에번스

미국의 미생물학자인 앨리스 에번스(Alice Evans)는 20세기 초 코넬대학교에서 박사학위를 받은 뒤 미국 농무부에서 세균학자로 일을 시작했습니다. 당시만 해도 여성에 대한 기대가 크지 않았던 시기여서 그녀 입장에서 업무환경은 그다지 친화적이지 않았습니다. 그녀는 우유와 치즈의 박테리아를 연구했습니다. 그러던 중 저온살균되지 않은 우유가 브루셀라증을 불러와 사람의 건강을 위험하게 할 수 있을 것이라 확인했고, 우유의 저온살균을 강조하며 1918년 자신의 연구결과를 발표했습니다.

그러나 학계를 비롯해 업계에 이르기까지 그녀의 주장은 여성이라는 이유로 무시됐습니다. 그럼에도 그녀는 지속적인 연구를 진행했고 그러다 실제 브루셀라균에 감염되기도 했습니다. 그녀의 주장은 여성이라는 이유로 계속 거부됐지만 최종적으로 다른 남성 학자들의 연구를 통해 증명되면서 받아들여지게 됐습니다. 1928년 그녀의 업적은 인정됐고, 1930년 이후 우유의 저온살균은 브루셀라증을 크게 줄였습니다.

6 ———————————————————— 루트비히 볼츠만

루트비히 볼츠만(Ludwig Boltzmann)은 19세기 오스트리아의 물리학자로 현재는 통계물리학의 창시자로 인정받는 인물입니다. 그는 열현상과 기체운동에 대해 많은 연구를 진행했고, 1870년대에 현재의 엔트로피 개념을 새롭게 정의했습니다. 그러나 그는 생전에 많은 비판을 받았습니다. 당시 그는 자신의 이론을 증명하기 위해 일생을 바쳤지만 그의 이론은 학계로부터 인정받지 못했고 많은 반대에 직면했는데, 이는 오랜 기간 지속됐습니다.

결국 그의 정신건강은 매우 쇠약해졌고 이로 인해 1906년에는 자신의 모든 직위를 내려놓고 요양원에 들어가 정신치료를 받기도 했습니다. 이론에 대한 비판으로 날로 건강이 악화되자 그는 그해 9월 휴가도중 스스로 목숨을 끊었습니다.

참고로 볼츠만이 사망하기 1년 전, 26세의 아인슈타인은 볼츠만의 이론을 뒷받침하는 원자의 존재를 주장하는 논문을 출간했지만 볼츠만은 이를 확인하지 못했습니다. 이를 확인했다면 그의 죽음은 달라졌을 수도 있었을 것입니다. 어쨌든 현재 그의 이론은 열역학에서 중요하게 인정받고 있습니다.

5 _____ 이그나즈 제멜바이스

이그나즈 제멜바이스

19세기 헝가리 출신의 오스트리아의 산부인과 의사였던 이그나즈 제멜바이스(Ignaz Semmelweis)는 의대생들이 많았던 병원동이 조산사들이 많았던 병원동보다 산모들의 사망률이 더 높은 것에 의구심을 가졌습니다. 그는 이러한 결과가 의대생들이 시신을 해부한 뒤 병원동으로 왔기 때문이라고 추측했고, 의대생들에게 손을 씻으라고 지시했습니다. 이후 놀랍게도 18%였던 산모의 사망률은 1%대 초반으로 떨어졌습니다.

고무적인 결과에 제멜바이스는 이를 의료계에 알렸는데, 의료계에서는 무시했습니다. 당시의 의학적 견해와 차이가 있었던 데다 일부 의사들은 손을 씻으라는 제안을 불쾌하게 생각했고, 또한 제멜바이스가 1%로 낮아진 결과에 대해 명쾌하게 설명을 못 했기 때문이었습니다.

그럼에도 제멜바이스는 이를 계속 주장했고 이에 비례해 많은 비난을 받았는데, 결국 그는 신경쇠약으로 정신병원에 수용됐습니다. 그는 그곳에서 구타를 당했고 상처 감염으로 2주 후 사망했습니다. 그렇지만 그의 이론은 사후 몇 년 뒤 파스퇴르(Louis Pasteur)에 의해 옳았다는 게 증명됐습니다.

4   로버트 고더드

20세기 초 미국의 물리학자였던 로버트 고더드(Robert Goddard)는 뉴턴의 운동 제3법칙인 작용반작용에 근거해 로켓을 우주로 발사할 수 있다는 이론과 방법을 공개했습니다. 1910년대에 그는 다단로켓에 대한 특허를 출원하기도 했고, 1926년에는 고체연료 기반의 3단 로켓을 쏘아 올리는 실험도 진행했습니다.

그러나 그의 로켓 이론은 일반인들에게는 물론이거니와 학계로부터도 무시당하고 비판받았습니다. 우주는 공기가 없기 때문에 이동이 불가능하다는 게 그의 이론을 반대했던 사람들의 주된 이유였던 것입니다. 이러한 비난 때문인지 그는 재정지원을 받지 못했습니다. 그럼에도 그는 계속해서 연구를 이어갔고, 1926년부터 1941년까지 무려 34개의 로켓을 실험 발사해 2.6km 고도로 로켓을 보내기도 했습니다. 그렇지만 비난은 계속됐고, 1945년 결국 그는 사망했습니다.

뒤늦게 사후에야 그는 현대 로켓의 창시자 중 한 명으로 인정받았고, 1966년에는 명예의 전당에도 이름을 올렸습니다. 참고로 NASA의 고더드 우주비행센터는 그의 이름에서 유래했습니다.

3 _____ 조지프 리스터

현재 많은 사람들이 구강청결제로 사용하고 있는 리스테린이 19세기의 외과의사였던 조지프 리스터(Dr. Joseph Lister)의 이름에서 유래한 것이라는 사실을 알고 계시나요? 영국 출신의 리스터는 1860년 세계 최초로 소독제로 살균한 수술실에서 수술을 집도했던 인물입니다.

19세기 당시만 해도 마취의 발달에 편승해 외과수술에 대한 대중의 관심은 높았습니다. 물론 수술이 환자의 상태를 개선하는 데는 획기적인 효과를 불러왔지만 동시에 감염은 가장 큰 문제였습니다. 이를 두고 1852년 영국의 감염병 전문가였던 윌리엄 파는 감염이 나쁜 공기 때문이라는 이론을 밝히기도 했습니다.

많은 사람들이 이에 공감했습니다. 그렇지만 리스터는 이를 인정하지 않았고, 감염이 잘 발생하는 복합골절을 대상으로 이를 실험했습니다. 그의 결론은 수술도구를 사전에 소독해 감염을 예방해야 한다는 것이었습니다. 이는 사람들에 의해 수년간 무시됐는데, 현재는 모든 병원이 그의 이론을 따르고 있습니다.

20세기 초 미육군의 장군이었던 윌리엄 미첼(William Mitchell)은 현재 미공군의 선구자로 인정받고 있습니다. 제1차 세계대전 당시 프랑스에서 미국의 항공부대를 지휘했던 미첼은 전장의 경험을 바탕으로 향후 공군의 중요성을 직감했습니다. 당시만 해도 전함은 위력적인 무기로 통했는데, 미첼은 항공폭격으로 전함을 침몰시킬 수 있다

윌리엄 미첼

고 주장하며 이를 실험하기도 했습니다. 이후 그는 미국에서 지속적으로 공군의 중요성을 강조했습니다.

그러나 그의 주장은 무시됐습니다. 그러던 중 1925년 미국에서 비행선인 셰년도어가 추락하고 수상비행기 3대가 파괴되는 사고가 발생하자 그는 무능한 지도층이 용감한 공군장교들을 죽이고 있다고 공개 성명을 발표했습니다. 지도층에서는 이를 불복종이라 판단해 그를 군법회의에 회부했습니다. 결국 그는 군에서 물러났습니다.

그는 1936년에 사망했는데, 사후에야 그의 주장이 인정됐습니다. B-25 미첼 폭격기와 밀워키 미첼 국제공항 등은 그의 이름에서 유래한 것들입니다. 참고로 1925년 군법회의에는 총 13명의 판사가 참여했는데, 당시 가장 어린 판사였던 더글러스 맥아더(Douglas MacArthur) 장군은 그를 무죄로 판단했습니다.

1 ——————————————— 갈릴레오 갈릴레이

1609년 이탈리아의 천문학자였던
갈릴레오 갈릴레이(Galileo Galilei)
는 자신의 천문학적 관찰에 따라
코페르니쿠스의 태양중심설을 인
정했습니다. 모든 별과 행성이 지
구를 중심으로 공전한다는 당시
사회에 팽배했던 믿음과는 다르
게, 그는 지구를 비롯한 주변의 모
든 행성이 태양을 중심으로 공전

갈릴레오 갈릴레이

하고 있다고 확신했습니다.

그러나 그의 이러한 주장은 당시 과학계는 물론이거니와 종교계로부터
도 큰 반대에 직면하게 됐고 결국 그는 종교재판에 회부됐습니다. 1616
년 종교재판위원회는 그의 주장에 대해 어리석고 터무니없으며 여러
곳에서 성경과 모순되기 때문에 이단이라고 강조했습니다. 심지어 교황
바오로 5세는 그에게 태양중심설을 포기하라는 의견을 전달하기도 했
습니다. 한동안 대중으로부터 멀어졌지만 이후 이와 관련한 책을 출판
하며 그는 다시 한번 대중의 질타를 받았고, 종교재판에 회부돼 최종적
으로 가택연금과 모든 작품의 출판금지라는 선고를 받았습니다.

전 세계 모든 사회에 존재하는 문화는
사람들의 삶을 풍요롭게 합니다.
그렇지만 사회마다 생활방식에 차이가 있기 때문에
이를 반영한 문화 또한 큰 차이를 보이고 있습니다.
공교롭게도 이러한 문화의 차이는
사람들의 호기심을 유발해 재미를 안겨줄 수 있습니다.
'우리가 미처 몰랐던 세계의 문화 이슈'에도
여러분에게 재미를 안겨줄 수 있는
문화와 관련한 흥미로운 주제들이 담겨 있습니다.

우리가 미처 몰랐던
세계의 문화 이슈

사막의 유일한 안식처!
세계적으로 손꼽히는
주요 오아시스 TOP 10

전 세계적으로 매년 폭염으로 인한 인명피해가 속출할 정도로 폭염의 피해는 간과할 사안이 아닙니다. 이는 국내도 마찬가지입니다. 특히 2018년은 최악의 한 해라고 볼 수 있는데 당시 전국 평균 폭염일수는 31.4일로 역대 최악을 기록한 바 있습니다.

이렇게 폭염이 기승을 부린다면 건강을 유지하는 것이 매우 중요합니다. 가장 좋은 해결책은 외출을 삼가는 것이며, 수분을 충분히 섭취하고 몸을 시원하게 유지하는 것도 중요합니다. 그렇지만 사막과 같은 지역에서는 이러한 해결책이 무의미할 것입니다. 오히려 사막에서는 오아시스와 같은 곳이 매우 중요할 수 있습니다.

세계의 주요 오아시스에는 어떤 곳이 있을까요? 10곳의 대표적인 오아시스에 대해 알아보겠습니다.

10 _____ 티미아 오아시스

니제르의 수도 니아메로부터 약 877km 떨어진 사하라 사막 내에 위치한 아이르 산맥에는 '티미아'라는 작은 마을이 있습니다. 이 마을은 티미아 오아시스 근처에 위치해 있습니다. 티미아 오아시스는 고원 사막지대에 있는 오아시스입니다.

티미아 오아시스에서는 일반적으로 다른 오아시스와 구별되는 풍경을 접할 수 있습니다. 오렌지나무를 비롯해 석류나무까지 굉장히 많은 과일 나무들이 자라고 있습니다. 또한 티미아 오아시스에서는 수량이 풍부할 때 폭포를 구경할 수도 있습니다. 다만 치안이 매우 불안한 곳이어서 관광객이 접근하기에는 쉽지 않은 상황입니다.

9 _____ 물레헤

멕시코의 바하 칼리포르니아에 위치한 물레헤는 연평균 강수량이 세계적으로 적은 곳입니다. 건조한 사막에 선인장이 서식하고 있는 풍경이 어울릴 법하지만 이곳에도 오아시스가 존재합니다.

사막이나 다름없는 곳에 계곡이 형성돼 있어서 예상치 못한 풍경이 펼쳐지는데 이곳만큼은 주변의 다른 지역과 달리 수량이 풍부합니다. 야자수가 줄지어 있고, 계곡 덕분에 토지가 비옥해 다양한 열대 과일이 재배되기도 합니다. 이 지역을 비옥하게 해주는 계곡의 물은 근처 캘리포니아만으로 흘러나갑니다. 이러한 환경 덕에 이곳은 수천 년 전부터 원주민이 거주하고 있었는데 현재는 수천 명이 거주하고 있습니다.

이스라엘 예루살렘에서 차량으로 1시간 거리에 위치한 엔 게디는 주변의 유대사막과 같은 건조한 지역과는 다르게 자연적인 오아시스가 형성돼 있습니다. 주변에는 다양한 식물이 서식하고 있고, 동물생태계도 잘 보존돼 있을 정도로 현재 이곳은 1971년부터 이스라엘의 자연보호구역으로 설정돼 있습니다. 이곳의 오아시스는 이스라엘의 오아시스 중 가장 규모가 큽니다. 이곳에 사람들이 머무르게 된 역사는 기원전 5000년경으로 추정되고 있습니다. 엔 게디는 1년 내내 물이 흐르고 있고 폭포도 존재해 이스라엘에서 잘 알려진 관광지 중 하나입니다.

7 ──────────────────────── 우바리 오아시스

사하라 사막은 중심부의 경우 연평균 강수량이 8mm에 그칠 정도로 세계에서 매우 건조한 지역 중 하나입니다. 이곳 사하라 사막에도 오아시스는 존재하는데, 그중 리비아 남서부에 위치한 우바리 오아시스 지대를 각별히 주목할 필요가 있습니다.

사막 한가운데 위치한 우바리 오아시스 지대에는 호수 같은 오아시스가 약 20개 정도 존재하고 있습니다. 그중 가베룬과 움알마가 유명합니다. 오아시스 물길을 따라 주변에는 야자수와 관목들이 서식하고 있습니다. 오아시스들의 깊이는 2~7m까지 다양한데, 길이는 가베룬이 약 300m로 우바리 오아시스 지대에서는 가장 큽니다. 경치는 아름다워 보이지만 물이 사해와 비교될 정도로 짜다는 것은 치명적인 단점입니다.

6 ———————————— 렌소이스 마라넨지스 국립공원

브라질 북동부에 위치한 렌소이스 마라넨지스 국립공원은 사막이 흰모
래로 이루어져 있어 유명합니다. 대부분 지역이 사막인 이곳은 바람에
의해 높이 40m의 모래 언덕이 형성되는데 이 모래 언덕이 놀라운 장면
을 만듭니다. 매년 1월부터 6월까지 우기에 내리는 비가 모래 언덕 사
이사이에 모아져 수백 개의 오아시스 장면을 만들기 때문입니다.

이렇게 모아진 빗물은 각각 길이 100m, 깊이 3m 정도의 규모를 보여
주는데, 면적으로만 본다면 많을 때는 공원 전체 면적의 40%에 육박할
정도입니다. 모래임에도 이렇게 물이 모아질 수 있는 것은 모래 아래에
바위층이 형성돼 있기 때문입니다. 그렇지만 이마저도 건기가 되면 빠
르게 증발해버려 다시 장마철을 기다려야 볼 수 있습니다.

5 ———————————————————— 체비카 오아시스

아프리카 튀니지 서부 제벨 엘 네게브 산맥에는 체비카 오아시스가 있
습니다. 메마른 산악 지역의 바위틈에서 흘러나오는 물들이 모아지면서
오아시스를 형성한 곳입니다. 사하라 사막에 거대한 담수 저수지가 있
다는 것도 신기한데, 야자수를 비롯한 식물들이 서식하고 있고 작은 폭
포도 위치해 있어서 사막을 더욱 거칠어 보이게 만듭니다.

이곳은 영화 〈잉글리쉬 페이션트〉와 〈스타워즈〉의 배경지로도 알려진
곳입니다. 물이 있는 곳에 사람이 몰리는 것처럼 현재 이 지역에는 수백
명의 사람들이 거주하고 있습니다.

브라질 렌소이스 마라넨지스에서 볼 수 있는, 사구 사이의 석호

4 _____ 시와 오아시스

이집트 수도 카이로로부터 560km, 리비아 국경으로부터는 50km 떨어진 곳에 시와 오아시스가 있습니다. 카이로에서는 매일 한 대의 버스가 이곳으로 배차되는데, 버스를 탑승하면 도착하기까지 10시간 내외의 시간이 소요됩니다.

시와 오아시스는 길이 80km, 폭 20km의 크기를 자랑하는데 이곳에는 수백 개의 웅덩이들이 여럿으로 흩어져 있습니다. 규모가 워낙 크다 보니 이곳 주변에는 약 3만 3,000여 명의 사람들이 거주하는 정착지가 형성돼 있습니다. 또한 올리브나무와 대추야자나무 수천 그루가 이곳에 심어져 있는데, 이 나무들은 이곳 주민들의 주요 수입원이기도 합니다. 시와 오아시스 지역 자체가 외딴곳이나 다름없어서 이 지역만의 문화가 형성돼 있지만 이 지역은 관광 명소로도 잘 알려진 곳입니다.

3 _____ 명사산 월아천

모래 위에 초승달이 놓여 있는 듯한 모습으로 중국 둔황에는 명사산 월아천이라는 오아시스가 있습니다. 유네스코 세계유산에 등재된 이곳은 중국에서 관광지로 유명합니다. 대략 200m의 길이에 30m 정도의 폭인데 오랜 기간 이를 유지해왔다는 게 신기할 정도입니다. 이를 상징하듯 사람들은 사막 한가운데에 위치한 명사산 월아천을 두고 '천 년 동안 물이 마르지 않았다'고 얘기합니다.

다만 자세히 들여다보면 상황은 매우 다릅니다. 1960년대 이곳의 수량

한때 수위가 낮아졌던 중국의 명사산 월아천

을 조사할 당시 최대 수심은 7.5m, 평균 수심은 4~5m였습니다. 그렇지만 1990년대에 이를 측정했을 때는 최대 수심은 불과 1.3m였고 평균 수심 또한 0.9m에 그치는 등 수량이 많이 줄어든 것입니다. 이에 중국 정부는 이곳에 물을 채웠고, 모래로 잠식되는 것을 막기 위해 주변에 관목을 심어 수량을 관리하고 있습니다.

2 ———————————————————— 와디 바니 칼리드

오만은 아라비아반도 남동부에 위치한 국가입니다. 오만 수도 무스카트로부터 차량으로는 약 3시간, 거리로는 약 200km 정도 떨어진 곳에 와디 바니 칼리드라는 곳이 있습니다. 와히바 사막에 위치한 와디 바니 칼리드는 계곡을 따라 연중 일정한 수량이 공급되는 터라 건기나 우기와 관계없이 수량은 풍부한 편입니다.

풍부한 수량 덕분에 주변은 사막이지만 군데군데 바위로 둘러싸인 물 웅덩이가 흩어져 있습니다. 주변이 사막이라 이곳의 초록빛 물은 더욱 인상적입니다. 많은 관광객이 방문하기에 수영하는 사람들도 발견할 수 있습니다. 다만 오만은 이슬람 국가이기에 복장에는 주의해야 합니다.

1 ───────────────── 와카치나 오아시스

잉카문명으로 잘 알려진 페루에도 오아시스가 존재합니다. 바로 와카치나 오아시스입니다. 와카치나 오아시스는 페루의 이카 지역에 위치해 있습니다. 주변이 모래 언덕으로 된 사막 한가운데에 지하수가 용천해 형성된 곳인데 오아시스의 규모는 크지 않은 편입니다. 이 때문에 오아

페루의 유명한 관광지인 와카치나 오아시스

시스 주변에 형성된 마을에는 인구 100명 정도로 적은 인구만이 거주하고 있습니다. 오히려 매년 수만 명의 관광객이 몰리고 있습니다. 관광객들은 오아시스 주변에서 버기카를 타고 사막을 질주하는 버기 투어나 샌드 보딩 등을 즐기기도 합니다.

그렇지만 문제가 있습니다. 자연적으로 형성된 오아시스지만 이곳은 2000년대 초반부터 지하수 시추 및 사용의 증가로 인해 오아시스의 수량이 감소하고 있는 것입니다. 이런 문제 때문에 페루 당국에서는 2015년부터 와카치나 오아시스의 수량을 인위적으로 보충하고 있는 상황입니다.

일상에서 자주 접하지만
그 의미를 잘 모르는
상징적 기호 TOP 10

일상생활을 하다 보면 우리는 다양한 상징적 기호들을 쉽게 접할 수 있습니다. 우리가 자주 접하고 있는 상징적 기호들은 어떻게 탄생한 것일까요? 각각의 상징적 기호들은 각기 다른 유래와 의미를 담고 있는데 이를 확인해보겠습니다. 일상생활 속에서 많이 활용되는 것일수록 상위에 랭크했습니다.

10 _____ 망치와 낫

각종 뉴스나 영상 콘텐츠에서 간혹 보게 되는 것이 있습니다. 바로 선전물로 등장하는 망치와 낫입니다.

과거 구소련의 국기나 북한, 중국, 냉전시기 동유럽 국가들의 각종 선전물에는 엇갈린 망치와 낫이 종종 표기됐습니다. 이들이 망치와 낫을 체제의 선전도구로 사용하기 전만 해도 유럽에서 망치는 힘을 상징하고, 낫은 죽음을 상징했습니다. 그렇지만 어느 순간부터 망치와 낫은 이러한 의미보다도 체제에 따라 다른 의미가 됐습니다. 자유민주주의 국가

선전물로 등장하는 망치와 낫

들 입장에서는 냉전시기 자유민주주의 체제를 위협하는 상징이었습니다. 이와 달리 망치와 낫을 상징으로 내세웠던 국가들은 이를 다른 의미로 사용했습니다. 망치는 산업 노동자인 프롤레타리아를 의미했고, 낫은 농민을 의미했습니다. 즉 노동자와 농민을 상징화해 전면에 내세우며 체제 선전을 한 것입니다.

9 ——————————————————————————— 자유의 여신상

미국 독립 100주년을 축하하기 위해 프랑스가 1886년에 제작한 자유의 여신상은 현재 미국 뉴욕의 대표적인 상징물로 자리하고 있습니다. 자유의 여신상은 애초에는 등대 역할을 했지만 현재는 전망대로만 활용되고 있습니다.

높이 46m인 자유의 여신상 머리에는 7개의 스파이크가 뾰족하게 튀어

지구의 대륙과 바다를 상징하는 자유의 여신상 머리의 스파이크

나와 있는 왕관이 씌어 있습니다. 7개로 표현된 것이라면 의미가 있을 것 같은데 스파이크들은 무엇을 상징하는 것일까요? 바로 아시아, 오세 아니아, 북아메리카, 남아메리카, 아프리카, 유럽, 남극의 7개 대륙과 북 태평양, 남태평양, 북대서양, 남대서양, 인도양, 북극해, 남극해의 7개 바 다를 뜻하는 것입니다. 즉 이들 지역으로 자유가 널리 퍼져나가는 것을 상징하고 있습니다.

8 _____ 방사선

사람들이 두려워하는 게 많겠지만 무엇보다 핵을 상징하는 방사선만큼 공포를 안겨주는 것은 없을 것입니다. 잘 활용하면 많은 편리함을 제공 하지만 자칫 문제가 발생할 경우 무색·무취의 방사선이기 때문에 대처 하기가 어려운 점이 걱정을 더 크게 만드는 것 같습니다. 이 때문에 방사선의 위험을 사람들이 사전에 잘 인식할 수 있도록 방사선을 상징하는 기호가 여러 곳에 많이 쓰이고 있습니다. 많은 사람들이 알고 있는 방사선 기호는 어디서 유래한 것일까요? 1946년 미국의 버클리 방사선 연구소에서는 위험한 물질에 대해 경고하는 기호

방사선 기호

를 만들고자 했습니다. 방사선 상징 기호는 이때의 낙서에서 착안됐습니다. 다만 최초에는 배경이 파란색이었고, 원자 활동을 의미하는 트레포일 형태의 기호에는 자홍색이 칠해졌습니다. 그렇지만 파란색이 눈에 잘 띄지 않는다는 문제가 제기되자 이후 배경은 노란색으로 바뀌었습니다. 1948년 확정된 최초 표준 디자인에는 노란색과 자홍색이 쓰인 것입니다. 이후 규정에는 자홍색 대신 검은색을 사용하는 것도 허용돼 노란색과 검은색 조합이 일반적으로 많이 사용됐습니다. 그렇지만 문제는 일부 사람들이 원자 활동의 의미를 담고 있는 트레포일을 이해하지 못해 방사선에 그대로 노출되는 상황이 종종 벌어진다는 점이었습니다. 이 때문에 국제원자력기구와 국제표준화기구에서는 좀 더 직관적으로 위험을 알릴 수 있는 새로운 기호를 2007년 도입했습니다.

7 _____ 일시중지

리모컨이나 각종 전자기기를 보면 자주 사용하는 버튼들을 볼 수 있는데, 그중 일시중지 버튼을 빼놓을 수 없습니다. 그런데 일시중지를 상징

하는 2개의 평행한 수직선은 어떻게 탄생한 것
일까요? 리모컨과 전자기기에 최초로 누가 적
용해 디자인한 것인지는 아직까지 불명확합니
다. 다만 이것의 유래는 악보 끝부분에 표기돼
곡의 종료를 나타내는 끝세로줄이나 곡의 단락
의 마침, 박자의 변경 등을 나타내는 겹세로줄

일시중지

에서 착안된 것이라는 주장이 가장 큰 설득력을 얻고 있습니다. 물론 이
외에도 여러 설이 있긴 한데, 설득력이 떨어지지만 과거 2001년 전에
존재했었던 뉴욕의 세계무역센터의 모습에서 유래한 것이라는 주장이
있기도 합니다.

6 &(앰퍼샌드)

'그리고'를 뜻하는 앰퍼샌드는 책, 신문, 블로그, 제품 포장 등 다양한 곳
에 쓰이는 기호입니다. 자주 접하는 기호이기 때문에 익숙하게 보이지

'그리고'를 뜻하는 앰퍼샌드

만, 기호 자체만 놓고 유심히 본다면 정말로 엉뚱하게 생긴 모양새입니다. 앰퍼샌드는 어디서 유래했을까요?

앰퍼샌드의 역사는 의외로 오래됐습니다. 고대 로마인에 의해 앰퍼샌드가 탄생한 것으로 추정되는데, 폼페이의 성벽에서 앰퍼샌드가 확인된 바 있습니다.

앰퍼샌드의 기원은 라틴어의 e와 t입니다. et로 표현된 라틴어의 표현은 이후 형태가 혼합돼 지금의 앰퍼샌드 형태로 사용됐고, 의미로는 '그리고'로 번역됐던 것이 그대로 이어져온 것입니다.

5 ──────────────────── 블루투스

블루투스는 직접 케이블로 연결하지 않고 전파를 활용해 데이터를 장치에서 장치로 이동하는 무선 표준 기술입니다. 1994년 통신업체인 에릭슨사가 최초로 개발한 이래 블루투스는 현재 전 세계에서 아주 활발

전 세계에서 공통적으로 사용되는 상징 기호인 블루투스

하게 쓰이고 있습니다. 이러한 블루투스와 관련해서도 전 세계에서 공통적으로 사용되는 상징 기호가 있습니다.

얼핏 봐서는 어떤 것에서 유래된 것인지 불분명해 보이는데, 블루투스 기호는 알파벳 H와 B로 구성됐다는 설이 유력합니다. 958년부터 986년까지 덴마크를 통제했던 하랄 블루투스(Harald Bluetooth)라는 왕이 있었는데, 이 왕의 이름의 H와 B에서 블루투스의 기호가 유래한 것입니다. 다만 이는 현대 영어의 알파벳이 아니라 고대 게르만어의 H와 B의 표기를 합친 것이라고 볼 수 있습니다.

4 ──────────────────────────────── 전원 버튼

전자기기를 사용하게 되면 반드시 보게 되는 것이 바로 전원 버튼의 기호입니다. 직관적으로는 윗부분에 구멍이 뚫린 원에 수직선이 걸쳐 있는 디자인을 확인할 수 있습니다. 이러한 전원 버튼 기호의 유래를 파악

주변에서 흔하게 볼 수 있는 전원 버튼

하기 위해서는 과거의 전원 버튼부터 살펴봐야 합니다.

과거의 전원 버튼은 수직선과 원이 별도로 분리돼 있는 경우가 많았습니다. 이는 각각 1과 0을 상징하는 것으로, 1은 전원이 들어오는 것을 의미하고 0은 전원이 꺼지는 것을 나타냅니다. 이러한 1과 0은 컴퓨터 내 on과 off 명령의 이진법에서 착안된 것입니다. 이후 1과 0으로 상징됐던 과거 전원 버튼의 기호가 하나로 병합되면서 오늘날 우리가 많이 접하고 있는 전원 버튼으로 상징화된 것입니다.

3 _____ USB

평소 컴퓨터를 사용하는 사람이라면 USB를 한 번쯤은 다뤄봤을 것입니다. USB는 케이블과 기기 등의 장치 간 연결, 전원, 공급 통신 등을 손쉽게 도와주는 표준 규격입니다. 1994년 개발이 시작돼 1996년 USB

다양한 유래를 갖고 있는, USB의 식별 기호

1.0이 탄생했습니다. 그런데 시대가 변하며 기술이 발전함에 따라 USB도 많은 변화가 있었습니다. 커넥터의 종류에 따라 표준, 미니, 마이크로로 세분화됐고, 데이터 전송률에 따라 USB 1.0부터 USB 4.0으로 업그레이드가 이뤄졌습니다.

그런데 이러한 USB의 변화 속에서 유일하게 이어져오는 것이 있습니다. 바로 USB의 식별 기호입니다. USB의 식별 기호는 좌측 하나의 원에서 시작된 라인이 우측에서는 원, 삼각형, 사각형의 3개 라인으로 분화하는 모양을 갖고 있습니다. 이것의 유래는 무엇일까요?

가장 유력한 주장은 포세이돈이 들고 있는 삼지창에서 유래한 것으로 알려져 있습니다. 힘을 상징하는 포세이돈의 삼지창은 USB의 기술의 힘을 상징하는 것입니다. 또한 USB 식별 기호 내 화살표는 직렬 데이터를, 원은 USB가 작동하는 전압인 5V를, 사각형은 대지 전압을 각각 상징합니다.

2 _____ 남성과 여성

남성과 여성을 상징하는 기호는 전 세계 어디를 가나 쉽게 볼 수 있습니다. 1960년대부터 남성 화장실과 여성 화장실을 구분하기 위해 사용되면서 현재는 다양한 곳에서 남녀 식별을 위해 널리 사용되고 있는 상황입니다.

이를 상징하는 기호의 유래는 몇 가지 설이 있습니다. 가장 대표적인 것이 남성의 기호는 전쟁의 신인 아레스에서 유래해 화성을 상징하는 것이고, 여성의 기호는 아름다운 신인 아프로디테에서 유래해 금성을 상

남성과 여성을 상징하는 기호

징한다는 주장입니다. 즉 방패와 창 모양의 남성 상징과 손잡이가 달린 청동거울의 여성 상징이 각각 아레스, 아프로디테와 연계된 것입니다. 이외에 남성과 여성의 상징 기호는 프랑스의 학자인 살마시우스(Claude Saumaise)의 그리스어 행성들 명칭에서 축약돼 유래한 것이라는 주장이 있으며, 1871년 인류학의 친족 다이어그램 내 여성의 원과 남성의 삼각형에서 유래한 것이라는 주장도 있습니다.

1 ───────────────────────── 횡단보도

보행자들이 도로를 건널 수 있게 표지판이 설치되거나 도로 위의 구역이 표시돼 있는 곳을 우리는 횡단보도라 부릅니다. 특히 횡단보도는 전 세계 어디를 가나 줄무늬의 두께나 간격의 차이만 있을 뿐 비슷한 스타일로 도로 위에 표시가 돼 있습니다. 그렇다면 횡단보도 줄무늬는 어떻

얼룩말의 줄무늬에서 착안해 디자인된 횡단보도

게 탄생한 것일까요?

최초의 횡단보도는 1868년 영국의 웨스트민스터 브리지 거리에서 시작됐습니다. 당시에는 도로 위에 줄무늬가 그어진 것이 아니라 빨간색과 녹색의 가스등으로 횡단보도임을 알렸습니다.

그러나 20세기 들어 차량이 증가함에 따라 보행자 보호를 위한 횡단보도의 기능 강화가 더욱 중요해졌습니다. 1948년 영국 의회 교통부 사무총장이었던 제임스 캘러헌(James Callaghan)은 안전하게 횡단하는 방법에 대해 고민을 하고 있었습니다. 이에 그는 다양한 관계자들과 당시 런던의 도로에 대해 논의를 이어갔고 이 와중에 얼룩말의 흑백 줄무늬를 떠올리게 됐습니다. 이후 얼룩말 무늬의 횡단보도는 1949년부터 수백회 이상의 실험을 거쳐 1951년 정식으로 일반도로 위에 표시됐고, 현재의 횡단보도에 이를 수 있었습니다.

전 세계 과일 중
가장 이국적이고
특이한 과일 TOP 10

일반적으로 사람이 먹을 수 있는 식물의 열매를 과일이라고 부릅니다. 과일의 과육과 과즙은 대체로 단맛과 신맛을 지니고 있어 과일은 보통 디저트로 사람들에게 애용되고 있습니다. 또한 과일은 비타민과 무기질 성분을 많이 함유하고 있어 건강에도 이로운 편입니다. 이러한 과일은 인류와 함께했다고 해도 과언이 아닐 정도로 오랜 역사를 지니고 있는데, 종류 또한 매우 다양합니다. 국내만 보더라도 포도, 복숭아, 감, 귤 등 계절마다 새로운 과일이 재배 생산되고 있습니다.

또한 다소 차이가 있지만 참외, 딸기, 수박은 분류학적으로는 열매채소로 볼 수 있지만 일상적으로 대중들에게 과일로 인식돼 불리고 있기도 합니다. 더 나아가 파인애플, 키위 등 수입되는 과일도 종류가 상당히 많은 상황입니다. 심지어 아보카도나 올리브도 단맛과 신맛을 지니고 있진 않지만 과일로 판단하기도 합니다.

그렇다면 이렇게 많은 종류의 전 세계 과일 중 이국적이면서 특이한 과일은 어떤 것들이 있을까요? 이에 대해 알아보겠습니다.

10 ——————————————————— 양메이

소귀나무라고 불리는 나무의 양메이(杨梅)라는 열매는 과일로 애용되고 있습니다. 양메이는 명칭에서 짐작할 수 있듯이 중국을 서식지로 두고 있는 과일인데, 보통 양쯔강 남쪽인 중국 중남부에서 성장하고 있어 아열대 과일로 볼 수 있습니다.

양메이는 보통 5월에서 6월 사이를 제철로 볼 수 있습니다. 크기는 2~3cm 정도 직경의 구 형태로, 일부는 개량에 성공해 4cm 정도까지 성장하는 것으로 알려져 있습니다. 양메이의 색상은 주로 붉은색으로 이루어져 있는데, 다만 내부의 씨앗이 전체 크기를 기준으로 했을 때 큰 편입니다.

맛은 대체로 단맛을 지니고 있습니다. 양메이의 활용은 다양하게 이루어지고 있는데 채취 후 섭취하거나 주스, 말린 과일, 통조림, 과일주 등 일반적인 과일처럼 활용이 가능합니다.

9 ——————————————————— 체리모야

체리모야(Cherimoya)는 페루, 에콰도르 등의 남미가 원산지인데 현재는 남미를 비롯해 호주, 북아프리카, 남아시아 등 전 세계 아열대 지역에서 재배가 이뤄지고 있습니다. 체리모야는 포포나무과에 속하는데, 체리모야에서 열리는 열매는 식용이 가능한 과일입니다.

보통 녹색을 띠고 있는 체리모야 열매는 10~20cm 정도의 크기에 직경은 5~10cm 정도로 성장합니다. 체리모야의 식용 열매는 속을 들여다

체리모야를 들어 보이는 브라질 농부

시장에서 판매되고 있는 체리모야

보면 흰색의 과육이 꽉 들어차 있는데, 부드럽고 커스터드 같은 모양새를 지니고 있어 커스터드 사과라고도 불립니다.

맛은 품종에 따라 차이를 보이지만 파인애플, 바나나, 복숭아의 맛을 혼합한 것으로 표현할 수 있고, 과육의 특성상 숟가락으로 떠먹을 수 있습니다. 잘 익은 체리모야의 열매는 뛰어난 맛을 지니고 있어서 이를 찾는 수요가 많은 편입니다.

8 ——————————————————— 타마릴로

남미가 원산지인 타마릴로(Tamarillo)는 5m까지 성장하는 나무입니다. 현재는 남미뿐만 아니라 남아프리카공화국부터 홍콩, 미국에 이르기까지 다양한 곳에서 재배가 이뤄지고 있습니다.

타마릴로도 식용이 가능한 열매가 열리는데, 타마릴로의 열매는 나무토마토라고도 불립니다. 달걀 모양의 4~10cm 정도로 성장하는 타마릴로 열매는 표면이 단단하지만 내부는 토마토와 비슷한 구성을 보여줍니다. 대체로 타마릴로가 붉은색이었을 때가 가장 잘 익었을 때인데 이때는 강한 신맛이 납니다. 신맛을 좋아하는 사람들은 중독성에 종종 찾는다고 합니다.

타마릴로의 열매는 비타민이 풍부하고 철분도 많이 함유돼 있는 과일입니다. 그냥 먹거나 물과 설탕에 섞어 주스로 만들기도 하고, 특유의 신맛을 활용해 조리 음식에도 곁들여 먹는 방법으로 타마릴로의 열매는 애용되고 있습니다.

7 _____ 키와노

사하라 사막 이남의 아프리카가 원
산지인 키와노(Kiwano)는 1.5m 정
도로 성장하는 한해살이 식물입니
다. 키와노의 열매는 과일로 많이 애
용되고 있는데, 물속에 넣어두면 멍
게처럼 보이기도 합니다.

뿔 멜론라고도 불리는 키와노의 열
매는 여러 개의 튀어나온 돌기가 있

열대 과일 키와노의 단면

는 것이 특징인데, 돌기를 제외한 형태는 타원형이고 크기는 10~15cm
정도입니다. 주황색의 겉과 달리 속은 초록색을 띠며, 맛은 레몬과 오이
의 맛을 섞은 것과 비슷하다는 평이 많습니다. 색은 다르지만 패션프루
트를 길게 늘여놓은 과일이라고 생각해도 무방합니다.

6 _____ 자보티카바

자보티카바(Jabuticaba)는 브라질이 원산지로 최대 15m까지 성장하는
상록나무입니다. 자보티카바는 일반적인 성장과는 다소 다른 모습을 보
이는데, 줄기에서 열매가 자라는 것이 특징입니다. 열대 과일로 잘 알려
진 자보티카바의 열매는 보통 3~4cm 크기로 성장하며, 검은색에 가까
운 빛깔을 띠고 있습니다.

다소 두꺼운 껍질을 자르면 자보티카바 열매의 내부는 흰색의 과육으

로 가득 들어찼는데, 포도와 비
슷한 맛이 납니다.

브라질에서는 자보티카바 열매
를 쉽게 섭취할 수 있습니다. 그
러나 단순하게 채취한 자보티카
바 열매는 3일 정도만 지나면 발
효가 될 정도로 유통기한이 짧기
때문에 잼 등으로 가공하는 것을

줄기에서 열매가 자라는 자보티카바

제외하고 재배 지역이 아닌 해외에서 이를 섭취하기는 쉽지 않다는 단
점이 있습니다.

5 ───────────────────── 양초나무

양초나무(Candle tree)는 파나마가 원산지로 6m까지 성장하는 나무입
니다. 현재 멸종위기종으로 분류돼 있는 양초나무에는 최대 길이 1m의
푸르스름한 식용 열매가 열리는데, 생김새만 본다면 과일처럼 보이지
않고 마치 오이고추와 비슷한 외형을 지니고 있습니다. 그러나 양초나
무의 열매는 과즙이 풍부하고 달콤한 맛을 지니고 있다는 점에서 과일
본연의 특징을 갖고 있습니다.

단순한 형태로 식용하는 것 외에도 절임 음식으로도 식용이 이뤄집니
다. 양초나무의 열매는 중앙아메리카를 비롯해 남미, 북미 일부 지역에
서 유통된 과일로 찾아볼 수 있습니다.

4 ——————————————————————— 아테모야

아테모야(Atemoya)는 미국이 원산지로 슈가애플과 체리모야의 잡종으로 탄생한 과일입니다. 아테모야는 전 세계적으로 인기를 끌고 있는 과일 중 하나인데, 1908년 미국 마이애미에서 최초로 만들어진 역사를 갖고 있습니다. 두 과일의 잡종으로 개발된 아테모야는 명칭도 슈가애플의 멕시코 명칭인 '아테'와 체리모야의 '모야'를 조합해 만들어졌습니다.

아테모야는 7~15cm 정도로 성장하는데, 비타민c를 풍부하게 함유하고 있습니다. 최초 개발 후 아테모야는 슈가애플보다 맛이 뛰어나다는 긍정적인 평을 받았는데, 실제로 과즙이 풍부하고 신맛을 지니고 있는데다 달콤합니다. 처음 아테모야를 접해보면 그 맛에 홀린다는 반응이 의외로 많은 편입니다.

3 ——————————————————————— 으름덩굴

으름덩굴(Akebia quinata)은 10m 이상으로 성장하는 상록관목으로 한국, 중국, 일본 등 동아시아가 원산지입니다. 으름덩굴에는 식용 가능한 열매가 열리는데, 보통 9월에서 10월이 되면 잘 익어 벌어지기도 합니다.

으름덩굴 열매는 보라색과 비슷한 색상의 타원 형태이고, 크기는 10cm 정도로 성장해 큰 편은 아닙니다. 으름덩굴의 열매는 과육이 용과와 비슷해 보이기도 하는데 채취 후 생으로 먹을 수 있습니다.

주로 과육은 단맛을 지니고 있지만 식용 가능한 껍질은 다소 쓴맛이 납니다. 참고로 으름덩굴은 열매가 과일로 애용돼왔지만 으름덩굴 원산지의 특성상 열매 외에도 줄기부터 뿌리까지의 다양한 부분이 진통제, 이뇨제 등의 한약제로도 활용돼왔습니다.

2 ——————————————————— 판다누스

스크류 파인이라고도 불리는 판다누스(Pandanus)는 최대 20m까지 성장하는 상록나무로 마다가스카르와 말레이시아 등지에서 주로 서식하고 있습니다. 판다누스 열매는 잘 익었을 때 껍질이 빨간색과 주황색으로 변합니다.

대략 20cm 정도 크기로 자라며, 파인애플과 비슷하게 생긴 판다누스의 열매는 작은 개별 과일들이 모여 모양을 이루고 있는데 달콤하고 고소한 맛이 납니다. 판다누스 열매는 빨간색으로 변한 잘 익은 부분은 생으로 섭취하기도 하지만 설탕과 함께 끓여서 주스처럼 먹기도 하고, 조리음식의 재료로 사용되기도 합니다. 다른 과일과 다르게 판다누스 열매는 익은 후 나무에 1년간 매달려 있을 수 있어서 과거 서식 국가에서는 유용한 식량으로 활용된 과일입니다.

1 ——————————————————— 불수감

'부처의 손'이라는 뜻의 '불수감(佛手柑)'이라고 불리는 과일은 사람의 손가락과 비슷한 상당히 특이한 모양을 지니고 있습니다. 유자 품종인 불수감은 인도, 중국이 원산지로 겉은 밝은 노란색이지만 반으로 잘라

독특한 형태를 지닌 유자 품종의 불수감

보면 안쪽은 흰색입니다.

다만 일반 과일처럼 과육이나 과즙이 풍부하지는 않고 거의 없다시피한데, 때문에 굳이 생으로 먹기보다는 샐러드나 다른 요리와 곁들여 먹는 편입니다. 또는 식용이 아니더라도 관상용으로 두거나 방향제 등으로 활용되기도 합니다.

인도가 세계 최초로
인류에게 가져다준
놀라운 것 TOP 10

아시아 남쪽에 위치한 인도는 그야말로 거대한 국가입니다. 인도는 2021년 기준 인구가 약 13억 9천만 명(2위), 국토 면적 3,287,263km² (7위), GDP 3조 500억(6위/IMF), 모국어 약 447개 등 다양한 분야에서 상상을 초월한 규모를 보여주고 있습니다. 게다가 인도는 한때 제3세계를 대표했지만 현재는 국제무대에서 주류 국가로 나서는 분위기입니다. 1947년 영국으로부터 독립 이후 인도가 언제 이렇게 성장한 것일까요? 인도는 기원전 3000년경 시작된 인더스 문명이 말해주듯 고대부터 역사를 형성하고 번성했던 국가였습니다. 이 때문에 과학, 수학, 의학, 천문학, 건축 등에서는 놀라운 수준의 발전을 이뤄내기도 했습니다. 그렇게 수천 년 동안 인도는 세계에 많은 영향을 끼쳤다고 볼 수 있습니다. 그동안 인도가 세계 최초로 발견하거나 개발해 인류에게 가져다준 것만 보더라도 이를 공감할 수 있을 것입니다. 그렇다면 인도가 세계 최초로 인류에게 가져다준 놀라운 것들은 어떤 게 있을까요? 대표적인 10가지를 알아보겠습니다.

10 _____ 뱀과 사다리 게임

국내에서 '뱀 주사위 놀이'라고도 알려진 서양식 윷놀이 형태의 보드게임인 뱀과 사다리 게임은 사실 인도에서 최초로 개발된 보드게임입니다. 고대 인도에서는 이를 '목샤 파탐'이라고 불렀는데, 이 게임은 욕망과 운명을 대비하는 힌두교의 철학과도 관련이 있어 인도에서 인기를 끌었습니다.

식민지 시절인 1892년에 목샤 파탐은 영국에 소개됐는데, 당시 영국에서는 선행과 악행을 가르치는 도구로 이 게임을 이용했습니다. 당연히 사다리는 선행을 뱀은 악행을 상징했는데, 인도 버전은 사다리가 뱀보다 적어 선행을 행하기가 어렵다는 것을 의미하기도 했습니다. 그러나 영국 버전은 사다리와 뱀의 수를 비슷하게 해 형태는 다소 변경됐습니다. 영국에서 뱀과 사다리라는 이름으로 바뀌어 판매된 목샤 파탐은 이후 1943년에는 미국으로도 건너가 세계에서 가장 유명한 보드게임 중 하나가 됐습니다.

9 _____ 요가

많은 사람들이 알고 있는 것처럼 요가는 최초로 인도에서 탄생했습니다. 당시에는 주로 남성들이 정신 수련을 위해 행했던 것으로, 다양한 자세를 유지하며 자신을 수련해 고요한 마음을 찾는 것이 주목적이었습니다.

이러한 요가의 역사는 기원전 3000년으로 거슬러 올라갑니다. 인도의 인더스 문명을 요가가 탄생한 시기로 보는 것입니다. 이후 시간이 흘러 지금의 요가라는 단어는 기원전 600년경 우파니샤드에서 사용되기 시작했습니다.

몸과 마음의 자연스러운 융화를 이루기 위해 탄생한 요가는 19세기에 접어들어 인도 철학과 함께 서양으로도 전파됐는데, 이때 종교개혁가였던 스와미 비베카난다(Swami Vivekananda)가 큰 역할을 했습니다. 수천 년간 지속돼온 인도의 요가가 세계로 퍼져 나가면서 현대 요가로 탈바꿈하는 순간인 것입니다. 덕분에 많은 사람들이 몸과 마음의 건강을 위해 오늘날 요가를 즐길 수 있게 됐습니다.

8 _____ 캐시미어 울

캐시미어 울은 산양의 속털에서 얻는 양모로 매우 부드럽고 비교적 비싼 섬유에 속합니다. 현재 캐시미어 울은 중국을 필두로 몽골, 이란 등이 주 생산국인데, 산양 한 마리로부터 매년 150g 내외 정도만 얻을 수

현재도 고급 섬유로 대표되는 캐시미어 울

있어서 귀하다고 볼 수 있습니다. 캐시미어 울은 역사가 오래됐는데, 그 렇다면 중국, 몽골, 이란이 세계 최초로 캐시미어 울을 발견했을까요?

캐시미어 울의 시초는 인도입니다. 기원전 3세기부터 기원후 11세기까 지의 여러 문헌에는 카슈미르 지방에서 캐시미어 울로 목도리를 만들 었다는 기록이 있습니다.

그렇지만 본격적으로 캐시미어 울이 확산될 수 있었던 것은 15세기 카 슈미르 통치자였던 자인 울 아비딘이 직조 업자를 데려와 양모 산업을 시작하면서였습니다. 이후 캐시미어 울은 확산됐고, 유럽으로도 전해지 며 고급 섬유로 인정받게 됐습니다.

7 ———————————————————————— 샴푸

샴푸는 '마사지하다'라는 뜻의 힌디어 인 창포(Champo)에서 유래한 단어입 니다. 즉 샴푸가 인도에서 탄생했음을 짐작하게 하는데 인도에서는 고대부 터 다양한 허브종을 이용해 샴푸를 사 용했습니다.

이는 1762년 무굴제국 시대에 접어들 며 변곡점을 맞이하게 됩니다. 다양한 향과 오일을 활용해 머리를 마사지하

샴푸를 본격적으로 알렸던
사게 딘 마호메드

는 풍습이 인도에 발을 들여놓은 영국인들을 비롯한 유럽인들의 관심 을 모은 것입니다.

이들은 유럽으로 돌아가 이러한 풍습을 주변인들에게 소개했습니다. 그렇지만 본격적으로 샴푸를 제대로 알린 사람은 사게 딘 마호메드(Sake Dean Mahomed)라는 인도 출신의 사업가였습니다. 1814년 그는 영국 브라이턴에 최초로 증기 목욕탕을 오픈했는데 이때 이곳에서 샴푸를 상업적으로 행한 것입니다. 이는 성공적이었고, 그가 영국에 샴푸를 소개한 이후 더욱 빠르게 확산될 수 있었습니다.

6   대학교

세계 최초의 대학교는 1088년에 설립된 볼로냐대학교로 알려져 있습니다. 그렇지만 이는 적어도 인도에서는 인정받지 못하는 기록입니다. 이유인즉 인도에서 굽타왕조 시절인 427년에 날란다대학교가 개교했기 때문입니다.

날란다대학교 개교 후 1197년까지 이곳에서는 불교를 포함한 종교학, 철학, 수학, 문학 등을 가르쳤고, 상당한 규모의 도서관도 운영됐으며, 규모에 맞게 교수진과 학생들도 엄청난 수를 자랑했습니다. 날란다대학교가 과거 인도의 고등교육의 중심이었던 것입니다.

그렇지만 12세기 말 날란다대학교는 약탈과 파괴로 인해 폐교하게 됐습니다. 2010년 인도 정부는 날란다대학교를 다시 살리고자 새롭게 날란다대학교를 설립했고 약탈되고 파괴됐던 과거의 날란다대학교의 유적지를 부분 복구했는데, 이는 2016년 유네스코 세계문화유산에 등재되기도 했습니다.

5 _____ 광섬유

지금 인류가 인터넷으로 편하게 많은 양의 정보를 주고받고 TV를 시청하거나 병원에서 내시경으로 질병 진단을 받는 등의 활동을 할 수 있는 것은 바로 광섬유가 우리 삶에 등장했기 때문입니다. 인도계 미국 물리학자인 나린더 싱 카파니(Narinder Singh Kapany)는 1953년 처음으로 광섬유 수천 개를 한데 묶어 이미지 전송 실험을 진행해 성공했고, 1960년 저술한 책에서 광섬유라는 용어를 처음으로 사용해 오늘날 광섬유라는 용어가 자리 잡게 하는 데 큰 역할을 했습니다.

'광섬유의 아버지'라고 불리는 그는 세계적으로 광섬유를 발명한 인물로 인정받고 있습니다. 이러한 업적에도 그는 노벨상을 수상하지는 못했습니다. 그렇지만 《타임》 지에서는 '20세기 10대 과학자'에 그를 포함시켜 광섬유 별명이 위대한 업적임을 인정해줬습니다.

4 _____ 설탕

설탕의 원료가 되는 사탕수수는 고대부터 열대 지방을 중심으로 다양한 곳에서 자생했습니다. 기원전 8세기 중국 문헌에는 사탕수수를 최초로 사용한 국가가 인도라고 기록돼 있는데, 당시의 사탕수수 사용은 우리가 알고 있는 지금의 설탕 형태가 아니었습니다. 현재 인류가 많이 사용하고 있는 설탕과 같은 결정화된 형태는 이로부터 한참 뒤인 기원후 5세기경 인도의 굽타왕조에 의해 발견됐습니다. 당시 결정화된 설탕을 인도에서는 칸다라고 불렀는데, 이는 훗날 캔디라는 단어의 유래가 되

기원후 5세기경 인도의 굽타왕조 때 등장했던 결정화된 설탕

기도 했습니다.

이렇게 굽타왕조에서 설탕의 정제 기술을 개발함에 따라 사탕수수보다 사용하기가 편해졌고, 저장과 운반에도 획기적인 변화가 일어났습니다. 당장 설탕의 정제 기술은 인도인들에 의해 무역로를 따라 전파됐습니다. 특히 중국에는 사탕수수 재배법과 설탕 정제 기술이 전파돼 7세기에 사탕수수 농장을 자국 역사상 처음으로 만들기도 했습니다.

3 ——————————————————————— 무선 통신

다양한 파장의 전자기 복사 존재를 예측했던 맥스웰, 전자기파를 만들어 이를 측정했던 헤르츠, 무선 수신 방식을 개발했던 로지의 앞선 연구들은 인도의 과학자인 자가디시 찬드라 보스(Jagadish Chandra Bose)에게 큰 영향을 미쳤습니다. 1894년 11월 보스는 이를 토대로 단파의 중요성을 파악해 단파의 준광학적 성질에 대한 실험을 콜카타 시청에서 실시했고, 이로써 단파가 건물과 벽들을 통과해 무선으로 메시지를 전

달할 수 있음을 확인했습니다. 이때 보스는 로지가 만들었던 전파 수신기인 코히러의 성능을 대폭 향상시킨 것을 개발했습니다. 이후 보스는 이에 대한 논문을 1895년 5월에 발표했고, 그해 10월에는 작성한 두 번째 논문을 런던 왕립학회에 제출했습니다. 이에 대해 런던에서는 특허를 확보한다면 세계에는 큰 변화가 있을 것이라고 그를 주목했지만 보스는 특허에는 관심이 없었습니다. 1896년 보스는 런던에서 굴리엘모 마르코니(Guglielmo Marconi)를 만나 자신의 연구를 활용하는 것에 대해 제안하기도 했습니다.

사실 보스의 실험 결과는 마르코니의 무선 시스템에 많은 영향을 끼쳤습니다. 1896년 6월 마르코니는 특허를 출원했고, 그해 전파 실험을 진행했습니다. 마르코니는 단파무선통신 개발로 1909년 노벨 물리학상을 수상했지만, 그의 단파 무선통신 실험은 보스보다 2년 가까이 늦은 것이었습니다.

2 ————————————————————— 불교

잘 알려진 사실이지만 불교는 현재 세계 주요 종교로 자리 잡아 많은 국가에 영향을 미치고 있습니다. 기원전 6세기경 고대 인도에서는 기존의 브라만교에 대한 비판과 함께 새로운 종교에 대한 요구가 거셌습니다. 이때 석가모니는 고행을 통해 해탈하려고 했고, 그러던 중 보리수나무 아래에서 깨달음을 얻어 해탈할 수 있었는데 이것이 불교의 창시가 됐습니다. 이후 불교는 인도를 넘어 동남아시아와 동북아시아로 확산됐고, 현재에 이르러서는 전 세계 인구의 7% 이상이 불교 신자로 추정되고 있습니다.

다만 아이러니하게도 불교가 최초로 탄생했던 인도는 현재 인구의 80%가 힌두교를 종교로 두고 있습니다. 불교는 고작 0.7%에 그쳐 불교가 인도에는 뿌리내리지 못했습니다.

1 ──────────────────────────────── 숫자 0

무한대인 수의 중심은 양수도 음수도 아닌 0입니다. 그만큼 0은 수학에서 중요한 수로 볼 수 있는데 바로 이 0을 발견한 곳이 인도입니다. 그 시기는 500년경으로 추정되고 있습니다. 인도의 수학자인 아리아바타(Āryabhata)가 산스크리트어로 작성한 천문학 논문인 아리아바티야에서 0을 사용했습니다.

물론 인도에 앞서 바빌로니아나 그리스, 마야, 중국에서도 0이 아닌

인도가 처음으로 발견해 사용했던 숫자 0

다른 형태로 표시되기도 했지만 500년경 인도와는 달리 이들은 수의 개념이 아니었습니다. 바빌로니아만 본다면 단순하게 없다는 의미만 표현하는 용도였습니다. 인도가 0을 발견해 수의 개념으로 사용하기 시작한 500년을 서양이 11세기에 도입해 16세기부터 일반적으로 사용하기 시작한 것과 비교한다면 이는 놀라운 차이라고 생각할 수 있을 것입니다.

1알 평균 250억 원?
파베르제의 달걀 57알의
최다 소유주 TOP 10

1842년 러시아 상트페테르부르크에서는 구스타프 파베르제(Gustav Fabergé)가 하우스 오브 파베르제라는 회사를 설립했습니다. 하우스 오브 파베르제는 보석을 만드는 회사로, 설립자였던 구스타프 파베르제는 1860년 은퇴를 했고, 이후 1882년 설립자 구스타프 파베르제의 아들인 칼 파베르제(Carl Fabergé)가 본격적으로 회사를 운영하면서 세계적인 주목을 받게 됐습니다. 그가 이른바 '파베르제의 달걀'을 만든 것입니다.

1885년 알렉산드르 3세는 부활절을 맞이해 선물이 필요했습니다. 자신의 아내인 마리아 표도르브나에게 줄 부활절 달걀이 그것인데, 알렉산드르 3세는 이것을 만들어달라고 칼 파베르제에게 의뢰했습니다. 이렇게 탄생한 최초의 파베르제의 달걀은 '암탉 달걀'이라고도 불리는데, 겉은 흰색 에나멜로 칠해져 있어 흡사 달걀처럼 보이지만 내부는 금으로 이루어진 보석이었습니다. 마침 결혼 20주년이 되는 차에 선물을 받은 마리아 표도르브나는 감동했고, 이를 본 알렉산드르 3세는 매년 제작을 명했습니다.

이후 파베르제의 달걀은 매년 예측이 불가능한 새로운 디자인으로 제작됐고 러시아 황실의 인증을 받으면서 최고의 보석이 됐습니다. 1885년부터 1894년까지 10개가 제작된 이래 파베르제 달걀은 1917년 볼셰비키혁명이 일어나 파베르제 제조시설이 국유화될 때까지 이어져왔습니다. 러시아 황실을 위해 제작된 52개 중 현존하는 46개를 비롯해 그 외제작된 파베르제 달걀을 포함해도 현재 전해지는 파베르제의 달걀은 단57개에 불과합니다. 1알에 평균 250억 원에 달하는 이러한 달걀을 현재누가 가장 많이 소유하고 있을까요? 이에 대해 알아보겠습니다.

8 ——————————————————— 클리블랜드 미술관

공동 8위 첫 번째는 미국의 클리블랜드 미술관(Cleveland Museum of Art)입니다. 클리블랜드 미술관이 소유하고 있는 파베르제의 달걀은 2알입니다. 클리블랜드 미술관이 소유하고 있는 파베르제의 달걀 중 1알은러시아 황실을 위해 제작된 '레드크로스 위드 트립틱'으로, 1915년 알렉산드르 3세의 아들이자 러시아 황제인 니콜라스 2세가 아내에게 선물하기 위해 마련한 부활절 달걀이었습니다.

크기는 8.60×6.35cm로 외부는 흰색 바탕의 에나멜에 붉은 십자가 모양의 에나멜로 디자인됐고, 각 십자가 중앙에는 니콜라스 2세의 딸들의초상이 그려져 있습니다. 클리블랜드 미술관은 1965년 이를 기증받은이래로 소유하고 있는 상황입니다. 이외에 클리블랜드 미술관은 러시아황실용은 아니지만 현존하는 57개의 파베르제 달걀 중 하나인 '라피스라줄리'도 1965년에 기증받아 소유 중입니다.

공동 8위 두 번째는 미국의 월터스 미술관(Walters Art Museum)입니다. 월터스 미술관이 소유하고 있는 파베르제의 달걀은 2알입니다. 월터스 미술관이 소유하고 있는 파베르제의 달걀은 모두 러시아 황실용으로 제작된 것인데 '가치나 팰리스'와 '로즈 트릴리스'가 이에 해당합니다. 이 중 가치나 팰리스는 1901년 니콜라스 2세를 위해 제작된 부활절 달걀입니다.

1901년 니콜라스 2세를 위해 제작된 가치나 팰리스

니콜라스 2세는 1901년 부활절에 이를 아내가 아닌 어머니 마리아 표도르브나에게 선물한 것인데 금, 에나멜, 은도금, 다이아몬드 등으로 제작된 가치나 팰리스는 내부에 미니어처로 제작된 궁전이 있어 놀라움을 안겨줬습니다. 미국의 헨리 월터스가 1930년에 이를 구입해 1952년부터 월터스 미술관에 영구 전시 중입니다.

8 _____ 힐우드 에스테이트

공동 8위 세 번째는 미국의 개인 박물관인 힐우드 에스테이트(Hillwood Estate, Museum & Gardens)입니다. 힐우드 에스테이트가 소유하고 있는 파베르제의 달걀은 2알입니다. 힐우드 에스테이트가 소유하고 있는 파베르제의 달걀은 모두 러시아 황실용으로 제작된 것인데 '트웰브 모노그램'과 '예카테리나 더 그레이트'가 이에 해당합니다.

이 중 예카테리나 더 그레이트는 1914년에 제작된 부활절 달걀로, 핑크색 에나멜의 장식과 더불어 금과 다이아몬드가 사용돼 제작됐습니다. 예카테리나 2세가 의자에 앉아 있는 모습이 묘사된 게 특징이라고 볼 수 있습니다.

1930년대 스탈린의 소비에트 정부는 러시아혁명 이후 압수한 러시아 귀족들의 보석을 팔아 예산에 충당했습니다. 이때 사업가였던 미국의 마조리 메리웨더 포스트(Marjorie Merriweather Post)가 이를 구입했고, 그녀가 사망한 이후 개인 박물관으로 운영되고 있는 워싱턴 D.C.의 힐우드 에스테이트에 이것이 전시되고 있는 것입니다.

5 _____ 도로시 앤 안티 맥페린 컬렉션

공동 5위 첫 번째는 미국의 도로시 앤 안티 맥페린 컬렉션(Dorothy and Artie McFerrin Collection)입니다. 도로시 엔 아티 맥페린 컬렉션이 현재 소유하고 있는 파베르제의 달걀은 3알입니다.

3알 중 첫 번째는 러시아 황실용으로 제작된 '다이아몬드 트릴리스고'이며, 두 번째는 과거 시베리아의 사업가였던 켈치가 그의 아내에게 선물했던 파베르제의 달걀인 '로카이유'이고, 세 번째는 '기타 노벨 아이스'라고 불리는 파베르제 달걀입니다.

이 중 러시아 황실용 부활절 달걀인 다이아몬드 트릴리스는 1892년 제작된 것으로 금, 경옥, 다이아몬드 등이 사용된 보석입니다. 무엇보다 제작된 다이아몬드 트릴리스를 열면 코끼리 모양의 기계식 장치가 있어 당시에는 많은 놀라움을 안겨주기도 했습니다.

5 _____ 에두아르 앤 모리스 산도즈 재단

공동 5위 두 번째는 스위스의 에두아르 앤 모리스 산도즈 재단(Edouard and Maurice Sandoz Foundation)입니다. 이들 재단이 소유하고 있는 파베르제의 달걀은 3알입니다. 에두아르 앤 모리스 산도즈 재단은 러시아 황실용으로 제작된 '스완'과 '피콕' 2알과 '기타 유수포프'라고 불리는 1알이 컬렉션에 포함돼 있습니다.

이 중 스완은 1906년 니콜라스 2세가 어머니의 결혼 40주년을 기념해 부활절에 선물한 것으로, 자주색 에나멜 바탕에 금과 다이아몬드로 장식된 보석입니다. 애초에 이것은 1949년 이집트의 파루크왕이 구입했었지만 1954년 이집트혁명 정부에 의해 강제 매각돼 런던을 거쳐 스위스로 건너온 이력을 갖고 있습니다.

5 _____ 마틸다 게딩스 그레이 재단

공동 5위 세 번째는 미국의 마틸다 게딩스 그레이 재단(Matilda Geddings Gray Foundation)입니다. 마틸다 게딩스 그레이 재단이 소유하고 있는 파베르제의 달걀은 3알입니다. 마틸다 게딩스 그레이 재단이 소유하고 있는 파베르제의 달걀은 모두 황실용 부활절 선물로 제작된 것입니다.

'덴마크 팰리스' '코카서스' '나폴레오닉'이라고 불리는 것들입니다.

이 중 코카서스는 1893년 알렉산드르 3세가 아내에게 선물하기 위해 제작된 보석으로 금, 은, 루비, 다이아몬드, 상아, 에나멜 등이 사용됐습니다. 코카서스는 알렉산드르 3세 아들 중 한 명이었던 조지 대공을 기념하기 위해 디자인됐는데, 달걀 주위에는 4개의 문이 있고 문을 열면 미니어처가 존재합니다. 또한 각

1893년 알렉산드르 3세가 아내에게
선물하기 위해 제작된 코카서스

문에는 1893년을 상징하는 숫자가 다이아몬드로 세팅돼 있습니다.

4 _____ 엘리자베스 2세

4위는 영국의 엘리자베스 2세(사망 전)입니다. 엘리자베스 2세가 소유하고 있는 파베르제의 달걀은 4알입니다. 이 4알은 전부 엘리자베스 2세의 소유지만 현재 로얄 컬렉션 트러스트가 관리하고 있습니다. 4알 중에서 '바스켓 오브 와일드 플라워스' '콜로네이드' '모자이크'의 3알은 러시아 황실용으로 제작된 부활절 달걀이고, 1알은 시베리아 사업가였던 켈치가 아내에게 선물하기 위한 목적으로 제작된 '트웰브 판넬'입니다.

이 중 모자이크는 1914년 니콜라스 2세가 아내에게 선물하기 위해 제

작한 부활절 달걀로 금, 백금, 다이아몬드, 에메랄드, 루비, 토파즈, 사파이어 등 매우 다양한 보석을 사용해 제작한 것으로 유명합니다. 과거 1930년대 런던에서 조지 5세가 아내에게 선물하기 위해 구입한 이후 손녀인 엘리자베스 2세가 이를 물려받은 것입니다.

3 ————————————————— 버지니아 미술관

3위는 미국의 버지니아 미술관 (Virginia Museum of Fine Arts)입니다. 버지니아 미술관이 소유하고 있는 파베르제의 달걀은 5알입니다. 버지니아 미술관이 소유하고 있는 5알은 모두 러시아 황실용으로 제작된 부활절 달걀로 '리볼빙 미니어처' '펠리칸' '피터 더 그레이트' '자레비치' '레드 크로스 위드 임페리얼 포트레이트'가 이에 해당합니다.

1903년 제작된 '표트르 1세'를 상징하는 피터 더 그레이트

이 중 피터 더 그레이트는 러시아 역사상 최고의 통치자로 꼽히는 표트르 1세를 의미하는데, 이는 그를 기념하는 것으로 1903년 니콜라스 2세가 아내에게 부활절 달걀로 선물하기 위해 제작된 보석입니다. 로코코 스타일로 금, 백금, 다이아몬드 등이 사용된 화려함 속에 달걀을 열면 내부에서 금으로 된 기념비 모양의 표트르 1세 미니어처가 들어 올려지는 기계적인 움직임을 볼 수 있습니다. 1930년 미국인 사업가

인 아만드 해머가 모스크바에서 구입한 이후 몇 번의 소유주 변경 끝에 1947년 버지니아 미술관에 기증돼 오늘날에 이르게 됐습니다.

2 ———————————————— 크렘린 무기고 박물관

2위는 러시아의 크렘린 무기고 박물관(Kremlin Armoury)입니다. 모스크바에서 가장 오래된 크렘린 무기고 박물관이 소유하고 있는 파베르제의 달걀은 10알입니다. '스틸 밀리터리' '모스크바 크렘린' 등 10알 모두 러시아 황실용으로 제작된 부활절 달걀입니다.

이 중 스탠다트 요트는 1909년 니콜라스 2세가 아내에게 줄 부활절 선물로 의뢰한 보석입니다. 알은 녹색 에나멜과 다이아몬드 잎이 있는 금색 밴드가 장식된 투명한 크리스탈로 제작됐는데, 알 속에는 금과 백금으로 제작돼 에나멜로 코팅된 황실의 배인 스탠다트 요트가 들어 있어 많은 사람들의 관심을 모았습니다. 한편 파베르제의 달걀인 스탠다트 요트는 1917년 볼셰비키혁명 이후에도 소유주가 변경되지 않은 소수의 파베르제 달걀 중 하나입니다.

1 ———————————————— 빅토르 벡셀베르크

1위는 러시아의 올리가르히인 빅토르 벡셀베르크(Viktor Vekselberg)입니다. 빅토르 벡셀베르크가 소유하고 있는 파베르제의 달걀은 세계에서 가장 많은 15알입니다. 빅토르 벡셀베르크는 파베르제의 달걀에 집착을 보였을 정도의 컬렉션을 자랑하는데, 2004년 미국의 포브스 가문이

1897년 제작된 임페리얼 코로네이션

경영 악화로 인해 9개의 달걀을 소더비(Sotheby's)에 내놓을 계획이었지만 경매에 나오기 전에 빅토르 벡셀베르크가 1억 달러 이상의 비용을 지출해 이를 몽땅 사들인 것은 유명한 일화입니다. 현재 빅토르 벡셀베르크가 소유 중인 파베르제의 달걀 중 9알은 러시아 왕실용 부활절 달걀이고, 2알은 시베리아 사업가였던 켈치의 아내 선물용 달걀이며, 나머지 4알은 기타 목적으로 제작된 파베르제의 달걀입니다.

이 중 '코로네이션(대관식)'이라 불리는 파베르제의 달걀은 1897년 제작된 것으로, 니콜라스 2세가 아내에게 선물하기 위한 용도의 보석이었습니다. 금과 다이아몬드로 제작된 이것은 옐로 에나멜로 장식됐는데, 알을 열었을 때 화려하고 섬세한 마차 미니어처가 들어 있어 놀라움을 안겨주기도 했습니다. 참고로 '코로네이션'은 앞서 언급했던 2004년 일괄 구매한 9개의 달걀 중 하나입니다.

진짜 이렇게 생겼다고?
세계 각지에 존재하는
희귀한 바위 TOP 10

여행을 마음대로 갈 수 있는 상황이 된다면 많은 사람들의 이동이 예상됩니다. 보통 여행의 목적지를 선택하는 데 다양한 기준이 있겠지만 특이하거나 희귀한 것들이 존재하는 장소도 빼놓을 수 없을 것입니다. 실제 국내뿐만 아니라 해외에 그런 장소들이 상당히 많습니다. 그러한 장소들 중 특이하면서 희귀한 바위가 있는 곳을 알아보려고 합니다.

국내에도 설악산에 위치한 흔들바위를 비롯해 다양한 바위가 산처럼 이루어진 울산바위 등 눈길을 사로잡는 바위들이 많이 있습니다. 그렇다면 세계 각지에 존재하는 희귀한 바위는 어떤 것들이 있을까요? 10곳의 대표적인 바위를 선정했습니다.

10 ──────────────────────────── 엘리펀트 록

코끼리처럼 생긴 바위는 세계 도처에 여러 개가 존재하기에 흔하다고 생각할 수도 있지만, 한편으로 생김새만 놓고 본다면 희귀하다고 볼 수 있습니다. 국내에도 코끼리를 형상화한 바위가 여러 개 있습니다. 이렇게 많다면 많은 전 세계의 코끼리 바위 중 미국 네바다에 있는 코끼리 바위는 코끼리와 매우 비슷한 형상을 지녀 유명합니다.

붉은 사암으로 이루어진 이 바위는 코끼리가 앞다리를 세우고 엉덩이를 깔고 앉은 상태에서 긴 코가 땅에 닿는 모습을 보여주고 있습니다. 네바다 코끼리 바위는 머리처럼 생긴 부위에서 실제 코끼리 코처럼 가늘면서 길게 바위가 형성돼 있어서 코끼리의 특징이 잘 드러난다고 볼 수 있습니다.

9 ——————————————————— 울루루

아이어스 록이라고도 불리는 울루루는 세계에서 가장 큰 바위로 알려졌는데 호주 내륙 한가운데 위치해 있습니다. 얼핏 보면 그냥 산 같지만 울루루는 높이 348m, 둘레 9.4km의 크기를 보여주는 바위입니다. 울

세계에서 가장 큰 바위인 호주의 울루루

루루는 약 5억 5천만 년 전에 생겨난 것으로 추정되는데, 평지에 우뚝 서 있는 바위여서 눈에도 잘 띄지만 과거에는 이 지역 원주민들에게 신성시되는 장소이기도 했습니다.

울루루는 관광 명소로 알려지면서 매년 수십만 명의 사람들이 방문하기에 이르렀는데 관광객들 중에는 등반을 하는 사람도 많았습니다. 등반으로 인한 각종 사건이 발생하며 논란이 커지자 울루루에서의 등반은 2019년부터 금지된 상태입니다. 울루루는 현재 유네스코 세계문화유산에 등재돼 있습니다.

8 _____ 아르볼 데 피에드라

볼리비아의 우유니 소금 사막에는 신기하게 생긴 바위들이 많이 있습니다. 그중 스톤 트리라고도 불리는 아르볼 데 피에드라라는 나무처럼 생긴 상징적인 바위입니다.

볼리비아의 국가보호구역 내에 위치한 이 바위는 높이 5m의 크기에 하단보다 상단이 크게 형상화돼 있습니다. 이 때문에 상대적으로 가늘게 보이는 하단은 나무의 줄기처럼 보이고 상단은 나무의 가지가 뻗어나가듯이 보여 눈길을 사로잡습니다. 수백만 년의 기간 동안 진행돼온 침식작용이 이 바위의 지금 모습을 만든 것으로 추정됩니다.

볼리비아에 있는 이 바위는 이곳의 수많은 바위 중 유일하게 올라타는 것이 금지돼 있는 상태입니다. 다만 사진 촬영은 허용하고 있습니다.

7 ——————————————————————— 스핑크스

루마니아에도 이집트 스핑크스와 비슷한 바위가 존재합니다. 루마니아 부체지산에는 높이 8m, 폭 12m의 바위가 있는데 관람 각도나 빛의 방향에 따라 다르게 보이지만 일부 각도에서는 스핑크스처럼 형상화된 모습이 보여 많은 관심을 받았습니다. 특히 해가 질 무렵이 되면 스핑크스의 모습이 잘 관찰됩니다.

바위는 단순히 바람 등의 침식작용으로 형성된 것으로 추정됩니다. 그런데 일각에서는 이를 이집트의 스핑크스와 연계해보기도 하는데 이집트 스핑크스가 루마니아의 이 바위를 보고 영감을 얻어 제작됐다는 주장이 대표적입니다. 또한 외계 문명과 연결 지어 생각하는 사람들도 있습니다. 이 바위를 두고 이러한 주장들이 있다는 것은 그만큼 바위가 희귀하고 신기한 형상이라는 것을 말해주는 것이라고 봐야겠습니다.

6 ——————————————————————— 델리케이트 아치

TV광고나 여행 프로그램에서 간혹 소개되기도 했던 바위인데, 바로 미국 유타주 아치스국립공원에 있는 바위인 델리케이트 아치입니다. 델리케이트 아치는 해발 1,404m에 위치한 높이 16m의 바위로 사암으로 이루어진 델리케이트 아치는 사람이 직접 만들었다고 해도 믿을 만큼 균형 있는 아치 형태로 우뚝 서 있습니다. 유타주에서 상징적인 장소나 다름없어서 제19회 솔트레이크시티 동계올림픽의 성화가 델리케이트 아치를 통과하기도 했습니다.

사실 이곳에는 아치 형태의 바위들이 상당히 많이 존재합니다. 그중 델리케이트 아치는 사람들의 발길이 계속 이어질 정도로 이곳에서는 상대적으로 인기 있는 바위입니다. 과거에는 일부 사람들이 델리케이트 아치 위를 올라가기도 했었는데, 현재는 등반이 금지돼 있습니다.

5 _____ 더 웨이브

마치 파도가 치는 것처럼 보이는 바위가 있습니다. 웨이브라고 불리는 바위는 호주 서부에도 있어서 많은 관광객을 모으고 있지만 미국 애리조나에 있는 웨이브는 이보다 더 유명합니다.

사암으로 이뤄진 웨이브는 침식을 통해 형성된 바위인데 파도가 몰아치는 듯한 형상을 지니고 있습니다. 시간에 따라 움직이는 빛의 방향에 따라 웨이브의 분위기도 달라지고, 파도가 치는 것과 같은 웨이브의 곡선들도 다르게 보입니다. 이에 많은 사람들이 방문하길 원하고 사진 찍

파도가 치고 있는 형상을 보여주는 미국의 더 웨이브

기를 원하는 곳입니다.

그렇지만 현재는 아무나 갈 수 있는 곳이 아닙니다. 날씨에 따라서도 영향을 받지만 무엇보다 허가받는 사람만이 갈 수 있기 때문입니다. 하루 20명으로 한정된 관광객들은 인터넷과 방문자 센터에서 각각 10명씩 선정되고 있습니다.

4 ─────────────── 스플릿 애플 록

사과를 반으로 쪼개기도 힘든데 사과처럼 생긴 바위가 쪼개진 곳이 있습니다. 바로 뉴질랜드 남섬에 위치한 스플릿 애플 록입니다. 스플릿 애플 록은 화강암으로 이루어진 바위인데 사과를 칼로 자른 것처럼 반으로 잘라져 있는 형상을 지니고 있습니다. 더구나 이 바위는 자연적으로 생성된 것이어서 관광객들의 많은 주목을 받고 있습니다.

스플릿 애플 록은 바다에 위치해 있지만 해안가 근처에 있어서 해변에서도 쉽게 볼 수 있습니다. 스플릿 애플 록은 약 1억 2천만 년 전 빙하기 때 바위 사이에 물이 얼면서 갈라졌을 것이라고 추정되는데, 이곳 원주민들은 신들이 바위를 서로 갖기 위해 싸우다가 반으로 갈랐을 것이라는 전설을 믿기도 합니다.

3 ─────────────────── 코 타푸

태국의 팡응아 해양국립공원에는 유명한 바위섬이 있는데 바로 코 타푸입니다. 코 타푸는 카오핑칸 해안으로부터 약 40m 떨어진 바다에 위치해 있는데, 높이는 20m로 크지 않지만 바위의 형상은 매우 위태로워 보입니다. 바위는 수면에서 약 4m 부근부터 직경이 커지는 형태인데 오랜 기간 버텨왔다는 게 신기할 정도입니다. 코 타푸는 화강암으로 이루어져 있고 마치 바다에 못이 박혀 있는 것과 같은 느낌도 받을 수 있습니다.

이러한 특이한 생김새 때문인지 몰라도 코 타푸는 〈007 황금총을 가진 사나이〉라는 영화에 등장하기도 했습니다. 이후 많은 관광객이 몰리기 시작했는데, 이로 인한 바위의 붕괴를 우려해 1998년부터 이곳은 관광 보트의 접근이 금지된 상태입니다.

2 _____ 짜익티요 파고다

미얀마에는 많은 사람들의 관심을 모으는 희귀한 바위가 있습니다. 바로 짜익티요 파고다입니다. 바위에 금박을 입혀 일명 '황금 바위'라고도 불리는 바위입니다. 불교의 국가답게 이 바위의 유래도 불교와 관련이 있습니다. 과거 왕이 승려로부터 부처의 머리카락을 받게 돼 이를 안치하려고 바닷 속에서 바위를 가져와 옮겨 바위에 부처의 머리카락을 안치했다는 전설입니다.

현재 해발 1,100m에 위치한 이 바위는

미얀마에서 신성시하고 있는 바위인 짜익티요 파고다

높이가 약 8m이고 바위 위에는 높이 7m 정도 되는 탑이 위치해 있습니다. 또한 바위에는 금박이 입혀져 있어 멀리서 보면 금덩이가 놓인 것과 같은 형상인데 아래로 굴러 떨어져도 이상하지 않을 만큼 중력을 무시한 모습입니다. 경사면에 바위가 놓여 있는 데다 바위와 이를 받치는 지면의 접촉면이 그렇게 넓어 보이지도 않아 특이합니다. 이 때문에 이곳은 불교 국가인 미얀마에서 신성하게 여기는 장소 중 하나입니다.

1 ─────────────────── 자이언츠 코즈웨이

자이언츠 코즈웨이는 희귀한 바위들이 모인 곳입니다. 영국 북아일랜드 해안에 위치한 자이언츠 코즈웨이는 화산활동으로 인해 생긴 현무암 기둥들이 약 4만 개가 모여 형성된 곳인데 이곳이 유명하게 된 대표적인 이유는 바로 이 현무암 기둥 때문입니다.
사람들이 틀에 넣어 만든 것처럼 각각의 바위들은 다각형 형태를 띠고

화산활동으로 인해 형성된 4만 개의 현무암 기둥인 자이언츠 코즈웨이

있습니다. 대부분 육각형 형태인데 각이 살아 있고 균형 잡혀 있는 바위 기둥들은 자연현상으로 형성됐다고 믿기 힘들 정도입니다. 자이언츠 코즈웨이는 1986년 유네스코 세계문화유산에 등재돼 현재 영국 정부에서 직접 관리 중인 바위들입니다.

세계인들에게
가장 인기 있는
테마파크 TOP 10

소프트파워로서의 국가브랜드는 하드파워와 달리 오랜 시간과 노력이 있어야 무형의 가치로서 빛을 발할 수 있는데, 제대로 된 소프트파워는 국가이미지 개선부터 부의 창출에 이르기까지 상당한 파급력을 갖고 있습니다. 그중 테마파크에 대해 알아보려고 합니다.

세계에는 다양한 브랜드의 테마파크가 존재하는데, 일부는 같은 브랜드의 테마파크가 다른 국가에도 세워져 운영되고 있을 정도로 많은 사람들이 찾고 있습니다. 그렇다면 연간 방문객이 가장 많은 인기 있는 테마파크로는 어떤 것이 있을까요? 이를 확인해보겠습니다. 가장 최신 자료인 2020년 연간 입장객 1위부터 10위까지입니다.

10 _____ 해피 밸리

10위는 해피 밸리(Happy Valley)라고도 불리는 중국 베이징의 환러구입니다. 2006년에 개장한 이후 단계적으로 확장이 이뤄지면서 현재는 6개의 테마구역에 40개 이상의 놀이기구가 환러구에서 운영되고 있습니

다. 대표적인 어트랙션에는 2011년에 설치된 최대 시속 134km의 롤러
코스터인 익스트림 러셔가 있습니다.

한편 베이징의 환러구는 중국에서 운영되고 있는 총 6개의 환러구 테마
파크 중 가장 큰 규모라고 볼 수 있습니다. 2020년 베이징 환러구의 연
간 입장객은 3,950,000명이었습니다. 코로나19 팬데믹 영향으로 2019
년 대비 23.4% 입장객 수가 줄어들긴 했지만 이는 TOP 10 테마파크
중에서 가장 적은 감소폭이었습니다. 참고로 코로나19 직전인 2019년
베이징 환러구는 연간 입장객 기준 세계 24위의 테마파크였습니다.

9 _____ 유니버설 아일랜드 오브 어드벤처

9위는 미국 플로리다 올랜도 리조트에 위치한 유니버설 아일랜드 오브
어드벤처(Universal's Islands of Adventure)입니다. 이곳은 '다양한 테마의
섬으로 모험을 떠난다'는 주제로 1999년 개장 당시에는 6가지 테마 섬
이 존재했습니다. 이후 확장을 거쳐 현재는 8가지 테마의 섬이 운영 중
입니다.

이 중 최초 개장 당시 6개 테마의 섬 중 하나인 마블 슈퍼 히어로 아일
랜드는 스파이더맨, 토르 등 마블 코믹스의 여러 슈퍼 히어로가 테마로
구성돼 있는데, 스파이더맨의 어메이징 어드벤처나 인크레더블 헐크 코
스터 등의 어트랙션이 대표적입니다. 이어 또 다른 테마의 섬으로 개
장 이후 새롭게 확장된 해리포터의 마법세계도 주목할 만한 곳입니다.
2020년 한 해 동안 4,005,000명이 방문해 세계 9위였는데, 코로나19 이
전보다 입장객이 줄긴 했지만 그럼에도 순위는 3계단 상승했습니다.

8위는 미국 플로리다 월트 디즈니 월드 리조트 내에 위치한 엡콧(Epcot)입니다. 1982년에 개장한 엡콧은 월트 디즈니 월드 내의 4개의 테마파크 중 1971년에 개장했던 매직 킹덤 파크에 이어 두 번째로 건설된 테마파크이기도 합니다. 비교적 오래전에 개장한 곳이어서 다른 테마파크와 경쟁하기 위해 그동안 여러 번 개선 작업을 거치기도 했었는데, 현재 엡콧은 월드 셀러브레이션, 월드 디스커버리, 월드 네이처, 월드 쇼케이스의 4개 테마로 나뉘어 운영되고 있습니다.

그렇지만 엡콧도 코로나19를 피할 수는 없었습니다. 특히 2020년 3월부터 7월까지 4개월간 폐쇄되면서 입장객이 급감했습니다. 연간 4,044,000명의 입장객은 2019년 대비 67.5% 감소한 결과로 그해 실적은 다른 테마파크처럼 매우 처참했습니다.

미국 플로리다 월트 디즈니 월드 리조트 내에 위치한 엡콧

7 _____ 유니버설 스튜디오 플로리다

7위는 유니버설 스튜디오 플로리다(Universal Studios Florida)입니다. 유니버설 스튜디오 플로리다는 올랜도 리조트 내에 위치한 2개의 테마파크 중 1990년에 가장 먼저 개장한 테마파크로 영화, TV시리즈, 뮤직비디오 등 인기 작품의 장면들이 재구성됐습니다. 입장객들은 8개 테마구역 내에서 인기 작품들의 장면들을 보여주는 세트장을 관람 또는 체험하거나 이를 주제로 한 롤러코스터 등 다양한 어트랙션에 탑승할 수 있습니다. 참고로 이러한 인기 작품의 장면을 재구성하기 위해 오리지널 콘텐츠의 제작자와 배우들이 다시 역할을 수행해 전반적인 퀄리티를 높였습니다.

2020년 한 해 동안 유니버설 스튜디오 플로리다에는 4,096,000명이 방문했습니다. 이는 2019년에 비해 62.5%가 감소한 것인데, 다만 순위는 4계단 상승했습니다.

6 _____ 도쿄 디즈니랜드

6위는 일본 지바현에 위치한 도쿄 디즈니랜드(Tokyo Disneyland)입니다. 일본이 경제적으로 전성기를 누렸던 1983년에 개장한 도쿄 디즈니랜드는 당시에 미국 외 지역에서는 최초로 문을 연 곳이었습니다. 이곳이 흥행하면서 중국, 프랑스 등의 국가로도 디즈니랜드가 확산될 수 있었습니다. 매직 킹덤 파크에 있는 다양한 어트랙션들이 동일하게 도쿄 디즈니랜드에도 설치돼 있으며, 일본의 특성을 반영한 어트랙션도 추가됐다는 특징이 있습니다. 무엇보다 모든 디즈니랜드가 그러하듯 도쿄 디즈니랜드에서도 디즈니의 작품 분위기를 느낄 수 있다는 것이 큰 강점입니다.

7개의 테마 구역으로 이뤄진 도쿄 디즈니랜드는 그동안 꾸준히 확장·개선됐는데, 2020년 9월에는 '미녀와 야수'의 스토리를 배경으로 한 어트랙션이 오픈하기도 했습니다.

2020년 도쿄 디즈니랜드에는 4,160,000명이 입장했습니다. 이는 2019년에 비해 무려 76.8% 감소한 수치로 순위도 3계단 하락하는 등 코로나19 팬데믹의 영향을 크게 받았습니다.

5 _____ 디즈니 애니멀 킹덤

5위는 미국 플로리다에 위치한 디즈니 애니멀 킹덤(Disney's Animal Kingdom)입니다. 1998년 개장한 디즈니 애니멀 킹덤은 세계에서 가장 큰 테마파크라는 기록을 갖고 있는데, 대략 여의도 면적의 80% 크기라고 보면 되겠습니다. 테마파크의 명칭에서 알 수 있듯이 이곳은 동물들과 초원, 숲 등의 자연환경을 배경으로 두어 차별화된 분위기를 제공하고 있습니다. 수백 종의 동물들을 볼 수 있어서 동물원의 특성도 지니고 있지만 이들과 자연을 활용해 제작한 다양한 어트랙션도 있어 일반적인 테마파크의 재미도 누릴 수 있습니다.

이곳은 총 7개의 테마로 구분돼 있습니다. 그중 디스커버리 아일랜드는 섬의 중앙에 위치해 있어 이곳을 거쳐야 각기 다른 테마로 이동이 가능한데, 특히 바오밥나무를 형상화한 44m 높이의 생명의 나무는 표면에

디즈니 애니멀 킹덤을 상징하는 44m 높이의 생명의 나무

325종의 동물이 새겨져 있고, 수작업으로 붙인 10만 개 이상의 잎들은 디즈니 애니멀 킹덤을 잘 상징합니다. 코로나19의 영향으로 2020년 디즈니 애니멀 킹덤에는 2019년 대비 70.0%가 줄어든 4,166,000명이 입장했습니다.

4 ──────────────────── 창룽 오션 킹덤

4위는 중국 주하이에 위치한 창룽 오션 킹덤(Chimelong Ocean Kingdom)입니다. 2014년에 개장한 창룽 오션 킹덤은 4,875만 리터의 물이 담긴 세계 최대의 수족관이 있는 것으로도 유명합니다.

해양 테마파크인 이곳에서는 범고래 및 돌고래를 비롯한 다양한 수중 동물을 직접 볼 수 있고, 해양을 소재로 한 각종 어트랙션도 운영 중이어서 매년 입장객이 꾸준히 증가했습니다. 물론 앞선 모든 테마파크와 동일하게 이러한 상승세는 2020년 들어 꺾였는데, 연간 4,797,000명이 입장해 2019년보다 59.1% 감소한 결과를 보였습니다.

3 ⎯⎯⎯⎯⎯⎯⎯⎯⎯⎯⎯⎯⎯⎯ 유니버설 스튜디오 재팬

3위는 유니버설 스튜디오 재팬(Universal Studios Japan)입니다. 2001년 일본 오사카에서 개장한 유니버설 스튜디오 재팬은 싱가포르와 베이징을 포함해 아시아 내 3개 유니버설 스튜디오 중 하나입니다. 10개 테마로 나뉘어 있는데, 2011년 대체돼 폐쇄된 '오즈의 땅'을 포함하면 총 11개입니다. 가장 최근에 확장·개선돼 오픈한 테마로는 2021년에 공개된 '슈퍼 닌텐도 월드'가 있습니다.

일본 오사카의 명물인 유니버설 스튜디오 재팬

유니버설 스튜디오 재팬에는 올랜도의 유니버설 스튜디오와 동일한 어트랙션뿐만 아니라 일본에만 있는 차별화된 어트랙션이 구성돼 있어 2019년까지만 해도 매년 약 1,500만 명의 관광객들이 입장했습니다. 그러나 2020년 코로나19 팬데믹으로 인해 상당 기간 폐쇄되기도 해 연간 입장객 수는 개장 이후 최저인 4,901,000명에 그쳤습니다.

2 _____ 상하이 디즈니랜드

2위는 상하이 디즈니랜드(Shanghai Disneyland)입니다. 거대 테마파크 치고는 비교적 최근인 2016년에 개장한 상하이 디즈니랜드는 개장 기념행사에 CEO였던 밥 아이거(Bob Iger)를 비롯해 중국 정부의 왕양(汪洋) 부총리도 참석해 주목을 받았는데, 이에 더해 시진핑 주석의 축하메시지도 낭독돼 당시 중국에서 상하이 디즈니랜드에 대한 관심이 상당했음을 짐작할 수 있습니다. 이는 개장일 티켓이 몇 시간 만에 매진됐을 정도였는데, 놀라운 점은 당시 티켓 가격이 성인 1인 기준 500위안에 육박해 중국 노동자의 평균임금을 기준으로 했을 때 만만치 않은 가격이었다는 점에 있습니다.

2019년 '주토피아'를 배경으로 한 테마가 오픈되면서 현재 총 8개의 테마가 상하이 디즈니랜드를 구성하고 있습니다. 2020년 상하이 디즈니랜드를 방문했던 5,500,000명의 입장객은 개장 이래 최저 수치였는데, 그럼에도 TOP 10에서의 순위는 2019년에 비해 8계단의 상승을 기록했습니다.

1위는 미국 플로리다의 월트 디즈니 월드 리조트에 위치한 매직 킹덤 파크(Magic Kingdom Theme Park)입니다. 1971년 개장한 매직 킹덤 파크는 전 세계 테마파크를 대표한다고 해도 과언이 아닌데, 매직 킹덤 파크 내의 신데렐라 성은 이를 상징하고 있습니다. 매직 킹덤 파크는 앞서 소개한 메인 스트리트 외에도 어드벤처랜드, 프런티어랜드, 리버티 스퀘어, 판타지

월트 디즈니 월드 리조트에 위치한 매직 킹덤 파크

랜드, 투모로우랜드 등 디즈니 동화를 배경으로 한 총 6개의 테마로 이뤄져 있습니다.

무엇보다 매직 킹덤 파크는 코로나19 이전만 해도 한 해 2,000만 명 이상이 방문했을 정도로 다른 테마파크와는 입장객 수에 있어 큰 차이를 보였습니다. 다만 2020년 한 해도 1위를 차지하긴 했으나 입장객 수는 6,941,000명을 기록해 매직 킹덤 파크 역시 코로나19 팬데믹을 피할 수는 없었습니다.

세계가 빠르게 발전하면서
우리가 마주하게 되는 지식의 양은 과거와
비교할 수 없을 정도로 상당한 수준입니다.
사실상 모든 것을 파악하는 건 불가능하지만
이러한 것들 중 우리의 관심을 끌 수 있는 것들을
취합해 확인하는 건 가능할 것입니다.
이번 챕터의 7가지 주제는 이를 취합한 것으로
그동안 '전 세계의 관심을 모았던 사회 현상'입니다.
여러분의 관심도 충분히 끌 수 있을 것이라 생각합니다.

전 세계의 관심을
모으는 사회 현상

복불복? 지리적 위치가
굉장히 불리하다고
평가받는 국가 TOP 10

국가를 구성하는 3요소는 국민, 영토, 주권입니다. 이 중 통치권이 미치는 지역을 의미하는 영토는 이미 다른 국가들이 자리를 잡은 터라 전쟁 등의 극단적인 상황을 만들지 않는 이상 대부분의 영토는 확정된 상태라고 봐도 무방합니다. 따라서 영토의 지리적 위치나 환경은 사실상 운이라고 봐야 할 정도입니다.

이 때문에 국가마다 지리적 위치에 따른 유불리는 상당한 차이를 보이고 있습니다. 가령 북아메리카에 위치해 대서양과 태평양에 맞닿아 있고 주변에 특별한 적국이 없는 미국을 비롯해 가난한 역사를 이어가다가 생각지 못한 석유가 터져 대박을 맞은 사우디아라비아 등의 산유국들은 영토의 지리적 혜택을 본 대표적인 국가들이라고 할 수 있습니다. 그렇다면 이와 반대로 지리적 위치가 굉장히 불리하다고 평가받은 국가는 과연 어디일까요? 이를 확인해보겠습니다. 대표적인 10개국을 소개합니다.

칠레는 상당한 구리매장량을 확보하고 있고 남아메리카 국가 중에서는 비교적 번영한 국가이지만 지리적 위치만 따진다면 상당히 문제가 있어 보입니다.

일단 영토의 모양새가 지팡이 형태로 길고 좁은 형태인데, 남북으로는 길이가 4,500km이고 동서로는 평균 너비가 175km에 불과해 상당히 기형적입니다. 따라서 이러한 지리적 특성은 영토방어에 있어서 매우 취약할 수밖에 없고, 한 국가임에도 매우 큰 기후 차이를 불러온데다 각종 물류비용도 다른 국가에 비해 많이 지출될 수밖에 없는 상황입니다.

도로건설, 통신망 구축, 전력의 배전도 까다롭습니다. 게다가 칠레는 북부의 대부분이 아타카마 사막에 걸쳐 있어 사막화된 지형을 갖추고 있고, 동쪽으로는 안데스산맥으로 가로막힌 모양새입니다. 하지만 무엇보

칠레의 수도 산티아고

다 칠레는 지진과 쓰나미가 위협적인 국가인데, 그동안 이로 인한 피해는 상당했습니다.

9 ———————————————————————— 카보베르데

카보베르데는 아프리카 국가이지만 아프리카 대륙으로부터 대략 600km 정도 떨어져 있는 대서양에 위치한 10개의 외딴섬들로 이뤄져 있습니다. 15세기까지 사람이 거주하지 않았다는 것만 보더라도 어느 정도로 고립된 곳인지 짐작할 수 있을 것입니다.

카보베르데는 그냥 대서양에 위치한 외딴 아프리카 섬이어서 특별한 관심을 받지 못한 상태입니다. 게다가 모든 식품의 90% 이상을 수입하고 있는 데다 천연자원은 거의 없어 기대할 만한 게 없는 지리적 특성

외부와 고립된 대서양 한복판에 위치한 카보베르데

을 갖추고 있습니다.

그런데 이렇게 고립된 지리적 특성을 갖고 있음에도 카보베르데는 상업, 운송, 공공서비스를 바탕으로 경제가 부흥해 현재는 아프리카 국가임에도 개발도상국으로 분류된 국가입니다. 카보베르데 정부가 오로지 시장친화적인 경제정책을 통해 지리적인 불리함을 극복하려 한다고 볼 수 있겠습니다.

8 _____ 레소토

영토의 80% 이상이 고도가 1,800m 이상이고 가장 낮은 고도라고 해봐야 1,400m를 넘어설 정도로 레소토는 세계 최고수준의 고지대에 위치한 국가입니다. 그러나 레소토의 지리적 위치의 문제는 국토 전체가 한 국가에 둘러싸여 있다는 점을 들 수 있습니다. 레소토는 바로 남아프리카공화국에 둘러싸여 있습니다. 때문에 남아프리카공화국과 우호관계를 유지하고 있지 않는다면 그 즉시 레소토는 고립국가가 될 수밖에 없는 처지로 전락하게 됩니다.

현재도 레소토의 경제는 남아프리카공화국에 절대적으로 의존하고 있는 상황입니다. 그나마 남아프리카공화국과 우호관계를 유지하고 있다는 게 위안이라면 위안인데, 모두 영연방국가인 데다 공동회원국으로 가입한 단체도 여럿입니다. 이러한 지리적 위치 때문에 레소토는 한때 남아프리카공화국과의 합병을 제안받기도 했습니다. 어쨌든 현재는 우호적이긴 하지만 근본적으로 국운을 한 국가에 맡긴 것과 다름없는 지리적 특성은 문제로 보입니다.

동유럽의 폴란드는 카르파티아산맥을 제외하고 영토의 90%가 평야일 정도로 러시아 서부로부터 독일까지 이어져 있는 평야에 영토가 위치해 있습니다. 이러한 지리적 특성은 국력이 융성했을 때 주변국가를 통제하기가 용이하고, 국가발전에 있어서 효율적인 토지의 활용이 가능하다는 이점도 있습니다.

그러나 폴란드의 역사를 돌이켜보면 득보다는 실이 많았습니다. 강하다고 볼 수 없었던 국력으로 인해 이러한 평야는 영토를 방어하는 데 있어서 상당히 불리한 지리적 특성이 됐습니다. 과거 13세기 몽골제국은 폴란드를 3번 침공했는데, 그중 1·2차 침공에서 폴란드는 몽골제국으로부터 큰 피해를 입은 바 있습니다. 또한 20세기 이후만 봐도 1939년

광활한 평야로 인해 과거에 많은 침략을 받았던 폴란드

독일은 폴란드를 상당히 빠른 속도로 장악했고, 이는 소련도 마찬가지였습니다. 이 외에도 폴란드 영토의 불리함은 NATO 회원국으로서 러시아와 인접해 있다는 점과 북부 지역이 발트해에 맞닿아 있지만 사실상 스웨덴과 덴마크에 둘러싸인 호수나 다름없는 수준이어서 대양으로 진출하려고 해도 이들 국가의 통제를 받아야 하는 터라 폴란드는 불리한 점이 많은 영토라고 생각할 수 있습니다.

6 —————————————————————— 키리바시

태평양 한복판에 위치한 국가인 키리바시는 지리적 위치만 놓고 봤을 때 고개를 절레절레 흔들게 합니다. 32개의 환초와 1개의 섬으로 이뤄진 키리바시는 섬이 흩어져 있는 바다의 면적을 고려했을 때 미국의 영토와 비슷한 규모를 보일 정도로 광대한데, 21개 섬에 거주하고 있는 인구는 11만 명을 약간 웃도는 수준이라 상당히 비효율적인 영토임을 짐작하게 합니다. 그나마 키리바시의 배타적경제수역의 크기가 세계 열두 번째인 344만 제곱킬로미터에 달한다는 점은 위안이라면 위안이겠습니다.

1995년 키리바시가 날짜변경선을 옮겨 조정했지만, 과거에 키리바시는 광활하게 흩어져 있는 영토가 날짜변경선에 걸치면서 같은 국가임에도 서로 다른 날짜를 사용하기도 했습니다. 아무튼 키리바시의 지리적인 위치는 교류도 힘들고, 국방도 힘들고, 경제 발전에도 장애가 되는 단점을 갖고 있다고 볼 수 있습니다.

5 ─────────────────────────────────────── 니제르

사하라 사막 이남에 위치한 서아프리카 국가인 니제르는 내륙국가입니다. 이러한 니제르는 지리적인 위치가 굉장히 불리한 국가로 볼 수 있는데, 일단 국토의 80%가 사막이라는 점이 단점의 반 이상을 먹고 들어갑니다. 대부분의 지역은 기후가 덥고 건조하기 때문에 화재의 발생위험도 높은 편입니다.

또한 동쪽으로는 차드, 서쪽으로는 말리와 부르키나파소, 남쪽으로는 나이지리아, 북쪽으로는 알제리와 리비아에 둘러싸여 있어 주변국가와의 관계도 중요합니다. 말리에서 댐을 건설해 니제르강의 유량이 감소한 사례만 봐도 내륙국가로서의 한계가 분명해 보입니다.

한편 니제르는 우라늄을 제외하고는 아직까지 풍부하다고 볼 만한 자원은 없습니다. 한때 석유 탐사로 관심을 모아 일일 2만 배럴의 생산을 목표로 삼기도 했지만 이마저도 1만 배럴 정도로 기대 이하 수준이었습니다.

4 ─────────────────────────────────── 아프가니스탄

아프가니스탄은 중동을 비롯해 남아시아, 동아시아, 중앙아시아를 교차하는 곳에 위치해 있습니다. 문제는 문명의 교차로와 같은 이러한 지리적 위치가 매번 여러 국가들로부터 핵심 교두보로 인식돼 많은 침공을 받았다는 데 있습니다. 아르케메네스제국을 시작으로 알렉산더제국, 파르티아제국, 박트리아제국, 쿠샨왕조, 사산조 페르시아, 몽골제국, 티무

철저한 내륙국가인 아프가니스탄

르제국, 무굴제국, 영국, 소련, 미국 등 일일이 열거하기 힘들 정도의 침공을 받은 역사가 이를 증명해줍니다.

또한 아프가니스탄은 바다와 1,000km 떨어져 위치한 철저한 내륙국가입니다. 그러다 보니 해양진출은 꿈꿀 수도 없는 상황입니다.

3 ——————————————— 아르메니아

아르메니아의 영토는 86%가 산악지형일 정도로 험준한 지리적 특성을 갖고 있습니다. 더구나 내륙국가이기에 고립되지 않기 위해서는 주변 국가들과의 관계가 매우 중요한데, 아르메니아는 튀르키예 및 아제르바이잔과 국경이 폐쇄될 정도로 적대관계라서 영토의 동서방향으로는 진출이 불가능합니다. 때문에 다른 지역으로의 이동이나 교역을 위해서는

아르메니아의 수도 예레반

영토의 남북방향으로만 진출이 가능한데, 문제는 이란과 조지아로 연결
되는 도로가 산악지형이기 때문에 매우 열악한 상황이라는 점입니다.
더구나 아르메니아는 러시아와는 우호관계여서 경제적 교류를 활발하
게 할 수 있지만 이 경우 북쪽의 조지아가 문제입니다. 조지아가 러시아
와 적대관계여서 해당 국경이 폐쇄됐기 때문입니다. 따라서 아르메니아
입장에서 러시아와의 교역은 상당히 우회를 해야만 가능한 실정입니다.
지형 때문에 식량생산도 활발하지 못하고, 그렇다고 자원도 빈국 수준
이라 조지아를 관통하는 파이프에 석유와 가스를 의존하고 있습니다.
그런데 이마저도 조지아에 일종의 통행세를 지급해야 해 여러모로 답
답한 지리적 위치가 아르메니아의 발목을 잡는 상황입니다.

2 _____ 네팔

내륙국가인 네팔은 해양으로 진출하기 위해서는 인도와 우호관계를 유지해야 가능한 상황입니다. 2015년 9월 인도가 국경을 봉쇄해 당시 네팔은 평소 매일 300대의 탱크로리가 오가던 것이 10대 이내로 급감해 큰 경제적 혼란을 겪은 바 있습니다. 이러한 봉쇄가 2016년 3월에야 끝이 났으니 이것만 봐도 네팔은 독립국가이지만 인도를 상대로 제대로 된 의사를 표현하기가 어려운 처지라고 볼 수 있습니다.

그런데 공교롭게도 네팔은 중국과도 국경을 맞대고 있습니다. 이 때문에 중국의 경제적 영향력은 상당합니다. 2021~2022 회계연도만 보더라도 네팔의 외국인 직접투자액 중 무려 76.5%가 중국 투자자라는 것은 이를 잘 말해줍니다. 따라서 네팔은 중국과 인도의 눈치를 봐야 하는데, 중국과 인도의 사이가 분쟁이 발생할 정도로 좋지 않기 때문에 네팔 입장에서는 균형 유지가 중요합니다.

한편 네팔은 2015년 지진에서 볼 수 있듯 재난의 우려가 도사리는 곳입니다. 홍수와 산사태도 매년 반복적으로 발생할 정도로 심각한 수준입니다. 1,350m의 평균고도가 말해주듯 산악지형에 걸쳐 있는 네팔의 지리적 특성은 발전에 아주 많은 제약을 주고 있습니다.

1 _____ 몰디브

몰디브는 인도양에서 남북으로 870km, 동서로 130km에 걸쳐 1,196개의 산호섬으로 이루어진 국가입니다. 몰디브의 지리적 위치에 따른 가

기후변화로 인해 수몰 위기에 처해 있는 몰디브

장 큰 문제는 세계에서 가장 낮은 수준의 고도에 위치해 있다는 점입니다. 최대 높이라고 해봐야 2.4m이고 평균 높이가 1.5m여서 기후변화의 직격탄을 맞고 있는 상황입니다.

1988년 당시 몰디브 정부가 향후 30년 안에 섬 전체가 바다에 잠길 것이라 주장했는데, 당시 주장과 달리 아직 몰디브는 국가로서 존재합니다. 이후 각종 보고서에서는 2100년이면 몰디브는 기후변화에 따른 해수면 상승으로 인해 20%에 가까운 유인도를 포기해야 한다고 예측합니다. 국가로서 주체적으로 해결할 수 있는 문제가 아니어서 시한부 인생을 살고 있는 상태라고 봐야 할 것 같습니다.

유엔회원국으로부터
100% 승인받지 못한
미승인국가 TOP 10

1위	중국
2위	한국
3위	대만
4위	이스라엘
5위	키프로스
6위	팔레스타인
7위	북한
8위	아르메니아
9위	코소보
10위	서사하라

1933년 12월 26일 우루과이 몬테비데오에서 조인된 몬테비데오협약은 국가의 권리와 의무를 규정했습니다. 몬테비데오협약에서는 국민, 영토, 주권이 있어야 국가가 될 수 있다고 국제법으로 명시했습니다. 그렇지만 간과한 것이 있습니다. 이러한 요소를 갖췄다고 해도 국제사회에 다른 국가로부터 국가로서의 승인을 받지 못하는 상황이 있기 때문입니다.

유엔회원국임에도 일부 유엔회원국으로부터 승인을 받지 못한 경우와 유엔비회원국인 상황에서 일부 유엔회원국에게만 승인을 받은 경우, 그 밖에 유엔비회원국인데 유엔회원국에게 아예 승인을 받지 못한 경우 등 다양한 사례가 있습니다.

이렇게 유엔회원국으로부터 100% 승인받지 못한 미승인국가들을 알아보겠습니다. 경제 규모 등 국력이 큰 국가임에도 100% 승인받지 못한 국가를 상위에 랭크했습니다. 1위부터 10위까지입니다.

10위는 서사하라입니다. 서사하라의 정식 명칭은 사하라 아랍 민주공화국입니다. 서사하라는 1884년부터 스페인의 식민지가 돼 스페인형 사하라라고 불렸습니다. 그런데 1956년에 이미 독립한 모로코는 스페인의 서사하라의 영토에 대한 지속적인 압력을 가했습니다. 이후 1976년 스페인이 철군하자마자 모로코는 서사하라의 영토 대부분을 강제 합병했고, 1979년 모리타니가 포기한 지역마저 영토로 선포했습니다. 때문에 서사하라는 영토 대부분을 모로코에 뺏겨 20% 정도만 통제하고 있는 상황입니다.

현재 서사하라는 유엔 비회원국인 상태인데, 193개 유엔회원국 중 41개국의 유엔회원국만 서사하라를 국가로서 승인하고 있습니다. 즉 152개 유엔회원국은 승인하지 않고 있는 것입니다. 서사하라를 승인한 대표적인 국가를 보면 베트남, 북한, 멕시코, 시리아, 리비아, 우루과이 등이 있습니다. 참고로 한국은 서사하라를 아직 승인하지 않은 상황입니다.

서사하라의 다클라 전경

9위는 코소보입니다. 1991년 유고슬라비아가 해체되면서 세르비아는 코소보 지역을 과거 오스만제국에 맞서 싸웠던 중요한 지역으로 여겼습니다. 이에 코소보 지역 내 알바니아계 사람들은 이러한 세르비아에 대해 불만을 가졌습니다. 결국 세르비아와 코소보는 1998년 전쟁을 치르게 됐고, 이후 코소보는 유엔의 관리를 받으며 2008년 독립을 선포했습니다. 세르비아는 이를 반대했고 결국 국제사법재판소에 제소했는데 국제사법재판소는 코소보의 독립이 문제없다고 했습니다.

코소보는 현재 IMF나 세계은행 등의 회원국이지만 유엔에서는 비회원국인 상황입니다. 이러한 코소보를 두고 승인 여부에 대해 유엔회원국은 엇갈린 반응을 보였습니다. 193개 유엔회원국 중 명확하게 코

코소보 남부에 위치한 프리즈렌 전경

소보를 승인한다고 밝힌 국가는 현재 97개국이고, 나머지 96개 유엔 회원국은 승인하지 않거나 승인 여부에 대해 명확한 입장을 밝히지 않은 상태입니다. 코소보를 승인한 주요 국가에는 미국, 영국, 프랑스, 캐나다, 일본 등이 있고, 승인하지 않은 국가에는 러시아, 중국, 브라 질, 인도, 인도네시아 등이 있습니다. 참고로 한국은 코소보를 국가로 승인한 상황입니다.

8 ——————————————————— 아르메니아

8위는 아르메니아입니다. 구소련 해체 이후 1991년 독립한 아르메니 아는 유엔의 정식회원국임에도 유엔회원국 전체의 승인을 얻지 못했 습니다. 유일하게 한 개 유엔회원국이 승인을 거부하는 상황입니다. 이는 1988년부터 1994년까지 벌어졌던 나고르노카라바흐 전쟁 때문입

아르메니아의 수도인 예레반 전경

니다. 영토와 인종 문제에 따른 아르메니아와 아제르바이잔 사이의 전쟁이었는데 수만 명의 사망자를 발생시켰고 수십만 명의 사람들이 추방되는 결과를 불러왔습니다. 그럼에도 아르메니아와 직접 싸웠던 유엔회원국인 아제르바이잔은 현재 아르메니아를 국가로 승인했습니다. 오히려 승인하지 않고 있는 한 개 유엔회원국은 엉뚱하게도 파키스탄입니다. 파키스탄은 당시 전쟁에서 아제르바이잔을 지지했는데, 이러한 이유 때문에 아르메니아를 승인하지 않고 있습니다.

7 ─────────────────────── 북한

7위는 북한입니다. 신탁통치 이후 1948년 9월 9일 38선 이북에는 조선민주주의인민공화국이 세워졌습니다. 1992년 북한은 유엔회원국으로 가입했고 현재에 이르렀지만 모든 유엔회원국으로부터 승인받지 못한 상태입니다. 193개 유엔회원국 중 북한을 승인하지 않은 국가는 현재 3개국입니다. 한국, 일본, 이스라엘이 이에 해당합니다.

먼저 한국은 헌법 제3조에 따라 북한이 통제하고 있는 영토를 한국 영토로 주장하는 상황이며 한반도 내 유일한 합법정부라고 밝히고 있습니다. 일본은 1965년 한국과 기본 조약을 체결할 당시 1948년 유엔 결의안의 '한반도 내 유일한 합법정부가 한국임을 확인한다'는 내용을 근거로 북한을 승인하지 않고 있습니다. 이스라엘 또한 팔레스타인 문제로 북한을 승인하지 않고 있습니다.

6위는 팔레스타인입니다. 1988년 팔레스타인 해방기구(PLO)가 독립을 선언했지만 팔레스타인은 현재 이스라엘과 심각하게 갈등 중입니다. 무력 충돌을 불사할 정도의 갈등은 급기야 팔레스타인과 이스라엘을 지지하는 국가들 사이의 관계에도 영향을 주게 됐습니다. 이 때문에 현재 유엔의 정식회원국이 아닌 옵서버 국가인 팔레스타인은 193개 유엔회원국 중 138개 유엔회원국으로부터는 승인을 받았지만 나머지 55개 유엔회원국으로부터는 승인을 받지 못한 상태입니다.

팔레스타인을 승인한 대표적 국가는 러시아, 중국, 북한, 이란, 브라질 등이 있습니다. 이와 반대로 팔레스타인을 승인하지 않은 대표적 국가는 이스라엘을 비롯해 미국, 캐나다, 호주, 프랑스, 독일, 영국, 일본 등을 꼽을 수 있습니다. 참고로 한국도 현재 팔레스타인을 승인하지 않은 상태입니다.

팔레스타인 기를 흔들고 있는 모습

5 ──────────────────────── 키프로스

5위는 키프로스입니다. 런던과 취리히 협정에 따라 키프로스는 1960년 독립을 선포했습니다. 이에 초대 대통령은 그리스계 키프로스인이 선출됐고, 부통령은 튀르키예계 키프로스인이 맡게 됐습니다. 그러나 그리스계 키프로스인들과 튀르키예계 키프로스인들의 갈등은 커져만 갔고 1963년 기존 협정은 무의미하게 됐습니다. 급기야 1974년 당시 대통령이었던 마카리오스 3세(Makarios III)를 물러나게 한 그리스계의 쿠데타가 발생했습니다. 이에 튀르키예는 키프로스를 침공했고 북부 키프로스에서 그리스계 주민들을 추방했습니다. 이후 1983년 북부에서는 북키프로스 튀르키예 공화국이 독립을 선언하기에 이르렀습니다.

국제사회의 비난에도 북키프로스에 군대를 주둔한 유엔회원국인 튀르키예는 이를 무시하며 같은 유엔회원국인 키프로스를 승인하지 않고 있는 상황입니다. 이것이 유엔회원국 중 유일하게 키프로스를 승인하지 않은 사례입니다. 또한 유엔회원국은 아니지만 북키프로스도 키프로스를 승인하지 않은 상태입니다.

4 ──────────────────────── 이스라엘

4위는 이스라엘입니다. 1948년 영국으로부터 독립한 이후 이스라엘은 유대인의 민족 국가로 유지되고 있습니다. 건국 이후 이스라엘은 주변 아랍 국가들과 전쟁을 치렀을 정도로 심각한 갈등을 보였는데, 그중 팔레스타인과는 현재까지도 격렬한 다툼이 이어져오고 있습니다. 1949년

이스라엘의 수도 예루살렘 전경

에 유엔회원국이 된 이스라엘이지만 이러한 대외관계로 인해 모든 유
엔회원국으로부터 승인을 받지는 못한 상태입니다.

이스라엘을 승인한 유엔회원국은 총 193개국 중 165개국인데 대표적
인 국가는 미국, 중국, 영국, 러시아 등을 꼽을 수 있습니다. 반면 이스라
엘을 승인하지 않은 국가는 28개국으로 대표적인 국가는 사우디아라비
아, 이란, 인도네시아, 말레이시아, 북한 등이 있습니다. 참고로 한국은
현재 이스라엘을 승인한 상태입니다.

3 ─────────────────────────── **대만**

3위는 대만입니다. 1911년 신해혁명을 거쳐 1912년 중화민국이라는
명칭의 공화국이 현 중국 본토에 수립된 바 있습니다. 이는 현재 국가
로서의 대만 역사의 시작점으로 볼 수 있습니다. 이후 국공내전에 의해

대만의 수도 타이페이 전경

국민당 정부가 본토에서 쫓겨났지만 그럼에도 대만은 당시 주요국들과 외교관계를 유지하고 있었습니다. 심지어 대만은 유엔 상임이사국으로서의 지위를 갖고 있었습니다. 그렇지만 1971년을 기점으로 대만은 유엔총회 결의 제2758호에 따라 중국에 상임이사국 자리를 내놓게 됐고, 이후 중국이 급부상함에 따라 1979년에는 미국과 단교를 하게 되는 등 국제사회에서 외교적 고립에 빠지게 됐습니다.

현재 대만은 유엔비회원국인데 유엔회원국들 중 대만을 승인한 국가는 13개국입니다. 대표적 국가로는 과테말라, 파라과이, 아이티, 투발루, 벨리즈 등을 들 수 있습니다.

한편 한국은 1992년까지 아시아에서 대만의 마지막 수교국이었습니다. 그런데 중국과 수교하면서 대만과는 단교해 아직까지 공식 승인을 하지 않은 상태입니다.

2위는 한국입니다. 1948년 8월 15일 대한민국 정부를 수립한 한국은 경제뿐만 아니라 모든 분야에서 눈부신 발전을 이뤄냈습니다. OECD, G20 등의 회원국인 한국은 유엔에는 1992년 북한과 동시 가입을 통해 유엔회원국이 됐는데, 공교롭게도 193개 유엔회원국 중 한 개 유엔회원국으로부터 승인을 받지 못하고 있습니다. 그 유엔회원국은 바로 북한입니다.

북한은 자국이 한반도의 유일한 합법정부이면서 한국의 영토도 자신들의 영토라고 주장하는 상황입니다. 이 때문에 북한은 한국을 국가로서 승인하지 않은 상태입니다.

한국의 수도 서울 전경

1위는 중국입니다. 국공내전을 승리로 가져간 중국은 1949년 중화인
민공화국을 건국하며 공식적으로 본토를 장악했습니다. 이후 중국은
1971년 대만의 유엔 상임이사국 자리를 빼앗은 것을 비롯해 국제무대
에서 대만의 외교관계를 대체하기에 이르렀습니다. 이런 상황에서 중국
은 대외 개방을 통해 경제 규모와 국제무대 영향력을 키웠는데, 그럼에
도 중국은 모든 유엔회원국들로부터 승인을 받지 못한 상황입니다.

'하나의 중국'을 강조하는 터라 대만을 승인한 13개 유엔회원국들이 고
스란히 중국을 승인하지 않고 있습니다. 추가로 유엔회원국인 부탄은
대만뿐만 아니라 중국도 명시적으로 승인한 적이 없으며, 옵서버 국가
인 바티칸은 대만만을 유일하게 합법정부로 승인하고 중국은 인정하지
않은 상태입니다.

중국의 대도시인 상하이 전경

미국의 모든 주에서
영어를 제외하고 가장 많이
사용되는 언어 TOP 10

에스놀로그(Ethnologue: Languages of the World)에 따르면 2021년 기준 전 세계에는 7,139개의 언어가 존재하고 있습니다. 그중 40%의 언어는 사용 인구 감소로 멸종위기인 상황이고, 23개 언어만이 사용자가 전 세계 인구의 절반을 넘어서는 것으로 알려져 있습니다.

그런데 이러한 상황을 그대로 반영하는 국가가 있어 관심을 모읍니다. 바로 미국입니다. 미국은 인종의 용광로라고 불릴 정도로 다민족으로 형성된 국가인데, 가장 최근 조사인 2015년 인구조사(census) 결과만 보더라도 독일계 14.5% 아프리카계 12.4% 멕시코계 10.9% 등 어느 하나의 민족이 큰 비중을 차지하지 않고 인구를 구성하고 있는 특징을 보여주고 있습니다.

그렇다면 영어를 제외하고 미국의 모든 주에서 가장 많이 사용되는 언어는 무엇일까요? 미국의 인구조사국은 미국인들을 대상으로 가정에서 가장 많이 사용하는 언어를 조사했습니다. 5세 이상의 미국인들 중 약 78%가 영어만 사용하고 있고 22%는 영어 외 언어를 사용한다고 밝혔습니다. 이 자료를 근거로 다양한 자료를 추가해 좀 더 자세히 확인해보겠습니다. 영어 외 언어를 사용하는 미국인을 기준으로 1위부터 10위까지 순서대로 선정했습니다.

10 ─────────────────────── 독일어

10위는 독일어입니다. 가정에서 독일어를 사용하는 것으로 확인된 미국인은 895,000명으로 추정되고 있습니다. 이는 전체 대비 약 1.3%에 해당하는 규모입니다. 전 세계 11위 언어인 독일어는 약 1.4%의 비중을 보이는데, 미국 내 비중도 전 세계 비중과 비슷했습니다.

독일인은 1608년 처음으로 버지니아주에 정착했을 정도로 상당히 오랜 이주 역사를 갖고 있습니다. 20세기 초만 하더라도 뉴욕시에만 12개 독일어 신문이 있었고, 그 외 다른 도시에서도 독일어로 된 신문이 있었을 정도로 독일어는 절정을 이뤘습니다. 현재는 당시의 독일어 사용보다 미국 내 비중이 약한 상황이지만 캘리포니아주, 뉴욕주, 플로리다주, 텍사스주 등은 아직까지 다른 주보다 상대적으로 독일어 사용이 많다고 볼 수 있습니다.

9 ─────────────────────── 아이티 크리올어

9위는 아이티 크리올어입니다. 가정에서 아이티 크리올어를 사용하는 것으로 확인된 미국인은 925,000명으로 추정되고 있습니다. 전체와 비교했을 때 이는 약 1.4% 수준으로 볼 수 있습니다.

아이티 크리올어는 전 세계 86위로 사용 인구도 약 0.2%가 채 되지 않

아이티 크리올어 사용이 많은 플로리다주

는 규모인데, 미국에서는 가정 내에서 사용하는 상위 10개 언어에 포함
돼 눈길을 끕니다. 전 세계 1,000만 명 미만의 사용 인구는 카리브해를
중심으로 몰려 있지만 미국에서는 플로리다주, 뉴욕주, 매사추세츠주에
서 상대적으로 아이티 크리올어의 가정 내 사용이 많았습니다.

8 _____ 러시아어

8위는 러시아어입니다. 가정에서 러시아어를 사용하는 것으로 조사된
미국인은 941,000명으로 추정됩니다. 미국 내에서는 약 1.4% 정도의
규모입니다. 세계 8위에 해당하는 러시아어의 전 세계 사용 인구 비중
은 약 2%인데, 미국 내 비중은 이보다 낮았습니다.

소련이 해체되면서 당시 많은 러시아인들이 미국으로 이민을 떠났습니
다. 미국으로 이민 온 러시아인들은 그들의 가정에서 영어가 아닌 러시
아어를 사용했습니다. 미국의 주 중에서 러시아어를 가정 내에서 상대

적으로 많이 사용하는 주는 뉴욕주, 캘리포니아주, 워싱턴주 등을 꼽을
수 있습니다.

7 ——————————————————————— 한국어

7위는 한국어입니다. 가정에서 한국어를 사용하고 있는 것으로 확인된
미국인은 1,075,000명으로 추정되고 있습니다. 미국의 영어 외 사용자
전체와 비교해서는 약 1.6% 정도를 차지하는 수준입니다.

한국어는 전 세계에서 사용 인구 순위가 14위로 약 1%의 비중인데, 미
국에서는 이보다 비중이 높습니다. 19세기 말부터 미국으로의 이민이
시작된 이래 한국인들은 미국에서 자체 커뮤니티를 형성하고 있을 정
도로 만만치 않은 규모를 보여주고 있습니다. 그중 한국어를 사용하고
있는 미국 내 가정은 캘리포니아주와 뉴욕주가 다른 주보다 많은 편입
니다.

한국어 사용이 많은 캘리포니아주

6 _____ 프랑스어

6위는 프랑스어입니다. 가정에서 프랑스어를 사용하는 것으로 조사된 미국인은 1,172,000명으로 추정되고 있습니다. 이러한 인구 규모는 미국에서 전체 영어 외 언어 사용자의 약 1.7%에 해당합니다.

프랑스어의 사용 인구는 전 세계에서 15위로 약 1%의 비중인데, 이보다는 미국 내 사용 인구의 비중이 높습니다. 프랑스어는 미국의 모든 주 중 루이지애나주, 메인주, 버몬트주, 뉴햄프셔주 가정에서 상대적으로 많이 사용되고 있습니다. 미국 국립교육국에 따르면 가정의 사용 비중과는 다르게 프랑스어는 미국 학교에서 스페인어 다음으로 많이 학습하는 언어입니다. 학습 비중은 약 12.3% 정도입니다.

5 _____ 아랍어

5위는 아랍어입니다. 가정에서 아랍어를 사용하는 것으로 확인된 미국인은 1,260,000명으로 추정되는 상황입니다. 영어 외 사용자 전체 대비로는 약 1.9% 정도라고 볼 수 있습니다.

전 세계 아랍어 사용 인구가 약 4.5%라는 것과 비교한다면, 미국에서는 이보다 다소 낮습니다. 미국 내 순위는 5위이지만 아랍어는 무엇보다 성장세를 무시하기 힘듭니다. 1980년 미국 내 아랍어 사용자가 212,000명이었던 것에 비춰본다면 40년간 약 594%의 성장률을 확인할 수 있기 때문입니다. 또한 미국 내에서는 미시간주와 테네시주에서 상대적으로 많이 사용하는 것으로 확인됐습니다.

4 ──────────────────────────── 베트남어

4위는 베트남어입니다. 가정에서 베트남어를 사용하는 미국인은 1,571,000명으로 추정되고 있습니다. 미국에서 영어 외 언어 사용자 전체와 비교했을 때는 약 2.3% 수준입니다. 전 세계에서 16위인 베트남어의 사용 인구가 차지하는 비중은 약 1%인데, 미국 내에서의 비중은 이보다 높다고 볼 수 있습니다.

1970년대 중반까지만 해도 미국 내에서 베트남어 사용자는 흔하지 않았습니다. 그러나 베트남전 철수 이후 많은 남베트남인들이 미국으로 이민하면서 미국 내 베트남어 사용이 증가했습니다. 현재 미국에서는 네브래스카주, 오클라호마주, 텍사스주, 미시시피주, 조지아주에서 베트남어 사용이 많은 편입니다.

3 ──────────────────────────── 타갈로그어

3위는 타갈로그어입니다. 타갈로그어를 가정에서 사용하는 것으로 추정되는 미국인은 1,764,000명으로 확인되고 있습니다. 타갈로그어는 미국에서 영어 외 언어를 사용하는 인구의 약 2.6%를 차지한다고 볼 수 있습니다. 타갈로그어는 전 세계에서 사용 인구 기준 42위로 약 0.4%의 비중인데, 미국에서의 비중은 이보다 큽니다.

19세기 말에 스페인과 미국의 전쟁이 끝나면서 필리핀인들의 미국 이주가 대대적으로 이뤄졌습니다. 미국 내 필리핀 인구는 2019년 기준 약 420만 명으로 상당히 많은 사람들이 거주하고 있습니다. 이 때문에 타

타갈로그어 사용이 많은 네바다주

갈로그어의 사용 인구가 많은 것은 당연해 보입니다. 그리고 상대적으로 다른 주보다 네바다주에서 타갈로그어의 사용이 많은 것으로 확인됩니다.

2 ———————————————————— 중국어

2위는 중국어입니다. 중국어, 정확히는 광둥어와 북경어를 사용하는 것으로 추정되는 미국인은 3,495,000명으로 확인되고 있습니다. 전 세계 사용 인구 1위인 중국어는 미국에서 전체 영어 외 언어의 사용자 대비 약 5.2%의 규모입니다. 전 세계에서 중국어 사용 인구의 비중이 약 11.9%라는 점에 비춰본다면, 미국 내의 사용 비중은 이보다 절반에도 못 미치는 상황입니다.

중국인들은 앞서 필리핀인들보다 빠른 19세기 중반부터 이주가 이뤄지기 시작해 약 510만 명을 상회하는 중국인들이 현재 미국에서 거주하고 있습니다. 미국 내에서 중국인들은 자체 커뮤니티를 잘 형성하고 있는 것으로 유명합니다. 이 때문에 일반적으로 가정에서 활발히 사용한다고 볼 수 있는 주도 상당히 많았는데, 캘리포니아주, 워싱턴주, 펜실베이니아주, 뉴욕주 등 17개 주가 이에 해당합니다.

1 ——————————————————— 스페인어

영어를 제외하고 미국의 가정에서 가장 많이 사용되는 언어 1위는 스페인어입니다. 스페인어를 사용하는 미국인 가정은 무려 41,757,000명으로 2위 중국어와는 큰 격차를 보이는 수준입니다.

상당히 많은 인구를 자랑하는 스페인어 사용 인구는 미국 내 외국어 사용자 전체와 비교한다면 약 61.6%를 차지하는 규모입니다. 전 세계 인구를 기준으로 봤을 때 스페인어의 순위는 2위로 약 6%의 비중을 차지

스페인어 사용이 많은 캘리포니아주

하는데, 미국 내 스페인어 사용자 비중은 이를 훨씬 능가한다고 볼 수 있겠습니다.

현재 미국 내 스페인어의 사용자는 1990년과 비교했을 때 2배 이상 급증했습니다. 이 때문에 스페인어는 미국의 거의 모든 주에서 사용되고 있습니다. 상대적으로 다른 주보다 가정에서 스페인어를 많이 사용하는 주는 캘리포니아주, 뉴욕주, 플로리다주, 텍사스주 등을 꼽을 수 있습니다.

전 세계 국경 중
가장 이상하고 특이한
국경 TOP 10

국가를 구성하는 3대 요소는 국민, 영토, 주권입니다. 이 3가지가 충족돼야 국제사회에서 국가로 인정받을 수 있습니다. 그중 영토는 다른 국가와 이해관계가 밀접하게 얽혀 있는 요소이기 때문에 이에 따른 잡음이 국제사회에서 종종 들려오기도 합니다. 이 때문에 국가의 영토를 구획하는 국경은 기형적으로 형성되기도 하고, 또는 매우 삼엄하게 관리가 이뤄지기도 합니다. 이처럼 전 세계 국경 중 이상하거나 특이한 국경들을 알아보려고 합니다. 10곳의 국경을 선정했습니다.

10 _____ 이비아

스페인과 프랑스의 국경인 이비아(Llivia)입니다. 현재 스페인 카탈루냐 지방에 위치한 스페인 영토인 이비아는 지리적 위치로만 본다면 스페인에서 떨어져 프랑스 영토 내에 섬처럼 위치한 지역입니다.

과거 프랑스와 스페인의 30년 전쟁이 끝날 무렵 1659년 피레네조약으로 스페인 북부 지역의 33개 마을이 프랑스로 양도됐습니다. 그러나 당시 양도에서 이비아는 제외됐습니다. 이후 이비아는 지금까지 프랑스 내에서 스페인 영토로 남아 있는 상황입니다. 이비아는 12.83km²의 면적에 현재 1,500명 내외의 인구가 거주하고 있습니다. 이비아로 가기 위해서는 스페인 푸이그세르다(Puigcerdà)에서 약 3.2km 길이의 중립 도로를 이용해야만 합니다.

9 ——————————————————————————— 융홀츠

오스트리아와 독일의 국경인 융홀츠(Jungholz)입니다. 융홀츠는 현재 오스트리아 티롤주에 위치한 마을입니다. 이곳은 오스트리아 영토이지만 독일 영토로 둘러싸여 있는 지리적 위치를 갖고 있습니다. 이 때문에 오스트리아 본토에서 이곳으로 이동하기 위해서는 도로망 부족으로 독일 영토를 통해야만 진입이 가능합니다.

이곳은 오스트리아가 1995년 유럽연합에 가입하기 전까지 독일 세관을 거쳐야 했고, 유로화가 통용되기 전에는 오스트리아 영토였음에도 독일 마르크가 이곳의 통화로 사용되기도 했습니다. 현재 이곳의 인구는 300명이 채 안 되지만 오스트리아의 주요 은행 지점이 여럿 입점해 있기도 합니다.

8 ——————————————————————————— 노스웨스트 앵글

캐나다와 미국의 국경인 노스웨스트 앵글(Northwest Angle)입니다. 행정구역상 이곳은 미국 미네소타주 우즈 카운티 북부에 위치해 있습니다.

미네소타주 지도

지도만 보더라도 미국 국경에서 이곳은 캐나다로 불쑥 들어간 형태입니다. 캐나다와 육지로 국경을 맞대고 있고 그 외 지역은 호수로 둘러싸여 있기 때문에 육로를 통해서 이곳에 진입하기 위해서는 캐나다를 거쳐갈 수밖에 없습니다.

국경이 이렇게 획정된 이유는 최초 캐나다와 미국의 국경 협상 시 협상가들이 지리를 잘못 파악했기 때문입니다. 즉 1800년대 당시 지도의 오류와 측량의 어려움으로 인해 제대로 된 지리 파악이 되지 않아 애초 협상에서 합의했던 국경선이 아닌 형태로 획정된 것입니다. 1842년 웹스터-애슈버턴조약으로 이 국경은 최종 확정돼 지금까지 이르게 됐습니다.

이스라엘과 팔레스타인의 국경인 가자 지구입니다. 팔레스타인의 영토는 이스라엘을 사이에 두고 가자 지구와 웨스트 뱅크로 분리됐습니다. 이 중 가자 지구는 감옥이나 다름없는 국경을 형성하고 있습니다. 가자 지구의 면적은 365km², 인구는 204만 명이 거주하고 있는데, 팔레스타인 영토임에도 기형적인 국경 때문에 왕래가 자유롭지 않은 것입니다. 실제로 이스라엘은 팔레스타인과의 국경에 2002년부터 콘크리트, 철조망, 울타리, 도랑 등을 활용해 높이 8m의 장벽을 쳤습니다.

국제사회에서 이 장벽에 대해 문제를 제기했지만 오히려 이스라엘은 팔레스타인의 봉쇄를 위해 바다 장벽을 설치했습니다. 가자 지구의 인구는 매년 증가하며 넘쳐나고 있는데 이 같은 봉쇄로 인해 주민의 80%는 원조로 생활을 이어갈 수밖에 없는 상황입니다.

이스라엘과 팔레스타인의 국경벽

6 _____ 다이오미드 제도

미국과 러시아의 국경인 다이오미드 제도(Diomede Islands)입니다. 다이오미드 제도는 베링해협 한가운데 위치해 있는데 그중 빅다이오미드섬은 러시아 영토이고, 리틀다이오미드섬은 미국의 영토로 돼 있습니다. 빅다이오미드섬의 면적은 29km²이고 현재 상시 거주자는 없으며, 리틀다이오미드섬은 7.3km²의 면적으로 현재 110명 내외가 거주하고 있습니다. 참고로 리틀다이오미드섬에는 학교, 우체국, 상점이 있습니다. 두섬 간의 거리는 약 3.75km²이고, 날짜 변경선에 의해 분리돼 있어 하루의 시간차를 보이는 것이 특징입니다. 1867년 조약으로 미국이 러시아로부터 알래스카를 구매할 당시 이 섬의 국경은 확정됐습니다.

냉전 시대만 하더라도 이곳은 매우 첨예했습니다. 당시 빅다이오미드섬의 원주민은 소련으로 강제 이주되고 그곳에 소련군이 주둔하기도 했었습니다. 냉전이 막을 내리던 1987년 미국의 장거리 수영 선수인 린 콕스(Lynne Cox)는 미국의 영토였던 리틀다이오미드섬에서 소련의 영토였던 빅다이오미드섬으로 헤엄쳐 횡단해 당시 양국 정상으로부터 축하를 받기도 했습니다.

5 _____ 비무장지대

한국전쟁 후 휴전협정에 따라 한국과 북한의 국경을 중심으로 각각 2km씩 후퇴해 형성된 비무장지대(DMZ)라는 완충지대가 있습니다. 이곳은 대한민국 국민이라면 당연히 잘 아는 곳입니다. DMZ의 역할은 정전 상황에서 발생할 수 있는 군사 적대행위를 방지하는 데 있습니다. 정전협정 체결에 따라 DMZ 내에서는 군사시설 철거, 적대행위 중단, 비무장지대 내 진입금지 등이 준수사항으로 돼 있습니다. 그러나 북한은 이러한 정전협정을 그동안 10만 건 이상 위반했습니다. 한편 DMZ는 정전 이후 거의 70년 동안 출입통제지역으로서 잘 유지됐기 때문에 현재 이곳의 자연 생태계는 보존 상태가 좋은 것으로 알려져 있습니다.

4 ————————————————— 진먼섬

금문도, 일명 진먼섬(Kinmen County)이라고 불리는 이곳은 중국과 대만의 국경이 형성돼 있는 중국과 아주 가까운 대만의 영토입니다. 진먼섬은 중국보다 대만에서 더 멀리 떨어져 있습니다. 중국 해안으로부터는 9km 떨어져 있지만 대만에 가장 가까운 지점으로부터는 187km 떨어져 있는 것입니다. 국공내전 이후 1958년까지 중국의 인민해방군이 이곳을 점령하기 위해 수차례 공격을 실시했으며, 대만에서 이를 방어했습니다. 냉전 시대 내내 이곳은 상당히 긴장감이 흐르고 위험한 지역이었습니다. 중국의 포격이 이뤄졌던 1954년에는 미국이 핵무기 사용을 검토했을 정도였습니다.

1979년 미중 수교 이후 이곳의 분쟁은 잠잠해졌고, 이후 이곳도 중국 관광객을 맞아들이며 교류를 진행했습니다. 특히 각종 인프라 시설과 교통시설이 중국과 연결되기도 했습니다. 그렇지만 최근 중국과의 긴장감이 높아짐에 따라 진먼섬에 형성된 국경도 언제든 다시 폭발할 수 있는 상황이 되고 있습니다.

3 ——————————————— 페논데벨리스데라고메라

스페인과 모로코의 국경으로 페논데벨리스데라고메라(Peñón de Vélez de la Gomera)가 있습니다. 이곳은 현재 스페인 영토이지만 북아프리카 모로코 영토와 맞닿은 지중해 연안에 위치해 있습니다. 최초 스페인은 1508년에 이곳을 점령했는데, 1522년에 모로코의 공격을 받으며 잃게 됐습니다. 그렇지만 모로코는 오스만제국이 이곳을 모로코제국의 정복을 위해 활용할까 두려워 스페인에게 다시 넘겨줬습니다.

이후 현재까지 이곳은 스페인 정부가 영토로 관리하고 있고, 소수의 스페인군이 주둔하고 있습니다. 이곳으로 가기 위해서는 헬기를 이용하는 것이 주된 방법으로 돼 있습니다.

2 ——————————————————— 바를러나사우

벨기에와 네덜란드의 국경에는 바를러나사우(Baarle-Nassau)라는 네덜란드 도시가 있습니다. 이 도시는 7천 명 내외의 인구가 거주하고 있는데, 전 세계에서 가장 복잡한 국경 중 하나일 정도로 도시 내 국경이 어지럽게 형성돼 있습니다. 바를러나사우에는 벨기에의 바를러헤르토흐(Baarle-Hertog)라는 지역이 있습니다. 바를러헤르토흐는 26개의 개별 토지로 구성돼 있습니다.

이 때문에 각각의 집마다 네덜란드 또는 벨기에 국기가 부착돼 있기도 하고, 각국에 맞는 집 주소가 적혀 있기도 합니다. 일부 집이나 상점 등은 국경에 걸쳐 있기도 해서 2개의 주소를 사용하기도 합니다. 길바닥

바믈러나사우 내의 한 카페 바닥에 있는 네덜란드와 벨기에의 국경

에도 국경이 표기돼 있습니다. 이렇게 국경이 복잡해진 이유는 과거 브레다 군주와 브라반트 공작 사이에 맺어진 수많은 조약, 계약, 토지 교환 때문이었습니다. 이 복잡한 국경은 1843년 마스트리히트조약으로 확정돼 지금까지 이르게 됐습니다.

1 _____ 아르베즈 호텔

스위스와 프랑스의 국경에는 아르베즈 호텔(Hotel Arbez)이 있습니다. 이 호텔은 국경을 가로지르는 호텔로 잘 알려져 있습니다. 1862년 스위스와 프랑스의 국경에 관한 조약이 체결될 때 이 부지는 프랑스인인 폰투스 개인의 소유였습니다. 그는 조약의 조항을 이용해 3분의 1은 스위스 영토를, 3분의 1은 프랑스 영토를 활용해 건물을 지었습니다. 스위

프랑스와 스위스의 국경에 걸쳐 있는 아르베즈 호텔 전경

스 영토엔 식료품점을 운영했고, 프랑스 영토엔 술집을 운영했습니다. 이 건물은 1921년 매각 후 호텔로 리모델링됐습니다. 제2차 세계대전 당시에는 위층으로 가는 계단이 프랑스 영토에서 시작해 영세 중립국 이었던 스위스 영토로 이어졌기 때문에 위층에 난민이나 레지스탕스가 있어도 독일군들이 접근할 수 없었습니다. 현재 아르베즈 호텔에서 국경으로 나뉘는 부분은 식당, 허니문스위트 침대, 계단, 일부 객실 등입니다. 참고로 호텔은 양국에 동등하게 세금을 납부하고 있습니다.

2100년 인구가
가장 폭발적으로 증가하는
국가 TOP 10

2022년 11월 15일, 유엔은 세계 인구가 80억 명을 돌파했다고 밝혔습니다. 문제는 이러한 세계 인구가 현재도 과밀화된 상태이지만 2086년 104억 3,092만 명의 정점을 찍을 때까지 계속 증가한다는 것입니다. 2086년까지 세계 인구가 증가한다는 것은 일부 국가들의 경우 인구가 폭발적으로 증가할 것이라고 판단할 수밖에 없는데, 이러한 국가들을 확인해보겠습니다. 2022년 유엔 세계인구전망보고서는 다양한 시나리오를 제시했는데, 그중 미래 변화의 불확실성을 반영한 가장 기본이 되는 중간 시나리오 예측을 기준으로 두었습니다. 2100년 인구가 가장 폭발적으로 증가하는 국가 1위부터 10위까지입니다.

10 _____ 중앙아프리카공화국

10위는 중앙아프리카공화국입니다. 1960년 프랑스로부터 독립했던 중앙아프리카공화국은 21세기 들어 평화조약을 체결했음에도 내전이 지속됐고, 인권침해도 상당했습니다. 이에 기대수명이 55.2세에 불과하지만 그럼에도 1960년 이후 인구는 거의 4배나 증가했습니다. 앞으로의 상승세도 만만치 않습니다. 2022년 중앙아프리카공화국의 인구는 557만 명이지만 유엔이 예측한 2100년 인구는 236.9%가 증가한 1,879만 명이기 때문입니다.

현재 인구의 50%가 식량난에 처해 있고, 인구의 대다수가 전쟁으로 인해 실향민이 된 상황입니다. 향후 예측되는 인구증가는 이러한 문제를 해결하기는커녕 더욱 심화시킬 것으로 보입니다.

9 —————————————————————— 베냉

9위는 베냉입니다. 한국과 비슷한 영토 크기를 갖고 있는 베냉이지만 무려 42개 민족이 거주하고 있다는 점은 한국과 큰 차이점이라고 볼 수 있습니다. 대부분 대서양에 맞닿은 해안가가 있는 남부지방에 거주하고

영토의 면적은 한국과 비슷하지만 미래 인구의 추세는 한국과 정반대의 길을 걷고 있는 베냉

있어 특정 지역에 인구가 과밀 집중돼 있는 특징을 갖고 있습니다. 또한 베냉은 여성의 첫 출산 연령이 20.5세로 33.1세인 한국과는 격차가 상당히 큰데, 이렇게 이른 나이에 첫 출산을 함으로써 인구증가의 기본적인 환경이 갖춰진 상태입니다. 평균기대수명이 62.8세로 낮은 편이지만 폭발적인 출산율로 인구증가를 견인하고 있는 것입니다.

1950년만 해도 베냉의 인구는 225만 명 수준이었지만 2022년 들어서는 1,335만 명으로 72년간 493% 증가했는데, 이러한 증가세는 앞으로도 계속될 전망입니다. 유엔은 2100년 베냉의 인구를 4,661만 명으로 예측했는데, 이는 2022년보다 249.1% 증가한 규모입니다.

8 _____ 세네갈

8위는 세네갈입니다. 인구의 평균 연령이 19세일 정도로 매우 젊은 국가인 세네갈은 아직도 전체 인구의 54.8%가 농촌지역에 거주하고 있을 정도로 도시화가 덜 된 상태입니다. '아이들이 없는 집안은 축복받지 못한다'는 무함마드의 언행록인 하디스의 기록처럼 이슬람문화에서는 출산을 중요하게 보는데, 그래서인지 인구의 95% 이상이 무슬림인 세네갈의 인구는 폭발적인 증가세를 보여주고 있습니다.

그러나 인구증가세를 세네갈의 경제나 인프라가 따라가지 못해 문제입니다. 2021년 야당 대표를 체포해 시작된 시위가 높은 실업률 등으로 인해 더욱 확산된 것은 인구증가로 인한 문제가 언제든지 사회혼란을 더욱 가중시킬 수 있다는 것을 보여준 사례입니다. 그렇지만 인구는 계속 증가할 전망입니다. 2078년 5,000만 명을 돌파해 2100년이 되면

6,205만 명이 될 것이라는 게 유엔의 예측인데, 이는 2022년 대비 무려 258.4% 증가한 수치입니다.

7 ——————————————————————— 차드

7위는 차드입니다. 1965년부터 1979년까지 내전이 있었고, 이후에도 쿠데타 등으로 정치적 불안은 계속된 데다 부패가 만연하고 국토의 상당면적이 사하라 사막에 걸쳐 있음에도 차드의 인구증가를 막을 수는 없었습니다. 인구의 50% 이상이 사하라 사막을 피해 남부 지역에 몰려 있어 이 지역은 높은 인구밀도를 보여주고 있습니다.

차드의 인구가 이렇게 증가할 수 있었던 건 기본적으로 높은 출산율이 큰 비중을 차지하지만 2003년 수단의 다르푸르 위기로 수십만 명의 난민이 차드에 입국한 것도 어느 정도 영향을 미쳤습니다. 기대수명은 55.2세에 불과하지만 유엔은 2100년 차드의 인구를 6,513만 명으로 예측하고 있습니다. 이는 2022년의 차드 인구인 1,772만 명보다 267.6% 증가한 규모입니다.

6 ——————————————————————— 앙골라

6위는 앙골라입니다. 앙골라에는 반투족이 상당수 거주하고 있는 가운데, 과거 포르투갈 식민지의 영향이 남아서인지 포르투갈인이 전체 인구의 1% 비중을 차지하고 있고 중국인도 1.6%를 차지할 정도로 무시하기 힘든 비중을 보여주고 있습니다.

한편 앙골라의 기대수명은 62.2세이고 중위연령은 15.9세에 불과하지만 앙골라의 인구증가는 2022년 3.36%를 기록하며 세계 6위를 차지했습니다. 1세 미만의 영아 사망률이 1,000명당 187.49명으로 세계 1위를 기록할 정도로 최악임에도 불구하고 앙골라의 인구증가는 놀라울 정도입니다.

유엔은 2100년 앙골라의 인구를 1억 3,290만 명으로 예측했습니다. 이는 2022년의 3,558만 명보다 273.4% 증가한 믿기 힘든 수치입니다. 현재도 인구증가로 인해 의료시스템 등의 문제가 존재하는데, 향후 이러한 사회적 문제는 더 심각해질 것으로 전망됩니다.

5 ——————————————————————— 탄자니아

5위는 탄자니아입니다. 2022년 유엔은 현재 6,549만 명에 달하는 탄자니아의 인구가 2100년이 되면 273.8%의 증가로 2억 4,482만 명이 될

125개 민족이 거주하고 있는 탄자니아

것이라고 예측했습니다. 이러한 인구증가는 14초마다 한 명이 태어나고 있는 높은 수준의 출산율과 1분에 한 명이 사망하는 과거보다 낮아진 사망률, 그리고 13분마다 한 명씩 이민을 올 정도로 해외로의 인구 유출이 상대적으로 적은 게 크게 작용했습니다.

125개 민족으로 구성된 탄자니아는 1992년부터 인구정책을 채택했다지만 정부차원에서 인구증가에 대한 고민은 심각해 보이지 않습니다. 대표적인 사례로 탄자니아의 존 마구풀리(John Magufuli) 전 대통령의 발언을 들 수 있습니다. 2019년 그는 인도와 중국을 예로 들며 출산을 많이 할수록 경제적 번영을 가져다줄 수 있다고 주장했습니다. 또한 이보다 1년 전에는 출산율 억제 정책이 아이를 돌보는 데 게으른 사람들을 위한 것이라고 비난하기도 했습니다.

4 ——————————————————————— 소말리아

4위는 소말리아입니다. 과거 심각한 내전과 식량문제를 겪었고 아직도 반군이 상당한 영향력을 끼치고 있는 데다 한때 무정부 상태로 존재하기도 했던 소말리아이지만 인구는 증가하고 있습니다. 이러한 인구증가는 올해 그 부작용을 보여주고 있는데, 갑작스러운 러시아-우크라이나 전쟁으로 인해 2022년 6월 기준 인구의 46%가 식량 불안정에 직면했다는 보고가 그렇습니다. 대외변수가 인구 급증의 사회에 큰 충격을 안겨준 것입니다.

그럼에도 소말리아의 인구는 지속적인 증가가 예측되고 있습니다. 2022년 1,759만 명의 인구는 2100년 277%가 증가해 6,633만 명이 된

소말리아의 모가디슈 전경

다는 것인데, 과밀화된 인구환경이 지금보다 더 안정적인 국가를 만들어줄지 의문입니다.

3 _____ 말리

3위는 말리입니다. 국토의 북부와 중부가 사하라 사막지대에 걸쳐 있어 영토의 상당 부분이 척박한 환경에 놓여 있고, 신생아 1,000명 중 94명이 5세 전에 사망하고 있으며, 인구의 80% 이상이 불안정한 위생 속에서 생활할 정도로 말리의 생활 여건은 최악입니다. 그럼에도 말리의 연간 인구증가율은 3%를 넘어설 정도인데, 2022년 현재 말리의 인구는 2,259만 명입니다.

사막화로 인해 사하라 사막의 경계가 점점 남하하고 있어 인구는 계속 남부로 몰려들고 있고 이에 더해 인구증가도 폭발적인 수준이라 현재도 토지를 놓고 갈등이 심각한 상황인데, 좁은 지역에 인구과밀화가 더

욱 가중됐을 때 어찌 될지 상상조차 힘듭니다. 2100년 285.4%의 인구
가 증가해 8,708만 명이 된다는 유엔의 예측이 긍정적이지 않은 건 분
명해 보입니다.

2 _____ 콩고민주공화국

2위는 콩고민주공화국입니다. 1960년 벨기에로부터 독립한 뒤 콩고민
주공화국에서는 모부투(Mobutu Sese Seko)가 1965년부터 1997년까지
장기집권을 이뤄냈지만, 이 기간은 심각한 경제난과 부패에 시달릴 정
도로 가혹한 독재사회였습니다. 그렇다고 그의 통치 기간 외 시기가 살
기 좋은 환경을 갖춘 것도 아닙니다. 전쟁이 지속됐고, 인권침해가 비일
비재했던 것입니다.

이로 인해 그동안 60만 명의 콩고인들이 주변국가로 탈출했고 200만
명의 어린이가 굶주림에 처해 있는 상황인데도 인구가 증가하는 게 놀
라울 따름입니다. 2022년 9,901만 명의 인구가 2100년 4억 3,237만 명
으로 증가한다는 유엔의 예측은 충격적인데, 증가율로 본다면 이는 무
려 336.7%에 달합니다.

1 _____ 니제르

1위는 니제르입니다. 니제르는 타의 추종을 불허할 정도로 독보적인 인
구증가가 예측되는 국가입니다. 국토의 80% 이상이 사하라 사막에 걸
쳐 있고 이에 주기적으로 가뭄이 발생하고 있는데, 여성 한 명이 6.74명

세계 최고의 인구증가율이 예측되고 있는 니제르

을 낳는 세계 1위의 높은 출산율은 국제사회의 주목을 받고 있습니다. 1,000명 중에 274명이 사망할 정도로 높은 아동 사망률이 기록되고 있지만 그럼에도 14세 이하의 인구가 전체 인구의 50.58%일 정도로 니제르의 인구는 매우 젊습니다.

어찌 보면 노동가능인구가 고령의 연령대보다 많아 미래가 밝은 게 아닌가 생각할 수 있겠지만 이미 과밀화된 인구는 경제에 큰 부담이 돼 발전을 저해하고 있어 니제르 정부는 크게 우려하고 있는 실정입니다. 그러나 정부의 우려와는 달리 2100년 니제르의 인구는 2022년보다 무려 537.2% 증가한 1억 6,700만 명으로 예측되고 있어 인구과밀은 더욱 심각해질 것으로 보입니다.

국운의 변수로 떠오른
사막화가 매우 빠른
국가 TOP 10

현재 지구에는 다양한 문제가 즐비한 상황입니다. 그중 건조지역에서 숲이 사라지고 물이 말라가 토지가 황폐화되는 사막화는 매우 심각합니다.

1992년 브라질에서 개최된 리우 지구정상회담에서는 사막화가 주요 문제로 거론됐고, 이후 1994년 유엔은 사막화방지협약을 제정했습니다. 현재 전 세계 육지를 기준으로 했을 때 46.2%가 건조지역이고, 국가마다 살펴본다면 이미 사막화로 황폐해진 곳이 상당한 상태입니다.

사막화는 기후변화의 영향과 더불어 지속 불가능한 농업활동이 주된 이유로 거론되고 있습니다. 이 때문에 향후 50년 내 세계 인구의 1/3 이상이 사하라 사막과 같은 조건에서 거주할 것이라는 연구도 존재하는 상황입니다.

이번에는 사막화에 대해 알아보겠습니다. 리비아나 사우디아라비아처럼 현재 국토의 대부분이 사막으로 덮여 있는 곳이 아닌 사막화가 빠르게 진행되고 있는 대표적인 10개 국가를 확인해보겠습니다.

미국 서부지역만 놓고 본다면 사막화는 심각해 보입니다. 미국 국토의 40%가 건조지역과 반건조지역으로 분류되는데, 50개 주 중에서 17개 주가 영향권에 속합니다. 이들 지역에서 진행되고 있는 사막화는 그동안 극심한 가뭄에 더해 과도한 방목, 부적절한 농업기술, 삼림벌채, 광범위한 채광산업, 지속적이고 공격적인 화재, 도시화 등 기후변화를 포함한 복합적인 인간활동으로 발생한 현상이라고 볼 수 있습니다.

미국에서는 사막화를 막기 위한 기술개발에 많은 관심을 보이고 있습니다. 그렇지만 미국의 전문가들은 미국에서 사막화가 진행되고 있는 지역이 향후 자연적으로 회복할 가능성은 매우 낮다고 전망합니다. 이에 토지 황폐화를 불러오는 사막화를 방지하기 위한 기술개발의 중요성은 더욱 커지고 있습니다.

사막화가 심각한 미국의 데스밸리의 도로

중국의 사막화는 그 속도가 놀라울 정도입니다. 국토의 25% 이상이 사막인 데다 사막 외 건조지역까지 포함한다면 중국 국토의 45%가 사막화의 영향을 받고 있습니다.

이러한 중국의 사막화는 11개의 성과 자치구 내 4억 명 이상의 사람들에게 큰 영향을 미치고 있는 상황입니다. 이에 따른 경제적 손실도 상당합니다. 매년 70억 달러에 가까운 비용이 지출되고 있다는 분석이 있습니다.

중국의 사막화는 네이멍구 등 중국의 초원지대에서 이뤄지고 있는 가축의 과도한 방목과 더불어 삼림벌채와 경작지의 확대, 지나친 물 사용이라는 인간활동에 기후변화가 더해져 벌어진 결과입니다. 이에 중국에서는 조림사업 등을 지속적으로 진행하고 있고, 2050년까지 조림사업에 95억 달러를 투입한다는 계획입니다. 2021년 한 해 동안 사막화 방지에 성공적인 결과를 도출했다고 중국 정부가 발표하기도 했지만 광범위하게 이뤄지고 있는 사막화를 잘 막아낼지 지켜봐야겠습니다.

8 _____ 호주

호주에서는 현재 사막화가 광범위하게 진행되고 있습니다. 이미 거대한 그레이트빅토리아 사막과 그레이트샌디 사막이 존재하고 있는 상황이지만 이에 더해 내륙 지역에서의 사막화도 빠르게 이뤄지고 있어 우려되고 있습니다. 호주는 다른 국가처럼 기후변화 문제를 안고 있지만 그동안 자연녹지를 개간해 농업으로 활용한 것과 많은 수의 소와 양의 방목, 빈번하게 발생하는 산불 등은 호주의 사막화에 촉매제 역할을 했습니다.

호주 내의 건조지역과 반건조지역의 45% 이상의 면적에서 이러한 사막화는 계속되고 있습니다. 조림사업 등을 대책으로 내놓고 있지만 이것도 나무가 자랄 수 있는 환경에서만 가능한 터라 점차 나무가 자랄 수 없는 환경이 증가한다면 사막화를 막기가 쉽지 않을 것 같습니다.

7 ——————————————————— 아르헨티나

남아메리카의 아르헨티나도 사막화의 영향을 받고 있습니다. 국토의 75%가 건조지역과 반건조지역으로 분류돼 있는 아르헨티나는 사막화로 인한 문제가 커지는 모양새입니다. 특히 사막이 펼쳐져 있는 아르헨티나 남부의 파타고니아 지역은 85% 이상이 사막화를 겪고 있는 상황입니다. 이는 점차 아르헨티나 북동부 지역으로 확산되고 있습니다. 기후변화와 인간활동이 복합적으로 작용한 결과로, 기후변화를 제외하면

사막화가 심각한 아르헨티나 남부의 파타고니아 전경

과도한 방목과 낙후된 농업기술이 인간활동에 있어 주된 이유로 꼽히고 있습니다.

아르헨티나의 무역에 농업이 차지하는 비중이 상당하다는 점을 감안한다면 아르헨티나 경제 또한 더 큰 피해가 불가피해 보입니다. 또한 사막화가 진행되는 지역에 거주하는 사람들은 아르헨티나의 평균 이하 소득을 갖고 있는 사람들이 대부분이라 사막화는 사회문제도 불러올 기세입니다.

6 _____ 이라크

'이라크 국토의 53%는 사막화가 진행되고 있다'는 미 국방부의 분석처럼 이라크의 사막화는 매우 심각합니다. 이라크는 기후변화 영향에 취약한 국가 수준에도 세계 5위에 랭크됐을 정도입니다.

이라크의 사막화에는 여러 요인이 존재합니다. 먼저 다른 국가보다 심각한 기후변화를 들 수 있고, 농업과 생활용수의 과도한 사용 그리고 전쟁이 주된 이유로 제기되고 있습니다. 게다가 이라크는 티그리스강과 유프라테스강의 의존도가 높은데, 문제는 티그리스강과 유프라테스강 상류에 위치한 튀르키예가 다수의 댐을 건설해 물을 통제함에 따라 이로 인한 수자원 부족이 매우 심각해진 상태라는 것입니다. 가뜩이나 가뭄도 심한 상황에서 사막화가 가속화됨에 따라 이라크 내부에서는 최악의 시나리오로 국토의 92%가 사막이 될 것이라는 미래 전망이 거론되기도 했습니다.

5 ——————————————————— 이란

이란 전체 면적의 68%는 현재 사막화의 문제를 안고 있습니다. 기본적으로 이란은 반건조지대의 국가인 데다 심각한 기후변화를 겪고 있습니다. 실제 이란 기후연구소가 지난 50년간 조사한 결과에 따르면 이란의 평균강수량은 10년마다 11mm 감소했고, 반면 온도는 10년마다 0.4도씩 상승한 것을 확인할 수 있었습니다. 이러한 자연현상이 사막화를 가속화시키는 것입니다.

그런데 사람들의 활동도 이란의 사막화를 더욱 가속화하고 있습니다. 2021년 10월에 공개된 '21세기 초 이란의 사막화' 논문에서는 이러한 이란의 사막화를 두고 도시의 확장과 인근지역의 농업강화, 지하수 매장량의 고갈을 주된 이유로 분석했습니다. 이 외에도 이란에서는 불법적인 채광활동과 토지사용변경, 과도한 방목, 삼림벌채 등이 더해져 그 심각성은 더욱 커지고 있는 상태입니다.

4 ——————————————————— 몽골

몽골의 사막화는 매우 심각합니다. 몽골 환경관광부는 몽골의 토양황폐화 및 사막화 현황을 조사했는데, 이에 따르면 몽골 국토의 76.9%에서 사막화나 토양황폐화가 진행되고 있는 것으로 확인됐습니다. 몽골의 이러한 사막화를 두고 몽골 정부는 산불, 임업, 광업활동과 더불어 과도한 방목을 주된 이유로 보고 있습니다. 특히 몽골에는 캐시미어의 생산을 위해 2,930만 마리에 가까운 염소가 방목되고 있는데, 식물의 뿌리까지

고비사막에 위치한 한 수도원 내의 유적지

먹어버리는 염소의 습성은 피해를 더욱 가중시키는 모양새입니다. 게다가 몽골 남부에 위치한 고비사막도 그 영역이 확대되고 있어 2010년 이후 광범위한 조림사업으로 대략 1,600만 그루의 나무와 관목이 심어졌지만 사막화의 진행을 막기가 매우 버거워 보이는 상황입니다.

무엇보다 몽골의 사막화가 한국에도 영향을 미치고 있다는 것을 주목할 필요가 있습니다. 매년 되풀이되는 모래폭풍의 일종인 황사가 바로 그러한데, 대책이 시급해 보입니다.

3 ———————————————— 우즈베키스탄

우즈베키스탄을 비롯해 과거 구소련 지역이었던 카자흐스탄, 투르크메니스탄, 타지키스탄 등의 국가에서는 사막화가 매우 빠르게 진행되고 있습니다. 특히 우즈베키스탄은 현재 국토의 80% 지역에서 사막화가 진행되는 것으로 추정되고 있습니다.

우즈베키스탄 사막화의 원인으로는 목초지의 부실한 유지관리와 더불어 목초지에서의 과도한 방목, 땔감확보를 위한 삼림벌채 등이 주로 지적됩니다. 게다가 대체로 세계 평균보다 빠르게 기온이 상승하고 있고, 삼림면적도 세계 평균보다 낮은 7.7%에 불과한 상황입니다. 또한 아랄해의 면적이 줄어들고 물 부족 현상 등의 기후변화에 따른 문제도 사막화를 가중시켰습니다. 특히 최근 시위로 인해 정세가 불안했던 카라칼파크스탄과 같은 아랄해 인접 지역의 사막화는 매우 심각한 수준입니다.

2 _____ 아프가니스탄

아프가니스탄은 사막화를 막기 위한 대책이 전무한 상태입니다. 탈레반은 정권유지에 몰두한 상황이고, 국민들도 하루하루의 생존에 더 많은 관심을 쏟고 있기 때문입니다. 실제 아프가니스탄의 사막화는 정부의 통제 범위를 벗어났습니다.

국토의 80%에 가까운 지역에서 사막화가 이뤄지고 있는데, 이에 대한 원인은 매우 다양합니다. 기본적으로 가뭄 등의 기후변화가 가장 큰 문제이지만 다른 국가와 달리 장기간 치러진 전쟁이 사막화를 가속화시켰다는 분석이 있습니다. 실제 1990년부터 2013년까지 아프가니스탄 내 삼림의 절반이 삼림벌채로 사라졌는데, 이는 전쟁이 사회경제를 마비시킴에 따라 사람들이 생존을 위해 불법적으로 벌목을 했기 때문입니다. 현재 탈레반 치하의 아프가니스탄은 식량생산량도 절반 이하로 줄었고 인구의 절반 이상은 식량위기에 직면해 있는데, 이는 사막화로 인해 앞으로 더욱 심해질 것이라는 전망입니다.

아프리카 지역은 사하라 사막을 중심으로 매년 사막화가 확대되고 있습니다. 특히 사하라 사막을 중심으로 한 남쪽으로는 매년 48km씩 사막이 확장되고 있습니다. 이러한 문제를 가진 사하라 사막 경계의 아프리카 국가는 차드, 수단, 나이지리아, 에티오피아 등 한두 국가가 아닙니다.

특히 말리는 국토의 2/3가 이미 사막인 상황인데, 사막이 아닌 지역도 사막화가 빠르게 진행되고 있습니다. 이들 전체로 본다면 거의 90% 이상의 국토가 사막이거나 사막화에 놓여 있는 상태입니다. 이 때문에 남부지역을 중심으로 농작물의 수확량이 감소하는 가운데, 가축이 전 재산인 목축업도 기존 방목지역의 사막화로 인해 방목지역을 남쪽으로 이동하는 상황이라 기존 농업지역과의 토지사용문제가 점차 확대되는 분위기입니다. 과거엔 비옥했지만 2021년에 완전히 말라붙은 말리의 파귀빈 호수는 말리의 심각한 사막화를 상징적으로 말해줍니다.

빠르게 사막화가 진행되고 있는 말리

미래에 우리가
가장 많이 먹을 것으로
예측된 식품 TOP 10

유엔은 2022년 세계인구전망보고서에서 2058년 세계 인구가 100억 명을 돌파할 것이라고 예측했습니다. 상상하기 힘든 규모입니다. 그런데 인구가 증가하는 만큼 식량수요도 최소 70% 이상 증가할 것으로 전망되면서 식량위기는 더욱 가중될 것으로 보입니다. 이에 따라 미래의 우리 식단에는 많은 변화가 예상됩니다.

실제로 여러 미래학자들은 이에 대해 관심을 보이기도 했는데, 미래에 우리가 지금보다 더 많이 먹을 것으로 예측된 식품들을 알아보겠습니다. 미래의 우리는 어떤 식품들을 즐겨 먹을까요? 먼 미래가 아닙니다.

10 _____ 해파리

수온이 상승하면서 해파리의 개체 수가 급증했다는 이야기를 들어보셨을 것입니다. 이로 인해 양식업뿐만 아니라 관광업 등은 심각한 피해를 볼 수밖에 없어 사실상 해파리는 유해생물로 인식되는 상황입니다. 그런데 이런 해파리를 두고 세계 여러 곳에서는 식용 가능성을 살펴보고 있습니다. 물론 한국을 비롯한 동아시아와 일부 동남아시아 국가는 현재 해파리를 식용으로 다루고 있지만, 식량위기가 도래하고 해수온도가 상승하면서 해파리를 외면했던 국가들도 해파리의 식용 가능성을 연구하게 된 것입니다.

식용이 가능한 해파리는 대략 25종입니다. 주로 냉채나 샐러드의 식재료로 사용되는데, 이러한 해파리는 단백질이 풍부하고 칼로리와 지방은 적어 슈퍼푸드로도 손색이 없다는 평가를 받고 있습니다.

9 ─────────────────────────────── 고구마

미래의 식량문제를 해결할 식품으로 손꼽히는 것이 바로 고구마입니다. 고구마는 비료가 없는 척박한 토양이나 오염된 토양에서도 잘 성장할 수 있고, 재배 시 살충제도 필요 없으며, 단위면적당 생산량도 뛰어난 특징을 갖고 있습니다. 어느 정도의 물만 확보된다면 열대지방에서

미래의 식량문제를 해결할 대안으로 꼽히는 고구마

도 재배가 가능한 게 바로 고구마입니다. 이 때문에 향후 고구마를 재배하는 국가는 더욱 증가할 것으로 예상됩니다.

유엔식량농업기구에 따르면 전 세계 고구마 생산량은 절반 이상을 중국이 차지하고 있고 이어 아프리카 국가들이 생산을 주도하고 있는 것으로 확인됐습니다. 즉 저소득 국가에서 고구마를 식량자원으로 높이 평가하는 것입니다. 또한 고구마는 탄수화물을 비롯해 식이섬유, 칼륨, 항산화물질 등을 풍부하게 함유하고 있어 영양가도 뛰어납니다.

8 ——————————————————— 판가시우스

어업에서 남획이 잇따르고 해수의 온도가 꾸준히 상승하자 지구 전체 어종의 82%는 지속적으로 개체 수가 감소하고 있습니다. 브리티시컬럼비아대학교의 이러한 연구 결과는 충격적입니다. 실제 대구나 연어 등 일부 어종은 심각한 개체 수 감소에 직면한 상황입니다. 이 때문에 미래의 식탁을 책임질 새로운 어종에 대한 발굴이 여러 곳에서 진행되고 있습니다. 그중 대표적으로 판가시우스(Pangasius)가 주목받고 있습니다. 비록 민물고기이지만 판가시우스는 해수의 온도 상승에도 잘 적응할 수 있고, 양식하기에도 용이합니다.

동남아시아와 남아시아의 민물 메기인 판가시우스는 이름이 생소해 낯설게 느껴지기도 하지만, 그동안 알게 모르게 미국에서는 식용으로 큰 인기를 끌었습니다. 달콤하면서 순한 맛을 지닌 흰살생선이라 외식업계에서의 수요가 꾸준했던 것입니다. 실제 판가시우스는 톤수를 기준으로 했을 때 미국에선 상위 10개 판매 어종에 포함될 정도입니다.

미역과 다시마 등의 해조류는 특별하게 먹이가 필요 없고, 일반 육상식물처럼 이산화탄소를 흡수해 광합성으로 성장합니다. 또한 전 세계 토양의 30% 이상이 점차 황폐해지는 가운데, 해조류는 이와 무관하게 해양에서 성장하는 터라 미래의 먹거리로도 손색이 없습니다. 이 때문에 많은 사람들이 해조류를 관심 있게 보고 있습니다.

한국을 비롯해 중국, 일본 등지에서는 그동안 해조류를 많이 먹었지만 최근에는 영국을 비롯해 몇몇 국가에서도 해조류를 식용으로 사용하는 비중이 점차 늘어가는 추세입니다. 해조류는 요오드, 티로신과 같은 아미노산 외 다양한 비타민과 항산화물질을 함유하고 있어 건강에도 좋은 식품입니다.

전 세계에 1,800종에 가까운 선인장이 있는 것으로 추정되는 가운데, 국내에서는 선인장이 관상용 식물로 인식되고 있지만 실제 상당수는 식용으로 사용되고 있습니다. 종에 따라 다소 차이가 있지만 멕시코를 포함해 선인장을 식용화한 26개국에서는 생으로 먹거나 주스로 먹기도 하고, 각종 요리의 식재료로 활용하고 있습니다. 선인장은 항산화물질이 풍부하고, 염증예방에도 뛰어나며, 섭취 시 혈당과 인슐린 수치를 낮출 수 있다는 장점도 있습니다.

그런데 선인장이 미래 식품으로 주목받는 건 이러한 장점들을 넘어선 특징이 있기 때문인데, 바로 '재배 가능성'입니다. 선인장은 심각한 추위가 있지 않은 이상 건조하고 가뭄이 심각한 곳을 비롯해 지구의 어느 곳에서든지 성장할 수 있어 인류의 기근을 해결해줄 수 있는 식품으로 꼽히고 있습니다. 여러분의 식탁에도 선인장이 곧 보일 것입니다.

5 ———————————————————————— 아마란스

아마란스(Amaranth)는 밀을 대체할 식품으로 주목받고 있습니다. 현재 지구에는 대략 75종 정도의 아마란스가 존재합니다. 이는 경작되지 않고 야생에 방치된 것들을 포함한 수치지만, 그럼에도 상당수는 식용이 가능한 것으로 알려져 있습니다.

아마란스가 미래의 식품으로 관심받는 건 가혹한 조건에서 성장할 수 있다는 점 때문입니다. 다년생 식물로서 재배 시 물을 거의 필요로 하지 않고, 해발고도에 관계없이 모든 고도에서 자랄 수 있는 특징이 있습니다. 현재 중남미를 비롯해 아프리카 등지에서 아마란스를 많이 재배하고 있는 것도 다 이런 특성 때문입니다. 게다가 단백질, 식이섬유, 비타민뿐만 아니라 항산화물질도 풍부해 영양가가 높은 장점이 있습니다. 이 때문에 아마란스는 향후 중요한 식량자원이 될 것으로 보입니다.

4 ———————————————————————— 식물성 고기

축산업의 가장 큰 문제는 전체 온실가스 생산의 20%에 해당하는 많은 양의 온실가스를 배출한다는 점을 들 수 있습니다. 이 때문에 육류를 대체할 수 있는 단백질 공급원을 찾는 것이 중요해졌습니다. 식물성 고기는 이에 대한 대안 중 하나로 꼽히고 있습니다.

식물성 고기는 주로 콩으로 만들어지는데, 맛이나 모양이 기존의 육류와 매우 동일하다는 특징을 갖고 있습니다. 전통적인 육류보다 온실가스 배출량은 87%, 물은 75%, 토지사용량은 95%를 줄일 수 있다고 하니 식물성 고기는 앞으로 우리 식탁에 지금보다 더 많이 차려질 것으로 예상됩니다.

3 ———————————————————— 곤충

현재 20억 명에 가까운 사람들이 곤충을 식용으로 먹고 있다는 것을 아시나요? 그동안 곤충을 먹는 사람들이 비주류 중의 비주류라고 생각했겠지만 현실은 이처럼 다릅니다. 태국부터 짐바브웨에 이르기까지 다양한 곳에서 곤충을 즐기고 있습니다. 최근에는 식용이 가능한 곤충이 미

귀뚜라미를 가루화해 밀가루와 섞어 만든 빵

래의 대안식품으로 주목받고 있습니다. 이와 관련한 시장도 크게 성장하고 있는데, 일반 육류보다 단백질이 풍부한 데다가 축사보다 좁은 공간에서도 대량생산이 가능해 여러모로 이점이 있습니다.

대략 1,900종 이상이 식용곤충으로 분류됐는데, 걸림돌이 있습니다. 생김새에 대한 적응이 필요하다는 것입니다. 다만 최근 업체들이 식용곤충을 소비자의 거부감을 줄일 수 있는 제품으로 만들고 있어 대중화의 속도를 앞당기고 있습니다. 귀뚜라미를 가루화해 밀가루와 섞어 빵으로 만들거나 에너지바 등으로 생산하는 것이 대표적입니다.

2 _____ 세포배양육

많은 사람들이 육류를 섭취하고 있지만 이에 비례해 가축들이 상당한 양의 온실가스를 배출하는 터라 전통적인 육류는 기후변화에 부정적입니다. 이 때문에 세포배양육은 미래의 먹거리로 꼽히고 있습니다. 세포배양육은 일반 육류와 동일하지만 실험실에서 자란다는 차이점이 있는데, 쉽게 생각하면 동물에서 건강한 세포를 추출해 이를 증식하고 성장시켜 육류화하는 것입니다.

현재 쇠고기, 닭고기, 생선, 푸아그라 등이 실험실에서 배양되고 있습니다. 알려지기로는 육즙은 덜하지만 맛은 기존의 육류와 동일한 것으로 전해집니다. 이러한 세포배양육은 '가축을 도살하지 않는다'는 윤리적인 장점과 '기존 축산업 대비 온실가스 배출량이 4%에 불과하다'는 장점으로 미래 먹거리로는 매우 긍정적입니다.

한편 세포배양육은 500g을 생산하는 데 있어 2013년에는 무려 120만 달러의 생산비용이 소요됐지만, 2020년에는 50달러로 줄어 상용화의 가능성도 매우 높아진 상태입니다. 이러한 특성 때문에 다양한 고기가 제공될 수 있는데, 호랑이 고기도 여러분의 식탁에 등장할 수 있을 것입니다.

1 ──────────────────────── 유전자재조합식품

유전자재조합(GM)식품은 1996년부터 상업용재배가 이뤄졌습니다. 이는 유전자재조합 농산물을 원료로 해 제조·가공한 식품을 의미합니다. 이러한 기술 덕에 유전자재조합식품은 놀라운 효과를 보였는데, 실제 쌀을 비타민 A가 풍부하도록 변형시킨 뒤 아프리카에 공급해서 어린이의 면역력을 높이고, 아동기 실명 예방에도 도움을 준 사례가 있습니다. 이 때문에 유전자재조합식품은 미래의 식량부족으로 인한 영양 손실을

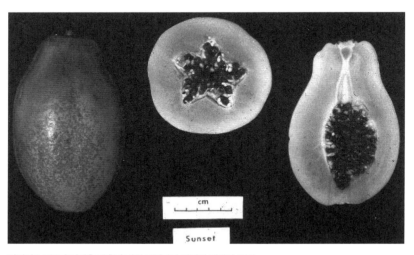

바이러스로부터 내성을 갖추기 위해 유전자가 변형된 파파야 품종

극복할 수 있게 해주는 대안으로 꼽히고 있습니다.

그렇지만 넘어야 할 산이 있습니다. 그것은 바로 '대중의 인식'입니다. 자연적인 식품을 인위적으로 변형한 것이어서 인체에는 안전하지 않다는 불신감이 매우 큰 것입니다. 명확한 정보를 전달해 소비자가 올바르게 판단할 수 있는 환경을 제공하는 게 중요해 보입니다.

과학을 어렵고 딱딱한 분야라고
인식하는 사람들이 더러 있지만
과학은 우리 삶에 많은 변화를 가져다줍니다.
멀리 볼 것 없이 당장 손에 쥐고 있는
스마트폰만 봐도 충분히 알 수 있습니다.
사람들이 늘 함께하고 있는 스마트폰처럼
과학에는 호기심을 자극할 만한 것들이 매우 풍부합니다.
함께하신다면 여러분의 과학적 지식은
지구부터 우주까지 꽉 채워져 있을 것입니다.

호기심을 자극할 만한
과학적 지식

실제로는 매우 불편한
국제우주정거장(ISS)의
일상생활 TOP 10

스티븐 호킹은 중력과 블랙홀을 평생 연구하면서 늘 우주에 대한 열망을 갖고 있었습니다. 그러던 중 2007년 4월 26일, 스티븐 호킹은 민간 우주 관광업체인 제로 그래비티를 통해 우주인들이 경험할 수 있는 무중력 체험을 하며 불가능할 것만 같았던 일생의 소원을 풀었습니다. 스티븐 호킹뿐만 아니라 많은 사람들은 우주에 가보길 원하고 있습니다.

그렇다면 하루하루를 우주에서 생활하고 있는 국제우주정거장 내 우주인들의 일상은 사람들이 꿈꾸는 것만큼 대단하고 화려할까요? 생각과 달리 현실은 그렇지 않다고 하는데, 불편한 국제우주정거장의 대표적인 일상 10가지를 살펴보겠습니다.

10 ————————————————————— 우주멀미

우주인들은 국제우주정거장으로 가기 전 신체에 문제가 없는지 지구에서 미리 철저한 검사를 받습니다. 즉 현재 국제우주정거장에서 임무를 수행하고 있는 우주인들은 신체적으로 매우 건강한 사람들이라고 생각하면 되겠습니다.

그럼에도 NASA에 따르면 국제우주정거장에 도착하는 우주인의 대략 50%가 우주적응증후군으로 인해 메스꺼움과 구토 증상을 겪는다고 합니다. 실제로 1990년 12월 일본 TBS 기자였던 아키야마 도요히로(秋山豊寬)가 자금 지원을 받아 2,800만 달러를 지불하고 미르 우주정거장에 가서는 17분 45초 동안 구토를 했던 사실은 유명한 일화입니다. 또한 2006년 9월, 국제우주정거장에서 9일간 머물렀던 아누셰흐 안사리(Anousheh Ansari)도 2번이나 멀미 주사를 맞고 멀미약을 먹었음에도 우주멀미에 시달렸다는 사실은 우주에서의 생활이 시작부터 만만치 않음을 보여주는 대표적인 사례입니다.

9 _____ 양치질

지구에서는 간단하지만 국제우주정거장에서의 양치질은 쉽지 않습니다. 무중력 상황이라 양치질에는 많은 시간이 소요되는데, 칫솔에 물을 분사하는 것도 세심하게 이뤄져야 하고, 치약도 집중해서 적당량을 분사해야 합니다.

그렇지만 무엇보다 지구에서의 양치질과 다른 중요한 점이 있습니다. 그것은 바로 양치질 이후 풍부한 양의 물을 사용해 입을 헹구고 이를 뱉는 행위를 할 수 없다는 점입니다. 그래서 우주인들은 모든 것을 삼키는 방식으로 양치질을 마무리하고 있습니다. 뱉은 것들을 처리하는 것도 일인 데다 국제우주정거장에서 늘 고민인 물 부족 문제가 자리하고 있기 때문입니다.

8 _____ 세탁

국제우주정거장에서 물은 매우 귀한 물질입니다. 지구에서 물을 우주로 운반하기에는 많은 에너지가 필요할 정도로 무겁기 때문입니다. 따라서 우주인들이 호흡 과정에서 발생하는 수분부터 소변에 이르기까지 모든 수분이 필터를 통해 정화된 뒤 재활용되고 있는 상황이라 좁은 공간에서 많은 물이 필요한 세탁기를 상상하는 것은 사치일 것입니다.

그래서 국제우주정거장의 우주인들은 특정 의류를 제외하고 입을 수 없을 만큼 심하게 냄새가 나거나 더러워질 때까지 오랫동안 착용합니다. 그나마 지구보다 옷이 더러워질 확률이 낮고 국제우주정거장 내의 온도도 잘 조절돼 땀을 덜 흘릴 수 있다는 게 그나마 위안입니다.

그렇지만 근본적으로 세탁할 수 없는 상황이라 국제우주정거장으로 보내지는 옷은 1인당 연간 72kg에 달하고 있습니다. 이에 최근 NASA는 이러한 불편함을 줄이고자 세제로 유명한 타이트(Tide)의 모회사인 프록터 앤드 갬블(P&G)과 협력해 우주인을 위해 완전분해가 가능한 세제를 개발했습니다. 2021년 12월 말에 이 세제는 테스트를 위해 국제우주정거장으로 보내진 바 있습니다.

7 _____ 운동

지구에서는 중력으로 인해 운동을 하지 않아도 뼈와 근육이 단단하게 유지될 수 있지만 무중력인 우주의 환경은 그렇지 않습니다. 연구에 따르면 우주에 머무르는 경우 연간 근육량이 최대 20% 감소할 수 있고,

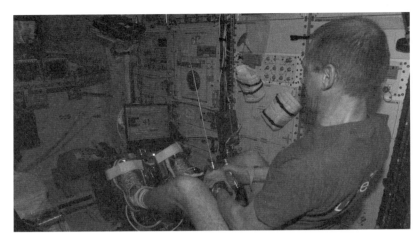
운동 중인 국제우주정거장의 우주인

골밀도도 90대 골다공증 환자보다 10배 빠른 속도로 감소할 수 있다고
합니다.

무중력 상태인 국제우주정거장에서 장기간 체류하고 있는 우주인들은
이러한 손실을 막는 게 매우 중요할 수밖에 없습니다. 우주인들은 국제
우주정거장에서 대략 하루 2시간씩 자의 반 타의 반으로 운동을 해야
합니다. 그나마 운동의 종류는 생각보다 다양합니다. 러닝머신을 비롯
해 운동용 사이클과 진공관을 사용한 어깨 등이 갖춰져 있어 선택의 기
회가 있다는 게 위안이라면 위안이겠습니다. 그러나 운동을 체질적으로
좋아하는 우주인이면 모르겠지만 그렇지 않은 우주인에겐 이는 매일
스트레스일 것입니다.

국제우주정거장에서의 수면은 지구에서의 수면과는 매우 다릅니다. 먼저 취침 장소 선택이 중요합니다. 환기가 되지 않는 국제우주정거장 내의 장소에서 취침하게 된다면 그곳에서는 따뜻한 공기가 상승하는 등의 기류를 기대할 수 없기 때문입니다. 자는 도중에 자신이 내뿜는 이산화탄소에 둘러싸여 두통에 시달리고 숨이 가빠지는 산소 결핍증이 발생할 수 있습니다. 따라서 환풍기 팬이 설치돼 작동되고 있는 부근에서 취침해야 합니다. 또한 무중력이라는 환경의 특성상 침낭을 고정시키지 않고 취침하게 된다면 환풍기 팬 등의 공기 필터와 충돌할 수 있기 때문에 벽에 고정시키는 것도 중요합니다.

문제는 이러한 환경 속에서 취침하게 된다면 소음이 있다는 것입니다. 국제우주정거장 내 장비도 장비지만 환풍기 팬 등의 공기 필터가 작동함에 따라 이로 인한 소음에 적응해야 한다는 과제가 있습니다. 물론 대부분 소음에 적응하지만 일부 우주인은 귀마개를 사용해 취침합니다.

1970년대 NASA의 스카이랩 우주정거장에서는 우주인들의 샤워가 가능했습니다. 당시 우주인들에게는 샤워당 대략 2.82ℓ의 물이 제공됐는데, 샤워에만 대략 2시간이 소요됐었습니다. 그렇지만 물이 귀한 데다 각종 전자기기에 장애를 일으킬 수 있다는 점이 문제였습니다.

스카이랩과 달리 현재의 국제우주정거장에는 별도의 샤워시설이 갖춰

지지 않은 상태입니다. 과거 아폴로 프로그램 당시와 비슷하게 국제우주정거장의 우주인들은 샤워를 하지 않고 액체 비누, 약간의 물, 헹구지 않는 샴푸를 사용해 씻은 뒤 수건으로 몸을 닦아 샤워를 대신하고 있습니다. 이 때문에 국제우주정거장에 처음 도착하게 되면 특유의 냄새에 적응해야 한다고 말합니다. 그래서일까요. 우주에서 1년간 임무를 수행했던 스콧 켈리(Scott Kelly)는 지구로 귀환했을 때 옷을 입은 채 수영장으로 뛰어들기도 했습니다.

4 _____ **식사**

국제우주정거장에서의 식사는 무중력을 감안해야 합니다. 일반적인 방식으로 식사를 하게 되면 음식물이 공기 중에 떠다니기 때문에 우주인들은 튜브에 담긴 음료와 수프를 빨대를 사용해 섭취하고 있습니다. 또

각종 고정장치를 사용해 식사 중인 우주인들

한 식기 등은 자석을 사용해 고정하고, 기타 끈이나 벨크로 등으로도 고정합니다. 식사도 입안에 음식이 튀는 것을 막기 위해 천천히 이뤄져야 합니다. 그렇지만 무엇보다 음식의 맛과 다양성이 지구에서 식사할 때보다 뒤떨어지는 것은 감수해야 합니다.

식사가 초기 우주시대보다 동결건조나 진공포장법 덕에 개선됐다고는 하지만 부피나 가루 발생 등의 문제가 있기 때문에 일정 제한이 있는 건 현실입니다. 대표적으로 피자는 특식에 해당할 만큼 적어도 국제우주정거장에서는 평소에 먹기 힘든 음식입니다.

3 ———————————————————— 공간

인류가 만든 우주 최대의 인공물인 국제우주정거장은 전체 넓이가 축구장만 하지만 긴 튜브 형태의 구조를 이어 붙인 것이라 체감 면적은

월드컵을 시청하고 있는 국제우주정거장의 우주인들

생각보다 좁습니다. 게다가 수많은 각종 장치들이 내부에 장착돼 있어 우주인들이 활동할 수 있는 공간은 이보다 더 협소합니다. 이와 관련해 비판의 목소리가 있었는데, 요지는 각종 기업들이 국제우주정거장을 홍보의 도구로 활용해 불필요한 장비들을 보내고 있다는 것입니다.

그럼에도 NASA는 국제우주정거장의 상업적 이용에 대해 오히려 새로운 산업의 수요를 증가시켜 우주탐사시장의 확장에 도움이 된다는 입장을 갖고 있습니다. 결국 이는 좁은 공간에서 활동하고 각종 기업의 홍보 테스트를 진행해야 하는 우주인들이 감내해야 할 몫인 것 같습니다. 참고로 이렇게 장착된 각종 장치들은 대부분 소음을 발생시키니 적어도 국제우주정거장에선 상상 속의 고요한 우주를 생각해서는 안 됩니다.

2 ———————————————————————— 대소변

국제우주정거장에 간다면 대소변을 보는 것도 세심해야 합니다. 지구에서처럼 대소변을 해결할 경우 무중력 상태인 국제우주정거장 내에 배설물이 떠다닐 수 있기 때문에 대소변은 흡입 방식으로 이뤄지고 있습니다. 먼저 소변은 깔때기가 부착된 호스를 사용하는데, 호스는 팬에 연결돼 있어 소변을 저장 탱크로 끌어모읍니다. 이어 대변은 동일한 팬을 사용하지만 소변과 달리 재활용이 불가능해 이 일을 마무리하면 별도로 밀봉돼 특수용기에 저장됩니다. 이 용기는 대략 30개의 밀봉된 대변을 저장할 수 있고 가득 차게 되면 우주쓰레기 형태로 처리됩니다.

이런 와중에 2020년 NASA는 6년간 2,300만 달러를 투입해 개발한 새로운 화장실을 국제우주정거장으로 보낸 바 있습니다. 흡입 방식은 동일하지만 차이점은 남성 위주의 기존 화장실 형태에서 깔때기와 좌석을 재설계해 여성도 사용하기에 용이한 특성을 갖췄다는 점입니다. 또한 소변의 수분을 재활용하기 위한 장치에 보내기 전 이를 사전 처리하는 특수 시스템이 장착된 것으로 알려져 있습니다.

1 _____ 24시간

지구에서 살아가는 사람들은 수백만 년 동안 24시간이라는 하루의 주기에 맞게 신체가 적응돼 있습니다. 그렇지만 국제우주정거장에서 생활하게 되면 완전히 다른 환경에 놓이게 됩니다. 24시간 동안 15.7회 지구를 돌아 대략 15번의 새벽이 존재하기 때문입니다.

지구에서 생활했던 24시간 주기의 패턴을 무시하고 국제우주정거장에서의 환경대로 생활한다면 영구적인 시차 문제를 겪게 돼 만성피로에 시달리는 등 건강에 심각한 문제를 불러올 수 있습니다. 이 때문에 이곳에서는 매일 해가 뜨는 횟수에 관계없이 조명과 알람 등을 사용해 지구에서처럼 고정된 일정에 맞춰 임무를 수행하고 취침하고 있습니다.

현실적으로
인류의 화성유인탐사가
어려운 이유 TOP 10

1971년 소련 항공우주국의 마스 3호가 최초로 화성착륙에 성공해 인류의 본격적인 화성탐사 역사는 시작됐습니다. 이후 1976년 미국의 바이킹 1호와 2호는 화성의 사진을 전송하고 토양 분석을 실시해 화성에 대한 인류의 관심을 높였습니다.

인류의 화성탐사는 더욱 진화됐습니다. 1997년 마스 패스파인더에서 이동식 탐사로봇차량인 소저너가 화성 표면에 성공적으로 안착한 것을 시작으로 2004년 스피릿과 오퍼튜니티, 2012년 큐리오시티, 2021년 퍼서비어런스의 착륙에 이르기까지 여러 이동식 탐사로봇차량이 화성탐사를 진행했고 또 진행 중인 상황입니다.

무인탐사기술이 확보됨에 따라 이제 인류의 관심은 화성유인탐사로 쏠렸습니다. 그 대표적인 인물이 바로 일론 머스크인데 2016년 그는 화성에 100만 명이 살 수 있는 도시를 만들겠다고 밝혔고, 더불어 2026년에는 화성에 인류를 보내겠다고 선언했습니다. 그러나 2022년 3월 일론 머스크는 화성유인탐사 계획을 2029년으로 늦췄습니다. 이는 여러 요인 때문일 수 있겠지만 현실적으로 화성유인탐사가 쉽지 않다는 것을 말해주는 대표적인 사례입니다.

그렇다면 화성유인탐사가 어려운 이유는 무엇일까요? 언젠가는 화성유인탐사가 기술적으로 해결될지도 모르겠지만 현시점에서 어려운 이유를 확인해보겠습니다.

10 _____ 실시간 통신

화성으로 탐사를 떠난 우주 비행사들이 지구와 실시간 통신으로 의견을 교환하는 것은 현재로서는 불가능한 기술의 영역입니다. 지구에서 화성까지의 거리가 대략 2억 5,000만 킬로미터에 달하기 때문입니다. 오로지 무선통신기술로 단방향 통신만이 가능한 수준이라 화성과 지구 사이에서 메시지를 주고받는 데는 대략 20분에서 30분 정도 소요되는 상황입니다. 이 때문에 의료사고 발생 등 다양한 급박한 상황이 도래한다면 지구로부터 도움을 받으며 실시간으로 대처할 수 없는 터라 화성에서 우주 비행사들이 스스로 모든 문제를 해결해야 하는 문제가 있습니다.

9 _____ 탐사 자금

2021년 화성에 착륙한 퍼서비어런스에는 20억 달러 이상의 비용이 소요됐습니다. 그러나 화성유인탐사는 화성무인탐사와 달리 많은 기술이 필요하고 규모 또한 거대하기 때문에 같은 화성탐사라고 하더라도 차원이 다릅니다. 1989년 NASA는 이러한 화성유인탐사의 비용을 5,000

NASA의 화성유인탐사 모습

억 달러로 추산했는데, 일부 기관에서는 25년 동안 최대 1조 달러가 소요될 것이라고 추정하기도 했습니다.

2021년 NASA의 예산은 233억 달러입니다. 상당히 많은 액수지만 앞서 공개한 화성유인탐사 비용을 생각해본다면 재원 조달이 만만치 않아 보입니다. 더구나 NASA는 최근 예산 부족으로 인해 달 유인탐사를 1년 연기한 2025년으로 재조정한 터라 화성유인탐사를 위한 재원 조달은 더욱 의구심을 불러옵니다.

8 _____ 먼지폭풍

화성 대기의 입자 크기는 평균 0.003mm에 불과한데 먼지 수준의 이러한 화성의 대기는 종종 먼지폭풍을 일으키고 있습니다. 규모는 매우 다양해 지구의 대륙 크기에 이르는 먼지폭풍이 며칠간 이어지기도 하고, 화성 기준으로 3년마다 화성 전체를 뒤덮는 먼지폭풍이 수개월간 지속되기도 해 이는 화성탐사 시 임무 수행에 있어 큰 장애요소입니다.

실제로 오퍼튜니티도 2018년 화성 먼지폭풍으로 인해 태양 전지판이 먼지로 뒤덮여 배터리로만 작동되다가 임무 수행이 종료됐습니다. 강풍은 아니어서 덜 위협적이라고 해도 먼지폭풍이 불어 태양빛이 일정 기간 차단됐을 때의 대책은 필요해 보입니다.

7 ——————————————————— 토양

큐리오시티 등의 탐사로봇차량들은 그동안 화성의 토양이 매우 유독하다는 분석 결과를 내놓았습니다. 이는 토양에 과염소산염 화합물이 많이 포함됐기 때문인데, 지구의 식물 대부분이 성장할 수 없는 수준으로 보고됐습니다.

그렇지만 무엇보다 화성의 토양이 위협적인 건 바로 유독한 미세먼지입니다. 광부들의 폐질환을 불러오는 규산염과 같은 문제의 성분들이

화성의 미생물 흔적 등을 조사했던 화성탐사로봇인 큐리오시티

폭풍으로 미세먼지가 발생해 신체에 유입된다면 중장기적으로는 건강에 치명적일 것이라는 게 다수의 의견입니다. 게다가 규산염 등의 성분은 미세한 전하를 띤 입자로 존재해 중요 시스템 등이 미세먼지로 인해 오염된다면 제거가 쉽지 않다는 문제도 안고 있습니다.

6 _____ 정신건강

우주 비행은 물리적인 문제를 넘어서 정신적인 문제도 동시에 수반합니다. 실제로 과거 소련의 우주정거장인 미르의 경우 2명의 우주 비행사가 우울증 증상을 보였다는 보고가 있었고, 84일간 지속된 스카이랩4 임무에서 적대적이고 과민적인 승무원들이 존재했다는 사실은 대표적인 사례입니다.

그렇다면 화성유인탐사는 어떨까요? 화성유인탐사는 왕복으로만 무려 1년 4개월 정도가 소요되고 이를 포함한 총 임무 수행만 3년 정도로 예상되는 터라 정신건강에 어떠한 변화가 있을지는 아무도 확답할 수 없는 상황입니다. 게다가 4명으로 예상되는 화성탐사 우주 비행사들의 서로에 대한 대인관계는 분명 지구에서와는 다를 수 있다는 게 전문가들의 의견입니다.

5 _____ 우주방사선

장기간 우주에서 생활했을 때 우주방사선은 큰 위협 중 하나입니다. 지구와는 비교가 불가능할 정도로 많은 양의 우주방사선에 노출되기에 이로 인한 건강 문제는 다양하게 제기되고 있습니다. 암과 백혈병의 유발부터 암은 아니지만 심혈관이나 뇌혈관의 질환, 백내장, 내분비장애, 소화기장애, 면역체계 저하도 불러올 수 있습니다. NASA는 우주방사선에 따른 이러한 순환기 질환이 암보다 40% 이상 사망 위험을 높일 수 있다고 추정하고 있습니다.

문제는 화성탐사에 많은 시간이 소요된다는 점입니다. 지구에서 화성까지 편도로만 대략 7개월 정도가 소요되는 데다가 도착 이후 지구와 화성과의 거리가 멀어져 다시 가까워지는 1년 정도를 기다려야 합니다. 그리고 지구와 화성과의 거리가 가까워지면 다시 7개월 정도를 항해해 돌아와야 하기 때문에 결코 간단하지가 않습니다. 더구나 화성은 지구와 달리 대기가 방사선을 보호해주지 못하기에 우주방사선을 가려 막는 것이 큰 과제입니다.

4 _____ 영양소와 음식

우주에 체류하게 되면 신체에는 골밀도와 근육량 감소, 심혈관 기능 저하 등 다양한 부정적 증상이 나타날 수 있습니다. 생존을 위해 음식 섭취가 있어야 하겠지만 이러한 부작용을 줄이기 위해 적절한 영양소 섭취를 해야 합니다. 물론 "현재 개발된 장기보관이 가능한 음식이 있지 않냐"고 반문할 수 있겠지만 중장기적으로 우주 비행사들의 건강에는 치명적입니다. 이 때문에 현재 국제우주정거장에는 주기적으로 신선한 과일이나 채소가 제공되고 있습니다.

그러나 화성탐사 임무에서는 국제우주정거장과 같은 외부 영양소 공급이 불가능하기에 이를 자체적으로 해결해야 합니다. 그래서 NASA는 별도의 재보급 없이 3년간의 왕복 임무를 수행하는 4명의 승무원들을 위한 식량을 위해 총상금 100만 달러를 내걸고 외부 아이디어 평가를 대대적으로 진행하기도 했는데, 어떻게 이를 해결할 수 있을지 관심이 모아집니다.

3 ─────────────────────────────────── 물

물은 생존에 있어 필수요소입니다. 그동안 화성의 이동식 탐사로봇차량은 과거 화성에 물이 있었다는 분석을 내놓았습니다만 생존에 도움을 줄 만큼의 충분한 물은 현재 화성에 존재하지 않은 상태입니다. 그럼에도 2018년 화성 표면으로부터 100m 사이에 침식으

얼음구름이 보이는 화성

로 인한 거대 얼음퇴적물이 8개 구역에서 발견됐다는 주장처럼 NASA는 화성의 토양에 물이 있을 것이라 보고 이를 추출하는 기술을 확보하려 하고 있습니다.

그렇지만 아직 갈 길은 멀어 보입니다. 아무튼 생존에 필요한 물을 지구에서 실어 나를 수 없기 때문에 화성 표면이든 지하든 생존에 필요할 만큼의 충분한 물이 있어야 하고, 마찬가지로 추출 기술도 확보돼야만 화성유인탐사를 시도할 수 있을 것입니다.

2 _____ 대기

화성의 대기는 대부분 이산화탄소로 이뤄져 있습니다. 반면 산소는 거의 희박합니다. 또한 식물의 생존에 필요한 질소도 지구와 비교했을 때는 매우 적습니다. 결론적으로 생존에 필요한 공기가 공급돼야 하는 상황입니다. 이에 과거 NASA는 식물 재배를 통해 산소를 생산하는 방안을 검토했습니다. 그러나 화성의 대기 두께는 지구의 불과 1/100 수준이고 자기장도 기대할 수 없는 수준이라 우주방사선으로 인해 성장이 쉽지 않을 것이라는 의견이 많습니다.

이 때문에 박테리아가 산소를 생산할 수 있는지에 대해서도 관심을 보였는데, 이러던 차에 2021년 NASA는 화성의 이산화탄소에서 산소를 추출하는 데 성공했습니다. 퍼서비어런스가 1시간 동안 5.4g의 산소를 생산한 것입니다. 4명의 우주 비행사가 화성으로 출발할 경우 25t의 산소가 필요하다고 예상되기 때문에 이 실험 결과를 바탕으로 향후 대량의 산소가 생산될 수 있을지 관심이 모아집니다.

1 _____ 지구로 귀환

지구로 귀환을 위해 화성상승선(MAV, Mars Ascent Vehicle)에 대한 연구는 지속되고 있습니다. 최근 NASA는 화성 현지의 탐사로봇차량이 채취한 토양 샘플을 지구로 가져오고자 노스롭 그루먼사와 화성상승선에 대한 계약을 체결했습니다. 토양 샘플의 크기가 작아 쉽지 않을까 생각할 수도 있겠지만 지구로 가져오는 것을 뒤로 하더라도 먼저 연료를 가

동력 비행 중인 NASA의 화성상승선(MAV)의 상상도

득 채운 3m 길이의 화성상승선을 안전하게 착륙시켜야 하는 어려운 작업입니다. NASA가 2021년에 화성으로 보낸 퍼서비어런스의 무게가 1t 정도였다는 것을 생각한다면 지구의 1/100에 불과한 화성의 대기를 감안했을 때 안전한 착륙은 큰 난제입니다.

그렇다면 인류는 어떻게 귀환할 수 있을까요? 귀환을 위해서는 화성상승선의 무게만 18t에 이를 것이고, 이에 더해 30t 이상의 연료가 실려야 하기 때문에 안전한 착륙을 보장할 수 없습니다. 이 때문에 화성상승선이 곧장 지구로 오기보다는 화성 궤도에 위치한 지구 귀환선까지만 화성상승선을 활용하는 방안이 연구되고 있습니다. 화성상승선의 무게를 최대한 줄이고 화성 대기에서 메탄과 산소를 추출해 연료를 생산하는 방식입니다.

지금 이 순간
달이 사라졌을 때 지구에서
벌어지는 일 TOP 10

지구로부터 대략 38만 킬로미터 떨어진 곳에는 달이 있습니다. 달의 지름은 약 3,476km로 지구의 1/4 수준이고, 달의 질량은 지구의 약 1/80 정도로 크기는 크지 않습니다. 그렇지만 달은 지구를 유일하게 공존하는 천체여서 인류의 달에 대한 관심은 매우 컸습니다.

고대의 인류는 달을 태양과 함께 상징적인 대상으로 두었고, 이는 현재도 일부 지역에서 여전히 이어져오고 있습니다. 급기야 인류는 20세기에 들어서 직접 달을 탐사하기에 이르렀고, 실제 아폴로 11호를 시작으로 몇몇 우주인들은 달에 착륙해 인류의 위대한 도약을 만들어내기도 했습니다.

이러한 달이 지금 이 순간에 사라진다면 지구는 어떻게 될까요? 달이 사라졌을 때 지구에는 많은 문제가 발생할 것으로 예상되는데, 지구에서 벌어질 일이 무엇인지 좀 더 자세히 살펴보겠습니다.

10 지구의 역사

지금으로부터 약 45억 년 전에 탄생됐다고 추정되는 지구의 나이는 다양한 운석 등의 자료로 판단해 도출한 결과입니다. 지구에서는 활발한 지각 활동이 펼쳐지면서 이러한 정보를 얻을 만한 암석을 찾아볼 수 없기 때문입니다. 이 때문에 달은 지구를 연구하는 데 있어서 중요한 요소입니다.

지구의 역사뿐만 아니라 원시지구의 다양한 분야를 연구하는 데 달은 큰 자료가 될 수 있습니다. 실제 아폴로 우주 비행사들이 가져온 달 암석 샘플은 이를 파악하는 데 도움이 됐습니다. 그러므로 달이 사라진다면 앞으로 우리가 원시지구를 연구하는 데 있어서 소중한 자료를 잃었다는 것을 의미한다고 볼 수 있습니다.

9 음력

달은 대략 27.3일을 주기로 지구를 공전하는 천체입니다. 달의 자전 주기 또한 공전 주기와 같아서 지구에서는 거의 비슷한 달의 면만 보고 있습니다. 이러한 달의 공전 주기를 바탕으로 한국과 중국을 비롯한 몇몇 아시아 국가에서는 과거부터 현재에 이르기까지 음력을 사용하고 있습니다.

만약 달이 사라진다면 더 이상 음력을 사용하지는 못할 것입니다. 다른 국가보다 음력을 사용했던 국가들은 이를 체감할 것인데, 당장 음력 생일을 쇨 수 없을 것이고 구정 등의 명절도 역사 속으로 사라질 것입니다. 또한 음력을 기반으로 점쳤던 샤머니즘은 존립에 영향을 받을 수밖에 없어 음력을 대신할 새로운 기준점을 찾아야 할 것입니다.

8 ——————————————————— 라그랑주 포인트

1772년 프랑스의 천문학자인 조세프 루이 라그랑주(Joseph-Louis Lagrange)는 라그랑주 포인트를 발견했습니다. 라그랑주 포인트는 두 천체가 각각 갖고 있는 중력이 균형을 이루는 어느 지점을 의미하는데, 이 지점에 위치하면 고정돼 정지하고 있는 것처럼 된다는 것입니다. 당연히 지구의 중력과 달 중력 사이에도 라그랑주 포인트는 존재합니다. 그런데 달이 사라진다면 지구와 달 사이의 라그랑주 포인트 또한 사라질 것입니다.

현재 국제우주정거장은 지구로부터 500km 정도 떨어진 곳에 위치해 있는데 라그랑주 포인트가 아니다 보니 고도를 유지하고자 조정하기

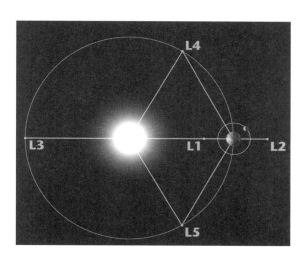

중력이 작용하지 않아
두 천체 사이의 힘의 균형을
이룰 수 있는 지점인
라그랑주 포인트

위해 매년 7,000kg의 연료를 소비하고 있습니다. 라그랑주 포인트에 위치해 있다면 별도의 연료 소비 없이 한곳에 정지할 수 있기 때문에 미래 우주 개발에 있어 라그랑주 포인트는 중요합니다. 그러나 달이 사라진다면 이러한 기회 또한 사라질 것입니다.

게다가 라그랑주 포인트는 단순히 정지 목적이 아닌 다른 곳을 탐사할 때 살짝 비켜 이동한다면 적은 에너지로 이동할 수 있게 도와주는 역할을 하는데, 달과 지구 사이에서는 이러한 기대도 접어야 할 것입니다. 참고로 지구와 달 사이의 라그랑주 포인트는 아니지만 2021년 12월에 발사된 제임스 웹 우주망원경은 태양과 지구 사이의 라그랑주 포인트(L2)에 위치해 활동 중입니다.

7 _____ 하루의 변화

여러 연구에 따르면 지구가 탄생할 당시 지구의 자전 주기는 현재의 24시간이 아닌 4시간 정도였을 것이라고 합니다. 그렇지만 달이 지구의 위성으로 존재하면서 달의 영향을 받게 된 지구의 자전 주기는 점점 길어졌고 지금에 이르게 됐습니다. 이런 상황에서 달이 사라진다면 어떻게 될까요?

그동안 달이 100년마다 하루의 길이를 2mm 초씩 증가시켰지만 달이 사라진다면 지구의 자전 속도는 다시 빨라질 것입니다. 지금의 절반 이하로 하루의 길이가 짧아질 것으로 보이는데, 이로 인해 인류의 생활은 거의 모든 분야에서 변화가 생길 것이고 지구에서 살아가는 동물이나 식물은 당장 생존의 위협을 받을 것입니다.

지구에서 큰 소행성 충돌과 관련해서 가장 최근이라고 볼 수 있는 것은 1908년 6월 30일 시베리아에서 있었던 사건을 들 수 있습니다. 1,600km²의 면적에서 소행성 충돌의 흔적이 확인됐는데, 시뮬레이션을 해본 결과 지름 30m 정도의 소행성에 의한 것으로 추정되고 있습니다.

달 표면에 그늘로 보이는 충돌구

실제로 지구에는 크고 작은 많은 소행성 충돌이 있었고, 지구상의 모든 생명체에 영향을 미칠 만한 지름 10km급의 소행성 충돌은 5,000만 년에 한 번씩 발생한 것으로 알려져 있습니다. 이런 상황에서 달이 사라진다면 소행성 충돌의 위험은 더욱 높아질 것입니다.

달은 지름이 지구의 1/4에 불과하지만 그 물리적인 크기가 지구로 향하는 소행성 충돌을 어느 정도 막아줬을 것입니다. 충돌구 생성과 관련해 몇 가지 가설이 있지만, 이를 떠나 달의 표면에 있는 9,137개에 달하는 충돌구만 보더라도 확인할 수 있는 사실입니다. 특히 발견된 것 중 가장 큰 충돌구는 지름이 무려 290km에 달할 정도로 당시 달에 거대한 충격이 있었음을 말해주고 있습니다. 게다가 달의 이러한 물리적인 크기와 더불어 달이 갖고 있는 중력은 지구의 소행성 충돌의 위험을 낮추는 데 긍정적인 영향을 미치고 있습니다.

5   거대한 바람

달이 사라진다면 지구의 하루는 점점 짧아질 것입니다. 이로 인한 지구의 자전 속도의 증가는 지구의 풍속을 빠르게 만들 것입니다.

토성은 지구보다 빠른 10시간 39분의 자전 주기를 갖고 있습니다. 이에 따른 토성의 풍속은 시속 1,700~1,800km에 달할 만큼 지구와는 비교하기 힘들 정도로 빠릅니다. 지구도 마찬가지로 자전 속도가 빨라진다면 전향력이 커지면서 지구의 동서 방향으로는 지금보다 더 강한 풍속이 예상됩니다. 토성의 풍속까지는 아니더라도 적어도 태풍이나 허리케인을 능가하는 바람이 자주 등장해 큰 피해를 불러올 것입니다.

4   조석현상

지금이라도 바닷가에 가보면 너울거리는 파도를 목격할 수 있습니다. 낮이든 밤이든 파도는 언제든지 존재합니다. 이러한 바다의 파도는 달이 지구를 공전하는 동안 지구와의 거리가 달라지기 때문에 달의 중력 세기 또한 달라져 바닷물의 수위가 변해 생성되는 것입니다. 지구에서는 하루에 2번 밀물과 썰물이 생기게 되는데, 캐나다의 펀디만의 경우 조수간만의 차가 16m에 이를 정도로 매우 큰 차이를 보이고 있습니다. 그런데 달이 사라진다면 지금과 같은 조수간만의 차는 없어질 것입니다. 물론 태양의 중력은 존재하기 때문에 어느 정도의 파도는 있겠지만 지금의 파도와는 비교하기 힘든 수준일 것입니다. 조석 해일이 없어질 것이라는 긍정적인 부분도 있겠지만 이로 인한 피해는 생각 이상으로

세계에서 가장 큰 조수간만의 차가 존재하는 펀디만

큽니다. 당장 갯벌이 사라질 것입니다. 또한 재생에너지를 생산하는 조력 발전도 더 이상 기대할 수 없게 될 것입니다. 무엇보다 가장 큰 문제는 지구에 존재하는 바닷물이 거의 모든 지역에서 비슷한 높이를 형성할 것이기 때문에 일부 지역에서는 해수면 상승이라는 위기에 직면할 수 있다는 점을 생각해볼 수 있습니다.

3   생태계의 변화

만약 달이 사라지게 되면 생태계는 큰 변화를 겪게 될 것입니다. 갯벌의 상실은 당장 갯벌 생태계를 없앨 것입니다. 또한 일부 동물들은 달의 공전 주기를 토대로 짝짓기를 행하기도 하는데 달이 사라짐으로써 이들의 생식 활동 또한 큰 혼란이 예상됩니다. 뿐만 아니라 지구에 존재하는 야행성 동물도 야간에 먹이 사냥이나 활동에 제약을 받을 것입니다. 달이 사라진 밤이 더 어두워짐에 따라 예상되는 문제인 것입니다.

그렇지만 이러한 동물들의 생식 활동 장애나 먹이 사냥 문제는 이것으로 끝나지 않고 거대한 생태계의 먹이사슬에 큰 영향을 미칠 것입니다. 확실한 것은 지금 예상하지 못하는 예상 밖의 생태계 문제가 무엇이든 존재할 것이라는 점입니다.

2 _____ 지구자기장

지구의 자기장은 매우 중요합니다. 자기장이 있음으로 해서 지구에는 물과 대기가 존재할 수 있고, 또한 강력한 태양풍을 막아줘 생명체가 생존할 수 있는 환경을 유지할 수 있습니다. 이러한 지구의 자기장은 지구의 외핵 내 금속 액체가 지구의 내핵의 엄청난 열에 의해 대류하면서 지오다이너모(geodynamo)에 의해 형성됩니다.

지구의 지오다이너모는 달과 깊은 연관이 있습니다. 달의 중력에 의해 조수간만의 차가 생기는데, 이러한 달의 중력은 지구 핵의 움직임에도 영향을 미쳐 지오다이너모가 존재할 수 있게 해줍니다. 달이 사라지면 지오다이너모 또한 없어질 것이고 이는 지구의 자기장 형성에 영향을 미칠 것이기 때문에 자기장이 없는 지구에는 상상하기 힘든 끔찍한 상황이 벌어질 것입니다.

1 _____ 지구자전축

지구는 24시간을 주기로 자전하고 있는데 이러한 자전은 기울어져 있는 자전축을 중심으로 이뤄지고 있습니다. 황도 경사각이라고도 불리는

약 23.5도 정도 자전축이 기울어져 있는 지구

지구의 자전축 기울기는 약 23.5도 정도입니다. 최초 태양계가 형성될 당시 수많은 소행성 충돌로 인해 지구는 지금의 자전축을 갖게 된 것으로 추정되는데, 당시의 자전축이 지금까지 유지되고 있는 것은 달의 중력이 큰 영향을 미치고 있기 때문인 것으로 판단됩니다. 덕분에 지구는 지역마다 태양으로부터 받는 열의 양이 다르게 됐고 이에 따라 사계절이 생겨나면서 기후의 다양성을 보여줄 수 있게 됐습니다.

그렇지만 달이 지금 이 순간에 사라진다면 지구는 엄청난 변화를 겪게 될 것입니다. 자전축 기울기는 지금보다 당장 수십 도 이상 더 기울어질 것이고, 이에 따라 상상하기 힘든 기후변화가 예상됩니다. 적도는 매우 뜨거워질 것이고 극지방은 매우 추워질 것입니다. 지구의 자전축이 1도만 바뀌어도 심각한 기후변화를 야기한다는 연구 결과처럼 달이 사라진 이후의 지구 기후는 분명 인류의 생존을 위협할 것입니다.

지구에 존재하는
가장 큰 충돌의
흔적 TOP 10

달에는 지구와 비슷한 규모의 대기가 없습니다. 대기밀도만 보더라도 해수면 근처의 지구 대기밀도와 비교했을 때 달의 대기밀도는 100조분의 1 정도로 비교가 불가능한 상태입니다. 거의 없다시피 한 대기 때문에 달은 지구와 상당히 다른 모습을 보여줍니다. 특히 소행성과의 충돌 흔적을 의미하는 달 표면의 수많은 충돌구들은 쉽게 파악할 수 있는 지구와의 가장 큰 차이점입니다. 그렇다면 달에 비해 거대한 크기를 자랑하는 지구엔 충돌구들이 거의 보이지 않는 이유는 무엇일까요?

앞서 언급한 것처럼 지구에는 대기가 존재하기 때문에 소행성이 대기에 진입하게 되면 마찰로 인해 타버리게 됩니다. 그럼에도 이런 마찰을 이겨내고 남은 소행성이 지구에 충돌했을 땐 지구에는 풍화작용, 침식작용, 퇴적작용 등을 비롯한 다양한 기상현상이 존재하기 때문에 충돌구의 흔적이 오랜 기간 남아 있기에는 어려운 환경입니다.

그런데 아직도 지구에 충돌한 흔적이 남아 있다면 어떻게 봐야 할까요? 그만큼 위력적인 충돌이라고 짐작할 수 있는데, 이에 대해 알아보겠습니다. 지구에 존재하는 가장 큰 충돌의 흔적을 찾아가보겠습니다.

10 _____ 카라 충돌구

10위는 카라 충돌구입니다. 카라 충돌구(Kara crater)는 러시아의 유고르스키 반도에 존재하는 소행성의 충돌 흔적으로, 학계에서는 충돌 시점을 백악기 후기 즈음인 대략 7,000만 년 전으로 추정하고 있습니다.

충돌 당시 카라 충돌구의 직경은 120km로 추정되고 있는데, 이후 침식과 퇴적 등으로 인해 그 흔적이 많이 사라진 상태입니다. 그럼에도 현재 측정돼 확인된 카라 충돌구의 직경은 무려 65km에 달합니다. 현재 확인된 직경만을 놓고 그 크기를 가늠해본다면 서울 종로를 기준으로 했을 때 경기도 평택까지의 거리를 덮어버리는 게 현재 남아 있는 분화구의 크기입니다.

참고로 카라 충돌구에는 상당한 양의 다이아몬드가 발견된 바 있습니다. 이는 충돌과정에서 생성된 것으로 보고 있습니다.

9 _____ 모로웽 충돌구

9위는 모로웽 충돌구(Morokweng crater)입니다. 모로웽 충돌구는 남아프리카공화국 북서부에 그 흔적이 남아 있는데, 칼라하리 사막에 묻힌 상태입니다. 대략 1억 4,600만 년 전에 충돌한 것으로 추정되는 모로웽 충돌구의 현재 남아 있는 크기는 직경이 75km 정도로, 학계에서는 충돌구의 이런 크기로 짐작했을 때 5km 정도 되는 직경의 소행성이 이 지역을 강타했을 것으로 보고 있습니다.

1994년에 발견된 모로웽 충돌구는 칼라하리 사막에 묻혀 있는 터라 육안으로는 확인할 수 없지만 원격탐사 등을 통해 그 존재가 드러났습니다. 이에 운석 샘플을 확보하고자 시추작업을 진행했고, 지표면으로부터 770m 깊이에서 25cm 크기의 운석을 얻을 수 있었습니다. 참고로 모로웽 충돌구의 충돌 흔적은 서울에서 춘천까지의 거리와 비슷한 크기라고 볼 수 있습니다.

8 ———————————————————— 푸체시 카툰키 충돌구

8위는 푸체시 카툰키 충돌구(Puchezh-Katunki crater)입니다. 이 충돌구는 러시아의 니즈니 노브고로드에 남아 있는 충돌 흔적으로, 직경은 대략 80km 정도입니다.

충돌 시점은 쥐라기 시대인 대략 1억 9,500만 년 전으로 학계에서는 추정하고 있는데, 너무나 오랜 시간이 흐른 터라 지형과 식생의 변화 때문에 표면에서 바로 충돌구를 확인하기는 힘든 상황입니다. 한편 푸체시 카툰키 충돌구가 한국에 존재한다면 이는 서울에서 천안까지의 거리 정도로 비교할 수 있습니다.

7 ———————————————————— 체서피크만 충돌구

7위는 체서피크만 충돌구(Chesapeake Bay crater)입니다. 1993년 석유탐사 장비 덕에 발견된 체서피크만 충돌구는 미국 동부해안에 존재하는 충돌구로, 약 3,500만 년 전의 충돌로 인해 형성된 것으로 추정되고 있습니다.

전체적인 충돌구의 직경은 85km 정도로 측정됐는데, 이는 초당 17.8km의 속도로 충돌해 깊이 8km의 암석에까지 충격이 가해져 수백만 톤의 물을 비롯해 퇴적물, 파괴된 암석 등이 미국 동부해안을 덮어버리게끔 큰 피해를 불러왔습니다. 현재 체서피크만 충돌구의 깊이는 약 1.3km로, 충돌 이후 퇴적층이 형성됐음에도 아직까지 상당한 깊이를 보여주고 있습니다. 이 충돌로 현재 미국의 체서피크만이 형성됐다고 해도 과언이 아닙니다.

6 ━━━━━━━━━━━━━━━━ 아크라만 충돌구

6위는 아크라만 충돌구(Acraman crater)입니다. 호주 남부에 위치한 대형 충돌구인 아크라만 충돌구는 1986년 최초로 발견된 바 있습니다. 충돌 시기는 무려 5억 8,000만 년 전으로 추정되고 있는데, 당시 이 지역은 지금과 달리 바다였지만 학계에서 측정한 충돌구의 직경은 대략 90km 정도로 확인됐습니다.

현재 이곳에는 충돌로 인해 원형의 아크라만 호수가 형성된 상태입니다. 특히 당시의 충돌은 매우 강력했던 것으로 전문가들은 분석하고 있는데, 이는 충돌지점으로부터 300km 떨어진 플린더스산맥에서 충돌 당시 생성된 분출물이 발견된 게 증거로 제시됐습니다. 한편 아크라만 충돌구가 한국에 존재한다면 이는 서울에서 충북 진천까지 모두 덮어버린다고 보면 되겠습니다.

공동 4위 첫 번째는 매니쿠아간 충돌구(Manicouagan crater)입니다. 캐나다 퀘벡에 위치한 매니쿠아간 충돌구는 지금으로부터 약 2억 1,400만 년 전의 충돌로 인해 형성된 흔적입니다. 충돌구의 크기는 대략 100km로, 내부에도 직경이 70km인 충돌구가 존재해 다중고리 형태의 모양을 띠고 있습니다.

충돌구의 크기로 봤을 때 충돌 당시의 소행성은 직경이 대략 5km 이상이었을 것으로 짐작되는데, 현재 이곳에는 충돌 이후 거대한 호수가 형성돼 있는 상태입니다. 호수의 크기가 상당하다는 건 호수의 범람을 막고자 1959년에 착공해 1970년에 완공한 다니엘-존슨 댐이 그것을 증명합니다. 참고로 다니엘-존슨 댐은 길이 1,314m, 높이 214m의 크기로 댐에 모아지는 물의 집수면적이 한국 영토의 30%에 가까운 2만

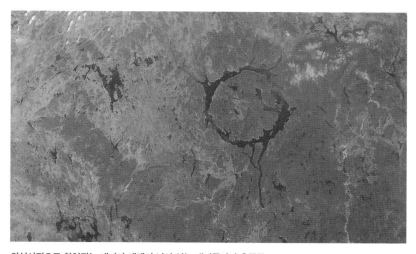

위성사진으로 확인되는 캐나다 퀘벡이 남아 있는 매니쿠아간 충돌구

9,214km²에 달해 매니쿠아간 충돌구의 위력을 다시 한번 말해주고 있습니다.

4 _____ 포피가이 충돌구

공동 4위 두 번째는 포피가이 충돌구(Popigai crater)입니다. 러시아 시베리아에 위치한 충돌구인 포피가이 충돌구는 약 3,500만 년 전에 충돌해 생성된 것으로 추정되고 있습니다. 현재 유네스코로부터 지질공원으로 지정된 이곳은 직경이 대략 100km인 거대한 크기를 보여주는데, 1997년 조사를 통해 충돌 당시 직경이 대략 5~8km 정도인 소행성이 이곳을 강타한 것으로 확인된 바 있습니다.

그런데 놀라운 점이 있습니다. 바로 상당량의 다이아몬드가 존재한다는 것입니다. 과거 이 지역에는 흑연으로 된 암석의 퇴적물이 자리하고 있었는데, 소행성의 충돌로 발생한 높은 압력과 온도가 충돌지점으로부터 대략 13km 내의 지면을 다이아몬드로 바꿔버린 것입니다. 최소 0.5mm에서 최대 10mm 크기의 다이아몬드가 존재하는데, 다만 보석용으로는 적합하지 않고 산업용으로만 적합하다는 게 전문가들의 증언입니다.

3 _____ 서드베리 충돌구

3위는 서드베리 충돌구(Sudbury crater)입니다. 서드베리 충돌구는 캐나다 온타리오 지역에 있는데, 충돌 시기는 무려 18억 4,900만 년 전인

캐나다 온타리오에 형성된 타원형의 거대한 충돌구의 흔적

것으로 추정되고 있습니다. 현재 남아 있는 서드베리 충돌구의 직경은 130km에 달합니다.

그러나 전문가들은 충돌 당시 소행성의 직경이 대략 10~15km 정도였을 것으로 추정합니다. 이로 인해 충돌 당시에는 충돌구의 직경이 지금보다 큰 최대 260km 정도였을 것으로 짐작하고 있습니다.

또한 충돌의 엄청난 위력을 짐작할 수 있는 건 충돌 당시 생성된 분출물의 위치로도 볼 수 있는데, 800km 이상 떨어진 미네소타 지역에서 이것들이 발견됐다는 사실은 놀라움을 더해줍니다. 참고로 NASA는 아폴로 프로그램 당시 우주 비행사들을 서드베리 충돌구로 보내 달의 충돌구에서 존재할 수 있는 암석을 인지할 수 있도록 훈련을 시킨 사례가 있습니다.

2 _____ 칙술룹 충돌구

2위는 칙술룹 충돌구(Chicxulub crater)입니다. 멕시코 유카탄반도에 위치한 칙술룹 충돌구는 직경이 180km, 깊이는 20km로 충돌 당시 직경이 대략 10km인 소행성이 초속 20km의 속도로 강타한 것으로 전문가들은 추정하고 있습니다.

이 때문에 당시에는 지금보다 큰 240km의 충돌구가 존재했을 거라 보는데, 충돌 당시의 에너지는 히로시마 원자폭탄의 45억 배 이상 해당하는 100Tt(테라톤)의 TNT 폭발로 분석됐습니다. 6,600만 년 전 생성된 칙술룹 충돌구는 강한 충격으로 최대 25조 t의 물질을 대기 중으로 방출했고 이것들이 지구 전체 숲의 70%를 덮은 것으로 확인되고 있습니다. 따라서 이는 백악기 말의 공룡을 포함한 상당수의 생명체가 멸종하는 데 큰 영향을 끼친 충돌의 흔적으로도 유명합니다.

1 _____ 브레데포트 충돌구

1위는 브레데포트 충돌구(Vredefort crater)입니다. 남아프리카공화국에 위치한 브레데포트 충돌구는 현재 지구에 존재하는 충돌구 중에서 가장 큰 규모를 보여주는데, 전문가들은 충돌 당시 최대 직경 300km, 깊이는 40km의 충돌구가 생성됐을 것이라고 보고 있습니다. 충돌 시점은 충돌구 중에서 가장 오래된 20억 2,300만 년 전인 것으로 추정되고 있습니다.

무엇보다 이곳에서는 충돌의 여파로 1886년에 금을 발견했던 사실은

충돌로 형성된 중앙의 거대한 브레데포트 돔에서 바라본 과거 충돌 흔적

유명한 사건이기도 했습니다. 2005년 이곳은 높은 지질학적 가치 덕에 남아프리카공화국으로서는 일곱 번째로 유네스코 세계문화유산에 등재되기도 했습니다. 이는 충돌로 인해 이 지역의 암석층이 뒤집혀 서로 다른 속도로 침식되면서 28억 년 전의 암석을 노출시켰기 때문입니다. 전문가들은 노출된 암석이 지구에서는 매우 희귀하다고 말한 바 있습니다.

누가 개발했어?
적이 아닌 아군을
위협했던 무기 TOP 10

실제 무기는 전력화되기까지 상당한 시간이 소요됩니다. 여러 조건이 갖춰져야 하겠지만 가장 중요한 건 무기의 궁극적인 존재 이유인 공격 기능과 방어 기능이 제대로 작동하는지의 여부일 것입니다.

그렇지만 역사를 돌이켜보면 이러한 최초 의도와는 달리 개발한 무기를 사용했을 때 아군에게 위협이 됐던 무기들이 존재하기도 했습니다. 이에 대해 알아보겠습니다.

10 _____ 판잰드럼

영국 소설가 네빌 슈트(Nevil Shute)는 작가이면서 항공 엔지니어였습니다. 그는 영국 무기 개발부의 엔지니어링 책임자로서 제2차 세계대전 당시 비밀무기 개발을 이끌었습니다. 당시 그는 RP-3와 같은 공대지 무기를 개발하기도 했지만 최악의 무기 중 하나였던 1943년의 판잰드럼(Panjandrum)은 빼놓을 수 없는 결과물이었습니다. 당시 나치는 해안에 높이 3m, 두께 2.1m의 콘크리트 방어 시설을 구축하고 있었습니다. 이

영국이 최초 비밀 무기로 개발했던 판잰드럼

때문에 네빌 슈트는 탱크가 진입할 수 있는 공간 확보에 1t 이상의 폭발물이 필요할 것이라고 판단했습니다. 그런데 폭발물을 그곳까지 운반하는 건 매우 위험했기에 이러한 모든 것을 고려해 판잰드럼을 고안했습니다. 이는 직경 3m로 된 2개의 나무 바퀴와 TNT 2t이 장착된 드럼통으로 이뤄진 형태였습니다. 상륙정에서 발사해 적진에 시속 100km로 돌진하고자 바퀴에는 추진 로켓이 장착됐습니다.

그러나 판잰드럼은 실패했습니다. 비밀무기였지만 애초에 실험장이 관광 해변이어서 많은 사람들이 목격한 데다 발사 이후 추진 로켓이 제멋대로 터졌고, 이를 보완하고자 70개의 많은 로켓을 바퀴에 장착했을 땐 통제가 안 됐기 때문입니다. 바퀴 하나를 더 장착해 통제를 하려고 했지만 실패했고, 이후 세 번째 바퀴를 제거하고 케이블을 연결했지만 역시 통제가 되지 않아 결론적으로 판잰드럼은 폐기됐습니다.

9 _____ 로스 라이플 마크3

로스 라이플(Ross Rifle)은 캐나다에서 생산된 소총으로 1903년 설계돼 1905년부터 생산이 이뤄졌습니다. 이후 마크1(MKI), 마크2(MKII)로 개량됐고 최초 성능은 그런대로 양호했습니다. 이어 1910년에는 개량된 마크3(MKIII)가 생산됐습니다. 앞선 마크2의 단점을 수정해 개발된 마크3는 실제로 개량 버전이라고 볼 수 없는 전혀 다른 디자인이었습니다. 이 때문에 마크2의 부품을 마크3에서는 사용할 수 없었습니다. 당시 마크3는 캐나다 보병의 표준 소총이었고, 1915년 캐나다는 벨기에의 제2차 이프르전투에서 보병들에게 이를 사용하게 했습니다.

그런데 실전에서 심각한 문제가 발생했습니다. 야전에서 사용 시 소총의 나사산이 변형되는 현상이 있었고, 소총을 발사했을 때 볼트가 빠지면서 아군을 타격해 사망과 중상을 일으켰습니다. 또한 당시에는 참호전이 종종 벌어졌는데 소총을 발사하게 되면 장착된 총검이 떨어져 나가 최전선에서 사용하기에는 상당히 취약했던 것입니다. 이에 최전선의 캐나다 보병들은 같이 싸웠던 영국군이 사망하면 자신의 소총을 버리고 그들의 리-엔필드(Lee-Enfield) 소총을 사용하기에 이르렀습니다. 결국 1916년 7월, 솜 전투의 영국군 총사령관이었던 더글러스 헤이그(Douglas Haig)는 캐나다 3개 사단의 소총을 교체하도록 명령했고, 캐나다의 샘 휴스(Sam Hughes) 국방장관은 자리에서 물러났습니다.

8 _____ 대전차견

1930년대 소련에서는 폭탄이 장착된 개가 목표물에 접근해 이를 타격하는 기술을 개발하려 했습니다. 군견 조련사를 돕기 위해 서커스 단원까지 호출했을 정도로 소련 당국은 이에 대한 관심이 매우 높았습니다. 1941년, 소련에서는 독일군의 전차를 공략하기 위한 방법으로 일명 대전차견(Anti-Tank Dog)을 육성했습니다.

그러나 문제가 많았습니다. 소련은 훈련 당시 유류와 탄약을 아끼고자 총소리가 나지 않는 정지된 전차에서 개를 훈련시켰는데 실전에 돌입하니 움직이는 적 전차에 개들이 뛰어가길 거부했고, 운 좋게 적 전차에 접근했어도 개들이 적 전차가 멈추는 것만 기다리다가 적에게 발각되는 것이었습니다.

또한 개들이 실전의 총성에 겁에 질린 나머지 소련군 참호로 돌아와 폭파돼 아군의 피해도 컸습니다. 더 심각한 문제는 소련이 훈련 당시 사용했던 자국의 전차가 디젤엔진 전차였지만 독일은 휘발유엔진 전차여서 후각에 민감한 개들이 소련 전차로 향했다는 점입니다. 결국 이는 기대만큼 성공을 거두지 못하고 실패했습니다.

7 _____ 판저 68

중립국인 스위스에서는 냉전시기였던 1960년대 후반 판저 68을 개발했습니다. 이는 앞서 전력화됐던 판저 61을 바탕으로 개발된 것인데, 판저 68은 40.8t의 중량에 주포로는 영국의 105mm 오드넌스 L7

1970년 테스트 중인 판저 68

이 장착돼 최고 시속 55km로 주행이 가능하도록 설계됐습니다. 스위스 의회는 1968년에 170대를 구매하기로 결정했고, 1971년부터 판저 68은 인도됐습니다.

그런데 이후 문제가 발생했습니다. 1979년 판저 68이 수십 가지의 기술 문제를 안고 있어 전투에 적합하지 않다는 폭로가 있었던 것입니다. 대표적인 문제들을 꼽는다면 핵을 비롯한 생화학전에 대비한 보호가 이뤄지지 못했고, 전차가 기동할 때 기어박스가 후진으로 변속되지 않아 후진을 위해서는 전차를 멈춰야 했습니다. 게다가 전차의 무선통신은 포탑을 제어하는 시스템에 간섭 반응을 일으켜 포탑의 움직임도 제어할 수 없었습니다. 그렇지만 이보다 더 심각한 결함이 있었는데 전차 내 난방을 작동하면 주포가 발사된다는 점이었습니다. 이후 개량 작업으로 이를 보완했지만 이 사건은 당시 스위스 국방장관이 사임했을 만큼 심각했습니다.

6 _____ K-19

1957년 소련에서는 미국의 핵잠수함에 대응하고자 핵잠수함 건조를 추진했습니다. 그러나 건조 과정에서 10명이 사고로 사망해 조짐이 좋지 못했습니다. 그럼에도 잠수함의 건조는 계속됐고, 1959년에 처음으로 물에 띄워 K-19가 탄생했습니다. K-19는 1960년 7월부터 테스트를 거친 뒤 이듬해인 1961년 실전 배치됐는데, 그해 7월 5일 그린란드 남동쪽 해안에서 훈련을 실시하다가 K-19는 원자로 냉각재 펌프의 고장으로 심각한 상황을 맞이했습니다.

결국 긴급 복구 작업을 진행해 원자로의 온도를 낮췄지만 승무원들은 이미 방사능에 오염된 상태였습니다. K-19는 돌아왔지만 22명이 방사능 노출로 사망했습니다. 소련에서는 K-19를 재정비해 사용했지만 1972년 K-19의 화재로 28명이 사망했고 1982년에도 한 명이 화상으로 사망하는 등 많은 인명피해를 낳으며 1990년 퇴역했습니다. 한편 2006년 고르바초프(Mikhail Gorbachev)는 1961년 큰 피해를 막은 K-19 승무원들을 노벨평화상 후보로 추천하기도 했습니다.

5 _____ 노브고로드

1870년 러시아제국에서는 획기적인 소형 전함이 개발됐습니다. 노브고로드(Novgorod)라고 불린 이 전함은 당시 일반 전함과는 많은 차이를 보였습니다. 현재 미국의 줌왈트급 구축함(Zumwalt-class destroyer)을 연상케 할 정도였는데 흘수(물에 잠겨 있는 부분)를 줄이기 위해 원형으로 디자인돼 노브고로드에는 많은 무장이 이뤄졌고, 장갑도 더 많이 갖출 수 있었습니다. 그러나 직경 30.8m의 노브고로드가 실전에 투입되고 보니 상태가 영 아니었습니다.

먼저 해류를 거슬러 항해하자니 디자인 때문에 빠른 항해가 불가능했고, 조정도 상당히 어려웠습니다. 더 큰 문제는 밑바닥이 평평해 해류의 움직임이 불안정해져 함포 조준이 어렵다는 것과 함포를 발사하게 되면 반동으로 인해 일부 스크류를 반대로 회전시켜도 통제가 되지 않는 회전이 발생한다는 점이었습니다. 결국 노브고로드는 항해가 불가능해 한때 바다에 고정시켜 방어 요새로 쓰이기도 했지만 최종적으로는 1911년 고철로 판매됐습니다.

4 ———————————————————— 테게토프급

1910년 오스트리아-헝가리 해군은 드레드노트급인 테게토프급 (Tegetthoff-class) 전함을 4척 건조했습니다. 1910년에 2척이, 1912년에 2척이 건조된 것인데 테게토프급 전함은 당시에 엄청난 무장을 자랑했습니다. 세계 최초로 3연장 포탑의 12인치 대형 함포가 총 12문이 장착됐기 때문입니다.

이에 한때 테게토프급 전함은 해상 전력에 큰 보탬이 되는 듯 보였습니다. 그러나 문제가 있었습니다. 거대한 4개의 3연장 함포 포탑이 무장됨에 따라 전함의 무게 중심이 불안정해졌고, 또한 포탑의 비중이 워낙 커서 전함이 항해 중 선회할 때 함포가 어느 방향을 겨누고 있느냐를 무게 중심 때문에 고려해야 했습니다. 급기야 해상테스트 당시 오스트리아-헝가리 해군은 급선회를 금지하기도 했습니다.

테게토프급 전함은 1918년 6월에 4번 함이 이탈리아 해군에 의해 격침돼 침몰했고, 1918년 11월에는 정박 중이던 2번 함이 이탈리아에 유인어뢰 공격을 받아 침몰했습니다. 오스트리아-헝가리는 패전국이어서 제1차 세계대전 이후 남은 2척은 생제르맹조약에 따라 1척은 프랑스로, 1척은 이탈리아로 양도됐습니다. 결국 프랑스에서는 이를 훈련용 표적으로 사용해 침몰시켰고, 이탈리아에서는 전쟁 전리품의 전시용으로 사용했습니다.

3 ─────────────────────────────── 풍선 폭탄

제2차 세계대전 당시 일본은 직경 10m의 풍선에 15kg의 고폭탄과 12kg의 소이탄을 장착한 풍선 폭탄(Ballon Bomb)을 개발했습니다. 이는 미국을 겨냥한 것으로, 일본은 1944년 11월부터 1945년 4월까지 9,300개 이상의 풍선 폭탄을 날려 보냈습니다. 일본은 풍선 폭탄이 제트기류를 타고 미국에 도달할 것이라고 예측했는데, 실제 풍선 폭탄은 미국을 비롯해 캐나다와 멕시코에서 발견됐습니다.

그렇지만 이는 전과만 보면 실패한 무기였습니다. 일단 미국에서 발견된 건 고작 389개여서 나머지 9,000개에 가까운 풍선 폭탄 행방은 사라진 상태였고, 미국에서 발생한 인명피해도 6명이 사망하는 데 그쳐 이는 효율적인 무기가 아니었습니다. 일본도 막대한 비용이 투입된 데다효과도 없어서 풍선 폭탄을 포기했습니다. 그렇지만 이는 한때 미국에서 생물학 무기를 탑재했을 것이라 경계했는데, 실제 일본에서는 노보리토 연구소를 중심으로 생물학 무기를 개발해 발사하려 했었습니다. 그러나 이는 당시 일왕이었던 히로히토(裕仁)가 허용하지 않아 실현되지 못했습니다.

2 ———————————————————— 점착 폭탄

1940년 영국은 덩케르크 철수 당시 많은 대전차포의 손실로 영국군이 사용할 임시 대전차 무기가 필요했습니다. 이에 영국에서는 수류탄 형태의 대전차 무기를 개발했는데, 니트로글리세린을 포함한 혼합물로 강력한 폭발을 유도해 독일 전차의 장갑을 무력화한다는 목표였습니다. 그런데 특이한 건 디자인이었습니다. 폭발물을 덮고 있는 단단한 유리 구체에는 강력한 접착물질이 발라졌고 외부는 판금 케이스로 덮였는데,

1943년 점착 폭탄의 제작

사용 시 핀을 당기면 판금 케이스는 떨어져 나가고 접착물질이 발라진 유리구체가 노출되는 형태였습니다. 이후 발사 장치를 작동시키고 점착 폭탄을 던지면 이것이 적 전차에 붙어 5초 뒤에 폭발하는 게 핵심 기능이었습니다.

그러나 문제가 있었습니다. 먼저 판금 케이스에서 꺼내 던지려는 순간 아군의 군복에 붙어버린다는 단점과 이것을 용케 피해 잘 던졌어도 적 전차 표면이 지저분하면 점착 폭탄이 붙지 않는다는 단점이 있었습니다. 게다가 유리구체도 잘 깨지고 던져진 곳의 면이 수직이면 안정적으로 붙지 않았는데, 이에 영국군은 던지지 말고 은폐 이후 적 전차가 지나간 뒤 직접 전차 뒤쪽에 부착하라고 훈련을 시켰습니다. 그렇지만 이는 비현실적이었고, 오히려 유리구체가 플라스틱으로 변경되고 기폭 장치가 추가되면서 제대로 된 생산이 가능했습니다. 정규 영국군에게는 사용 승인이 이뤄지지 않았지만 프랑스 레지스탕스나 호주 육군 부대 그리고 일부 북아프리카 영국군에게는 점착 폭탄의 보급이 이뤄졌습니다.

1 _____ 에이전트 오렌지

1961년 남베트남의 대통령이었던 응오딘지엠(Ngo Dinh Diem)은 정글이 북베트남에 유리한 환경이기 때문에 미국에 이를 제거해달라고 요청했습니다. 미국은 이러한 요청을 받아들였고, 그해 11월 케네디 대통령 승인하에 고엽제를 살포하는 렌치 핸드 작전을 시작했습니다. 미국은 1961년부터 1971년까지 총 7,500만 리터 이상의 고엽제를 살포했

1969년 7월 26일, 고엽제인 에이전트 오렌지를 살포하고 있는 미군

는데, 이때 살포된 고엽제는 총 6가지로 이 중 고농도 다이옥신의 혼합
물인 에이전트 오렌지(Agent Orange)가 가장 많이 사용됐습니다.

이러한 고엽제 살포는 제초 목적도 있지만 식량을 생산하는 농업을 무
너뜨려 민간인들이 베트콩을 지원하는 걸 막고, 그들을 도시로 이주하
게 하는 목적도 있었습니다. 효과가 있었는지 남베트남 지역에서는 도
시인구가 3배 증가하기도 했습니다.

그렇지만 문제가 있었습니다. 400만 명의 베트남 민간인들이 고엽제에
노출돼 인명피해와 후유증을 경험했고, 마찬가지로 미군과 한국군도 이
로 인해 피해를 본 것입니다. 미국의 경우 3만 9,419명의 군인이 고엽
제 노출로 인한 장애를 청구했으며, 동맹이었던 한국도 베트남 전쟁 기
간에 파병된 총 32만 명의 군인 중 1만 명 이상이 고엽제로 고통받았습
니다.

대부분의 사람들을
도망가게 만들
거대 곤충 TOP 10

지금으로부터 3억 년 전인 석탄기 당시에는 현재보다 산소농도가 높아 날개폭이 70cm에 달했던 메가네우라(Meganeura)와 같은 거대한 곤충들이 지구를 활보했습니다. 석탄기 때보다는 덜하지만 대부분의 인류가 인지하고 있지 않을 뿐 현재 지구에서도 거대한 곤충들을 찾아볼 수 있습니다. 스미스소니언에 따르면 현재까지 확인된 전 세계의 곤충 종은 90만 종에 달합니다. 미국에서만 확인된 풍뎅이가 2만 3,700종, 파리가 1만 9,600종에 달할 정도이니 상당한 규모라고 짐작할 수 있습니다.

그렇지만 더 중요한 사실은 이것이 전부가 아니라는 점입니다. 지구에는 대략 3,000만 종의 곤충이 있을 거라 추정하고 있는데, 당연히 앞서 언급했던 거대 곤충들도 존재하고 있습니다. 지구상에 존재하는 이러한 거대 곤충들을 알아보겠습니다.

10 _____ 디노포네라 기간티아

세계에는 1만 5,000종 이상의 개미들이 있습니다. 디노포네라 기간티아(Dinoponera gigantea)는 평균적인 크기로만 본다면 세계에서 가장 큰 개미에 해당합니다. 평균 3~4cm 정도의 크기로 한국에서 볼 수 있는 일반적인 개미들과는 비교하기 힘든 수준인데, 이들은 현재 남아메리카의 열대우림에서만 서식하고 있습니다.

일반 개미들과의 차이점은 군집생활을 하더라도 100마리 내외로만 생활할 정도로 소규모 군집을 이루고 있다는 것입니다. 먹이 활동도 떼를 지어 다니기보다는 일반적으로 자신들의 집으로부터 반경 10m 내의 범위에서 홀로 찾는 특성을 갖고 있습니다.

9 _____ 가우로미다스 히어로즈

주로 남미에서 서식하고 있는 가우로미다스 히어로즈(Gauromydas heros)는 세계에서 가장 큰 파리입니다. 몸길이는 대략 7cm이고, 날개를 폈을 때의 폭은 10cm 이상인 것으로 알려져 있습니다.

거대한 크기와는 달리 아직까지 이들에 대해서는 자세히 연구가 이뤄지지 않은 상태인데, 다만 가우로미다스 히어로즈의 유충들이 브라질에서 발견되는 개미인 아타의 개미집에서 서식하는 게 확인되기도 했습니다. 이들은 성충이 되기까지 대략 2~3년의 시간이 필요합니다. 성충이 된 가우로미다스 히어로즈는 생긴 것과 다르게 수컷은 꽃의 꿀을 먹는데, 때문에 꽃의 수분 매개체 역할을 하기도 합니다.

생김새 때문에 학명과는 달리 악어머리뿔매미(Fulgora laternaria)로 잘 알려져 있는데, 중남미에 서식하고 있는 악어머리뿔매미는 몸길이가 9cm, 날개폭은 최대 15cm에 이를 정도로 큰 편에 속합니다.

무엇보다 머리에는 크기가 1cm 이상인 돌기가 있어서 이것이 악어머리처럼 보이게 해 강렬한 인상을 남기고 있습니다. 또한 악어머리뿔매미는 포식자가 접근하는 것을 막기 위해 악취가 있는 물질을 방출하기도 하지만 이를 능가한 것이 있으니 바로 가짜 눈입니다. 이 가짜 눈은 거대한 날개를 폈을 때 시선을 모으게 하는데, 거대한 두 눈이 부릅뜨고 포식자를 노려보는 모양을 갖추고 있어 상당히 위협적입니다.

실제 악어머리뿔매미는 독이 없는 곤충입니다. 그러나 한때 콜롬비아

나뭇잎 위에 있는 악어머리뿔매미

에서는 미디어의 왜곡된 보도로 악어머리뿔매미에 물린 사람이 24시간 이내 성행위를 하지 않으면 사망할 것이라는 미신이 존재하기도 했습니다.

7 ——————————————————————————— 왕사마귀

왕사마귀(Tenodera aridifolia)는 한국을 비롯해 중국, 일본 등의 동아시아와 일부 동남아시아에서 흔하게 볼 수 있는 곤충입니다. 대략 몸길이는 9cm 내외이지만 일부는 이보다 더 크게 성장하기도 합니다. 물론 드래곤사마귀의 일부 종을 보면 왕사마귀보다 거대한 것이 발견되기도 했는데, 최대 몸길이가 20cm에 달한다고 전해지기도 했습니다. 그렇지만 서식지가 넓은 사마귀 중에서는 왕사마귀가 가장 거대하다고 볼 수 있습니다.

왕사마귀는 곤충치고는 거대한 크기를 보여주고 있는 데다 공격성까지 강해 만만하게 볼 곤충이 아닙니다. 또한 이들의 서식지에서 짐작할 수 있듯이 계절의 변화에 따른 온도차에도 비교적 잘 적응하는 능력을 갖추고 있습니다. 왕사마귀는 성충이 보통 7월부터 11월까지 활동을 개시합니다.

6 ——————————————————————————— A. 프루스토페리

뱀잠자리의 일종인 A. 프루스토페리(Acanthacorydalis fruhstorferi)는 주로 중국남부와 베트남북부지역에서 서식하고 있습니다. 현재 이들은 기네스북에 날개폭을 기준으로 세계에서 가장 큰 수생곤충이라는 기록을 갖고 있습니다. 몸길이는 최대 11cm, 날개폭은 최대 21.6cm에 이를 정도로 곤충치고는 거대합니다.

하천에 서식하는 A. 프루스토페리는 pH에 상당히 민감한 것으로 알려져 있습니다. 유충일 때는 수생곤충이나 작은 물고기 등을 먹지만 성충이 됐을 때는 주로 나무수액을 먹습니다. 거대한 크기와는 달리 공격적인 포식자는 아닌 것으로 전해지고 있습니다.

5 ——————————————— 트로피다크리스

메뚜기의 일종인 트로피다크리스(Tropidacris)는 몸길이가 최대 15cm에 달하고 날개폭은 이보다 긴 최대 27.5cm에 이를 정도로 우리가 주변에

날개를 펼친 자이언트 메뚜기 트로피다크리스

서 봐왔던 메뚜기와는 차원이 다른 크기를 갖고 있습니다.

주로 중남미에서 서식하는 트로피다크리스는 '세계에서 가장 큰 메뚜기'라는 타이틀처럼 강렬한 존재감을 보여주는데, 다만 이들도 일반적인 메뚜기가 그러하듯 농업에 있어서는 해충으로 간주되고 있습니다. 중남미에서는 특히 망고나 바나나 등의 농사에 문제로 지목되는 곤충이기도 합니다. 한편 트로피다크리스는 2014 브라질 월드컵에서 콜롬비아의 하메스 로드리게스(James Rodríguez) 유니폼에 매달려 있는 게 포착돼 세계적인 주목을 받기도 했습니다.

4 ─────────────────── 헤라클레스 장수풍뎅이

중남미의 열대우림에서 주로 발견되는 헤라클레스 장수풍뎅이(Dynastes hercules)는 전 세계 모든 장수풍뎅이 중에서 가장 크다고 알려져 있으며, 비행을 하는 곤충 중에서도 가장 큰 편에 속합니다. 몸 크기만 최대 8.5cm, 몸 너비는 4.2cm이지만 수컷의 경우 뿔을 포함했을 땐 전체 길이가 최대 18cm에 이를 정도로 상당한 크기를 자랑합니다.

헤라클레스 장수풍뎅이는 거대한 몸에 날개가 있는데, 이는 주변의 환경에 따라 색이 변합니다. 즉 습도가 낮으면 노란색이나 녹색의 빛깔을 보여주지만 습도가 높으면 검은색에 가까운 어두운 색으로 변하는 특징이 있습니다. 한편 헤라클레스 장수풍뎅이는 성체도 성체지만 유충일 때도 웬만한 곤충을 압도하는 크기를 보여줍니다. 유충의 크기는 10cm를 상회하는 수준인데, 2년간 썩은 나무를 먹고 성장합니다. 성충이 된 헤라클레스 장수풍뎅이는 주로 과일을 섭취하는 것으로 알려져 있습니다.

3 ──────────────────────────────── 메가로블라타

바퀴벌레만큼 많은 사람들이 기피하는 곤충은 없을 것입니다. 그런데 그 크기가 엄청나게 거대하다면 어떨까요?

멕시코, 콜롬비아, 에콰도르 등 주로 중남미에서 서식하는 메가로블라타(Megaloblatta)는 지구상에 현존하는 바퀴벌레 중에서 가장 거대한 바퀴벌레입니다. 몸길이는 최대 9.7cm, 몸통폭은 최대 4.5cm, 날개폭은 최대 20cm에 이를 정도로 바퀴벌레의 이미지로는 상상하기 힘든 크기인데, 현재 기네스북에도 세계에서 가장 큰 바퀴벌레로 등재된 상태입니다.

한편 메가로블라타가 바퀴벌레 중에서 가장 긴 바퀴벌레라면, 가장 무거운 바퀴벌레는 호주에서 서식하고 있는 코뿔소바퀴벌레입니다. 길이는 최대 8cm이지만 무게는 메가로블라타보다 무거운 최대 35g에 달하고 있습니다.

2 ──────────────────────────────── 흰마녀나방

밤나방의 일종인 흰마녀나방(Thysania agrippina)은 날개폭으로만 본다면 나방 중에서 가장 거대하다고 볼 수 있습니다. 흰마녀나방의 날개는 폭이 최대 36cm에 달한 게 발견됐을 정도로 웬만한 새를 능가하는 크기를 보여주고 있습니다. 이들은 주로 멕시코부터 우루과이에 이르기까지 중남미에서 발견되고 있습니다.

최초 1705년 스위스의 학자인 마리아 메리안(Maria Sibylla Merian)이 학

나무 위의 흰마녀나방

술지를 통해 흰마녀나방을 공개한 이후 근 300년간 이들의 성충은 인류에게 잘 알려졌지만 이들의 유충은 아직까지 제대로 파악되지 못한 상태입니다.

한편 이들은 수집가들의 많은 주목을 받고 있습니다. 다만 포획 시에는 다리에 있는 큰 돌기를 주의해야 한다고 알려져 있습니다.

1 ———————————————— 긴막대대벌레

긴막대대벌레(Phobaeticus serratipes)는 주로 말레이시아 반도와 수마트라 지역에서만 서식하는 고유종입니다. 긴막대대벌레는 곤충이지만 세계에서 가장 긴 곤충 중 하나일 정도로 강아지나 고양이와 같은 반려동물보다 더 긴 길이를 보여주고 있습니다.

암컷의 경우 몸길이는 30cm 중반 정도이지만 다리 길이를 포함했을 땐 최대 62.4cm에 달하는 게 발견됐을 정도로 긴막대대벌레는 곤충이라고 상상하기 힘들 만큼 매우 길다고 볼 수 있습니다. 때문에 아직 성충이 안 된 긴막대대벌레 암컷을 사육할 경우에는 성공적인 탈피를 위해 최소 1m 이상의 케이지가 필요합니다. 그러나 긴막대대벌레는 긴 길이와는 다르게 몸통은 그 폭이 매우 가늘고, 무게도 길이와는 어울리지 않을 정도로 가벼운 특징을 갖고 있습니다.

지구에 존재하는
독특하고도 이상한
구멍 TOP 10

최근 미국 국립해양대기관리국(NOAA)은 대서양 깊은 바다에서 정체 모를 특이한 구멍을 발견해 충격을 안겨줬습니다. 이처럼 지구에는 수많은 구멍이 존재하는데, 이러한 구멍은 장소를 가리지 않고 독특하게 위치해 있습니다.

지구에 존재하는 이상한 구멍을 알아보겠습니다. 독특하기로 소문난 10개의 구멍입니다.

10 _____ 몬티첼로 댐 홀

1957년에 완공된 미국 캘리포니아의 몬티첼로 댐(Monticello Dam)은 콘크리트 아치형 댐입니다. 이 댐이 건설되면서 세계에서 일곱 번째로 큰 베리에사 호수(Lake Berryessa)가 생성되기도 했습니다.

그런데 이 인공호수에는 직경 22m인 깔때기 모양의 방수로가 존재하는데, 수위가 134m를 넘어서면 글로리 홀(Glory Hole)이라 불리는 이 구멍으로 물이 쏟아지게 됩니다. 쉽게 댐의 수문이 닫힌 상태에서 일정 수위 이상으로 물이 들어차게 되면 하류로 물을 배출하는 시설이라고 이해하면 되겠습니다.

가장 최근에 글로리 홀로 물이 배출된 때는 2019년 2월 26일로 폭풍우가 캘리포니아 북부를 강타해 방수로는 장관을 연출했습니다. 구멍의 특성상 근처에서 수영은 금지돼 있습니다. 그럼에도 1997년 글로리 홀 근처에서 수영을 하다 사망한 사례가 발생하기도 했습니다.

한편 이러한 방수로는 다른 여러 댐에서도 볼 수 있는데, 구멍의 특성상 많은 사람들의 관심을 모으고 있습니다.

9 _____ 그레이트 블루홀

벨리즈 연안에 위치한 그레이트 블루홀(Great Blue Hole)은 꼭 가볼 만한 곳으로 여러 번 소개가 됐을 정도로 세계적으로 유명한 곳입니다. 깊이는 카리브해에 유명한 딘스 블루홀(Dean's Blue Hole)의 202m보다는 깊지 않은 124m 정도이지만 원형 구멍의 너비는 무려 318m에 달할 정도로 거대하다는 특징을 갖고 있습니다.

세계 5대 스쿠버 다이빙 장소이기도 한 이곳은 2018년 잠수함을 동원해 블루홀 내부의 탐사가 이뤄지기도 했습니다. 당시 탐사에서 91m 깊이에 황화수소층이 있다는 것을 발견했고, 이 깊이 아래는 산소가 없어 생명체가 존재하지 않는다는 것도 확인할 수 있었습니다. 아름다워 보여도 이곳은 치명적인데, 지난 10년간 현장에서만 최소 수십 명 사망했다는 게 이를 말해줍니다.

현재 투르크메니스탄의 카라쿰 사막에는 '지옥의 문'이라 일컬어지는 매우 유명한 구멍이 있습니다. 바로 다르바자 가스 분화구(Darvaza Gas Crater)입니다.

1971년 구소련 당시 소련의 엔지니어들이 이 지역에 상당한 석유가 매장돼 있을 것이라 판단해 시추작업을 진행하다가 천연가스지대를 발견했습니다. 그러나 당시 시추 과정에서 장비 등이 지반 아래로 매몰되면서 지금의 분화구가 형성됐고, 이에 구소련 지질학자들은 유독가스가 방출될 것을 우려해 분화구에서 유출될 가스를 태워버리는 게 낫다고 판단했습니다.

이것이 문제의 시작이었습니다. 당시만 해도 몇 주 내로 가스가 다 타버릴 것으로 예상하고 불을 붙였지만, 그때 붙인 불이 50년이 지난 지금

카라쿰 사막의 '지옥의 문'이라고도 불리는 다르바자 가스 분화구

까지도 여전히 꺼지지 않고 계속 타고 있는 것입니다.

2010년 투르크메니스탄의 대통령인 베르디무하메도프(Gurbanguly Berdimuhamedow)가 다르바자 가스 분화구 폐쇄를 명령했지만 실패했습니다. 2022년 1월 베르디무하메도프는 다시 한번 화재진압방안을 찾아야 한다고 강조했는데, 쉽지 않아 보입니다.

7 ＿＿＿＿＿＿＿＿＿＿＿＿＿＿＿＿＿＿＿＿ 사해 싱크홀

이스라엘의 엔 게디에는 해안을 따라 3,000개 이상의 싱크홀(Dead Sea Sinkhole)이 있습니다. 1960년 이후 바다 면적이 33% 감소했을 정도로 이곳은 매년 1m씩 수위가 낮아지고 있는데, 이에 다수의 싱크홀이 생겨나고 있습니다. 즉 수위가 낮아지면서 두꺼운 표면 아래 소금층이 남

뜨거운 물을 생성하고 있는 사해 싱크홀

아 있게 되는데, 이런 상황에서 폭우로 인해 민물이 흘러오면 소금이 용해해 땅속 더 깊은 곳으로 스며들어 지하에 공간을 형성해 싱크홀을 만드는 것입니다.

최근 이곳에 사람들이 몰리면서 상황은 더욱 악화됐습니다. 특히 수많은 싱크홀을 구경하려는 관광객이 몰리면서 수자원은 더욱 부족해졌고, 이는 다시 싱크홀을 불러오는 악순환으로 이어지고 있습니다. 이 때문에 이 지역의 안전은 더욱 우려되고 있습니다.

6 ─────────────────────── 샤오자이 텐켄

중국 충칭시에 위치한 싱크홀인 샤오자이 텐켄(小寨天坑)은 깊이 662m, 길이 626m, 너비 537m에 이르는 거대한 이중구조의 형태를 지니고 있습니다. 128000년 동안 형태를 갖췄다고 합니다. 싱크홀의 상단은 깊이가 320m, 하단은 깊이가 342m로 형성돼 독특한 구조를 보여주고 있습니다.

싱크홀 아래에는 강이 흐르는데, 길이는 대략 8.5km입니다. 이 지하의 강으로 인해 이곳에는 디펑(地縫)이라는 동굴이 생성됐고, 더불어 4m 높이의 폭포도 탄생할 수 있었습니다.

한편 샤오자이 텐켄의 특이한 구조는 많은 관광객을 불러 모았습니다. 편의성과 자연훼손이라는 호불호가 첨예하게 갈리는 정책이지만 중국에서는 관광객들의 편의를 위해 이곳에 2,800단의 계단을 설치하기도 했습니다.

5 _____ 콜라 슈퍼딥

러시아 무르만스크에는 콜라 슈퍼딥(Kola Superdeep) 시추공이 있습니다. 구소련은 지구의 지각을 연구하고자 35km 두께인 발틱 쉴드 지각을 1970년부터 유정시추장비를 동원해 뚫기 시작했습니다. 콜라 슈퍼딥 시추공은 1979년 기존 미국이 보유하고 있던 세계기록인 9,583m 깊이를 돌파했고, 급기야 1983년에는 1만 2,000m를 돌파했습니다.

총 5개의 구멍을 시추해 최종 1만 2,262m 깊이의 구멍을 뚫었지만, 1994년 자금부족으로 인해 공식적으로 더 이상의 시추는 이뤄지지 못했습니다. 이 외에도 해당 깊이의 온도가 예상보다 높은 180℃에 달해 기술적으로 시추가 불가능했고, 게다가 그곳의 암석들이 지표면과는 달리 단단하지 않은 상태로 존재해 시추를 어렵게 만든 요인도 있었습니다. 다만 이 시추작업으로 지표면으로부터 6km 아래에서 플랑크톤 화석이 발견된 것과 다량의 수소가스를 발견한 점은 나름의 성과로 볼 수 있습니다.

4 _____ 빙엄 캐니언 광산

빙엄 캐니언 광산(Bingham Canyon Mine)은 오퀴러 산에 위치한 구리광산으로, 채굴작업으로 인해 이곳에는 너비가 무려 4km, 깊이는 1.2km에 달하는 인공 구멍이 형성돼 세계에서 가장 큰 노천광산이라는 타이틀을 갖고 있습니다. 1906년 첫 생산 이후 그동안 1,700만 톤의 구리가 생산돼 세계에서 가장 많은 구리를 생산한 광산의 기록도 갖고 있습니다. 이 때문에 돈을 불러오는 구멍이라고 봐도 무방해 보입니다.

상업적인 목적으로 시작됐지만 역사가 역사인지라 이곳은 현재 국립사적지로 지정된 상태입니다. 구멍의 크기가 워낙 커서 이곳에서는 산사태로 불릴 정도의 토사붕괴사건이 발생하기도 했는데, 2013년 4월 10일에 발생한 산사태는 북미 지역에서 가장 큰 산사태라는 기록을 세우기도 했습니다.

3 _____ 다합 블루홀

이집트 홍해 연안에 있는 해변 마을인 다합(Dahab)에는 블루홀(Blue Hole)이 있습니다. 그러나 이곳은 다이버의 묘지라고 불릴 만큼 공포스런 별칭이 존재하는데, 이유인즉 다이빙 중에 진입할 수 있는 아치와 수중터널이 있기 때문입니다.

블루홀의 깊이는 100m이지만 수심 56m 지점에는 아치가 있습니다. 아치가 있는 이곳에선 입구를 놓치는 순간 방향감각을 잃을 정도로 착각을 불러와 다이버로 하여금 더 깊은 수심으로 잠수를 하게 만들기도 하고, 잘못된 판단으로 인한 질소 중독 등으로 치명적인 결과를 불러오기도 합니다. 이 때문에 이곳에서는 1997년부터 2012년까지 최소 130명에서 최대 200명에 이르는 다이버가 사망했을 정도로 악명 높은 곳이기도 합니다. 1967년 6일 전쟁 이후 이곳은 다이빙 장소로 유명해졌지만 적어도 이곳에 거주하는 베두인들은 이러한 위험을 알아서인지 오래전부터 블루홀을 피해 지내온 것으로 알려져 있습니다.

2 ──────────────────────────────── 과테말라 싱크홀

과테말라에서는 그동안 2번에 걸쳐 타의 추종을 불허하는 싱크홀로 충격을 안겨줬습니다. 과테말라의 수도인 과테말라시티에는 먼저 2007년 2월 23일 북동부 지역에서 폭 18m, 깊이 100m의 싱크홀이 생겨 5명이 사망하는 사건이 발생했습니다.

다른 곳과 달리 지반에 있는 과테말리시티의 화산부석은 암석으로 굳어진 상태가 아니어서 빠르게 흐르는 물에 쉽게 침식돼 이러한 재난에 취약한 것으로 알려져 있습니다. 즉 당시 과테말라는 여러 번의 화산폭발로 화산재가 도시를 덮었는데 이것이 노후화된 하수관 등의 배수시설을 막았고, 이후 몰아닥친 열대성 폭풍우로 홍수가 발생해 지하 하수관에 과부하를 불러와 파열돼 터지게 된 물이 지반 내 화산부석의 침식을 이끌어 만든 것이라는 게 주된 추정입니다. 2010년 5월 30일, 과테말라시티에서 발생한 직경 20m, 깊이 90m의 거대 싱크홀도 5월 27일 화산폭발로 인해 화산재가 덮였었고 3일 뒤 열대성 폭풍이 몰려와 집중호우로 인해 생겨난 것이라 2007년과 매우 유사한 재난이었습니다.

1 ──────────────────────────────── 대서양 싱크홀

2022년 미국 국립해양대기관리국(NOAA)은 대서양 중부 아조레스 북부의 수중화산을 탐사하는 동안 수심 2,540m 깊이에서 우연히 여러 개의 구멍들을 발견했습니다. 그런데 구멍의 크기와 모양이 자연적으로 형성됐다고 판단하기가 어려울 정도여서 많은 과학자들은 큰 충격을

마치 사람이 만든 것처럼 일정한 간격으로 구멍이 형성돼 있는 중부 대서양의 수심 2,082m 구멍

받았습니다. 구멍의 크기도 일정하고, 간격 또한 일정하며, 구멍이 배치돼 있는 방향도 일정했기 때문입니다. 수심을 감안했을 땐 누군가 와서 구멍을 내기가 쉽지 않은 환경이라 구멍의 생성 원인은 아직까지 가설만 난무하는 상태입니다.

이 구멍의 발견 당시 과학자들은 구멍 내부를 확인하고자 수중로봇을 통해 접근하려 했지만 실패했습니다. 이 때문에 많은 사람들은 외계인, 해저가스, 알려지지 않은 생물 종 때문이라고 추정하고 있지만 명확하게 설명되지는 않고 있습니다. 다만 과학자들은 이번에 발견된 구멍이 인위적인 건 아니고 생물학적으로 기원할 가능성이 높은 생명의 흔적이라고 보고 있습니다.

사회라는 틀 속에서 살아가는 사람들의 삶에
정치와 경제가 미치는 영향은 매우 큽니다.
특히 한 개인을 중심으로 본다면
현재는 과거보다 정치와 경제가 복잡하게 얽혀 있어
이에 대한 사람들의 관심이 매우 높은 상황입니다.
'정치와 경제의 특이한 이슈' 속의 주제들은
정치와 경제 분야에서 벌어졌던
독특한 일들을 엄선해 모은 것입니다.
정치와 경제에 대한 여러분들의 관심을
한 단계 더 높여줄 것입니다.

— CHAPTER 5 —

정치와 경제의
특이한 이슈

한때 가난에 허덕였지만
현재 부유해진
국가 TOP 10

국가의 부는 시대에 따라 많은 변화를 겪는데, 몇십 년 전만 거슬러 올라가봐도 잘 살았던 국가가 빈국으로 전락한 사례가 있고, 반대로 빈국이었음에도 경제발전의 장애요소를 극복해 부국으로 우뚝 선 사례도 있었습니다. 그중 불가능할 것만 같았던 경제발전을 이뤄내 한때는 가난에 허덕였지만 20세기 이후 현재 부유해진 대표적인 국가들을 알아보겠습니다.

10 _____ 사우디아라비아

1930년대 초반까지 사우디아라비아는 자급자족의 경제로 세계 최빈국 중 하나였습니다. 농업 외의 수익이라고 해야 사우디아라비아로 찾아오는 순례자들로부터 얻는 게 전부였습니다. 그렇지만 미국의 스탠더드오일 컴퍼니와 석유양허협정을 체결한 이후 1938년 대규모 유전이 발견돼 사우디아라비아는 흔한 말로 대박을 맞이했습니다. 게다가 1951년에는 중동 최초로 해상유전도 발견됐는데, 육상과 해상에서 석유의 생산이 이뤄지며 일일 생산량이 100만 배럴에 달했습니다.

이후 사우디아라비아는 1970년대 오일쇼크로 한 번 더 경제에 부스터를 장착했는데, 1980년대부터 1990년대 중반까지 유가하락으로 경제가 주춤했지만 이후 유가는 반등해 과거와 비교할 수 없는 생활수준을 유지하고 있습니다. 그렇지만 사우디아라비아 정부는 과

1938년 3월 4일, 최초로 석유를 발견했던 사우디아라비아의 상업용 유전인 담맘(Dammam) 7호정

거 자원에 의존하는 경제의 위험성을 체감한 터라 현재는 실권자인 빈 살만(Mohammed bin Salman) 왕세자를 중심으로 사우디아라비아 비전 2030이 말해주듯 경제의 다각화에 힘쓰고 있습니다.

9 ——————————————————————————————— 스페인

1930년대에 벌어진 스페인 내전은 많은 인명피해를 불러왔으며, 동시에 스페인 경제를 초토화시켰습니다. 게다가 스페인 내전 이후 제2차 세계대전에서는 추축국 친화적인 정책으로 인해 종전 후 마셜플랜에서도 제외됐습니다. 그리고 프랑코 정부는 자급자족의 경제를 추구해 스페인 경제는 더욱 고립됐습니다. 당연히 1950년대 초까지 스페인 경제는 최악이었습니다.

그러나 1950년대 후반부터 프랑코 정부가 태도를 바꾸자 스페인은 미

국과의 관계 개선이 가능했고 이에 대대적인 지원을 받게 됐습니다. 또한 1961년에는 OECD 회원국이 될 정도로 스페인은 고립에서 탈피해 개방을 이어갔습니다. 스페인 경제는 점점 자유시장경제화가 돼 산업화를 달성했는데, 이는 1959년부터 1974년까지 스페인의 경제성장률이 일본 다음으로 높았다는 결과가 잘 증명해주고 있습니다. 1970년대 오일쇼크의 위기도 있었고 2010년 전후로 공황 수준의 경기침체도 있었지만 독재를 벗어난 정치적 안정은 경제회복의 가능성을 열어줬습니다.

8 _____ 브루나이

20세기 초만 해도 브루나이는 고무를 수출하는 수준의 산업을 영위했을 정도로 극심하게 가난한 국가였습니다. 당연히 빈곤율도 상당한 수준이었습니다. 그렇지만 1926년 세리아강 근처에서 두 사람이 우연히 기름 냄새를 맡은 것을 시작으로 탐사를 통해 1929년 브루나이는 세리아에서 최초로 석유 시추에 성공했습니다.

물론 제2차 세계대전 기간에 일본에 점령당하기도 했으나 석유는 브루나이 경제에 엄청난 파급을 불러왔고, 이는 전후 1950년대와 1960년대에 걸쳐 브루나이 국가 전체를 탈바꿈시켰습니다. 이로써 각종 인프라가 개선됐고, 교육시스템은 선진화됐으며, 공중보건시스템 또한 과거와는 비교할 수 없을 정도로 향상됐기 때문입니다.

1960년대 액화천연가스 매장의 확인과 1970년대 오일쇼크로 인한 유가의 상승으로 브루나이는 상당한 외화를 벌어들이며 급격한 GDP의 상승을 이뤄내기도 했습니다. 1984년 영국으로부터 독립한 이후에도 브루나이는 자원 덕에 독자적인 경제를 꾸려나갈 수 있었습니다. 유가 등에 따라 경제의 등락이 존재한다는 점은 문제로 지적됐는데, 그럼에도 현재 브루나이는 동남아시아의 최고 부국 중 하나이고 주거·교육·의료의 복지혜택은 북유럽을 능가하는 수준입니다.

7 ————————————————— 한국

1950년 발발한 한국전쟁은 가뜩이나 별게 없었던 한국 경제를 더욱 나락으로 몰고 갔습니다. 1961년 쿠데타를 통해 집권한 박정희 정부는 1962년부터 경제개발 5개년계획을 시작해 산업화의 초석을 다졌습니다. 국민의 자유가 억압됐다는 비판도 있었지만 경제만 놓고 봤을 땐 상당한 변화가 있었습니다. 특히 한국의 대기업들은 정부로부터 많은 혜택을 받으며 높은 성장을 이끌었는데, 이러한 결과 1970년대 한국의 경

1976년 7월 5일, 천호대교 준공식에 참석한 박정희 대통령

제성장률은 평균 약 9%를, 1980년대에는 3저호황에 힘입어 평균 약 9.7%를 기록했습니다. 1990년대 말 금융위기를 겪었지만 경제의 체질 개선을 통해 현재는 선진국으로 올라선 상황입니다.

한편 2021년 기준 한국의 GDP는 3만 5,196달러였는데, 이는 1960년 158달러와 비교했을 때 무려 222.7배 높은 수준입니다.

6 _____ 카타르

1916년 영국의 식민지가 된 카타르는 당시만 해도 어업 중심의 경제로 매우 가난한 국가였습니다. 게다가 생활 여건도 최악이었습니다. 그렇지만 1930년 탐사시작 이후 1940년 두칸유전에서 석유가 발견되면서 카타르에도 변화의 기회가 생겼습니다. 제2차 세계대전 때문에 탐사가 잠시 중단되기도 했지만 1949년부터 본격적인 생산이 이뤄지며 앞선

카타르의 수도 도하 전경

사우디아라비아처럼 국가 전체에 오일머니가 급증한 것입니다. 넘쳐나는 부는 1950년대와 1960년대 카타르의 생활수준을 높여놨고, 1971년 영국으로부터 독립을 하게 됐을 때도 경제적으로는 전혀 문제될 게 없었습니다. 오히려 산업기반시설과 인프라는 과거보다 더욱 완벽해졌습니다.

이후 1970년대 오일쇼크로 카타르의 자원경제는 절정에 이르렀습니다. 다만 자원에 의존한 경제이기에 1980년대에는 낮은 유가로 침체를 맞이하기도 했지만 1990년대 중반 이후 카타르 경제는 다시 반등했습니다. 최근에는 석유와 더불어 액화천연가스의 수출도 활발한 상태입니다. 카타르 정부도 자원의존도가 높은 경제의 한계를 경험한 터라 비자원분야로의 경제 다각화를 꾀하고 있습니다. 한편 2021년 기준 카타르의 1인당 GDP는 6만 1,791달러로 세계 12위였습니다.

5 _____ 싱가포르

제2차 세계대전 이후 싱가포르는 혼돈의 상태였고, 공산주의자들의 폭동도 더해져 불안정했습니다. 이 때문에 싱가포르는 1961년 말레이시아와 합병됐고, 영국 정부도 이를 두고 공산주의의 확산을 막을 수 있다고 판단해 긍정적이었습니다. 그렇지만 합병 후 싱가포르와 말레이시아는 다양한 문제를 두고 이견을 보여 갈등이 극심했고, 급기야 1964년 싱가포르에서는 유혈사태가 발생하기까지 했습니다. 결국 말레이시아는 1965년 싱가포르를 다시 분리독립시키는 결정을 내렸습니다.

당시 싱가포르는 실업률도 높았고, 인구의 1/3이 빈민가에 살고 있었을 정도로 빈곤국이었습니다. 더구나 영토도 작았고 자원도 없었기 때문에 미래는 어두웠는데, 이때 등장한 인물이 있었으니 바로 리콴유(李光耀)입니다. 그는 부패를 척결하고 세금을 인하하고, 노동조합도 허용하지 않으며 외국인 투자를 유치했습니다. 또한 영어를 공용어로 채택했고 교육을 강화했는데, 중장기적으로 이는 효과가 있었습니다. 외국인 투자가 급증했고 이를 바탕으로 경제성장을 이뤄낸 것입니다.

당연히 1970년대 이후 싱가포르의 생활 여건은 매우 개선됐는데, 지금까지도 싱가포르의 경제는 안정적으로 성장하며 기업친화적이고 세계 최고수준의 개방성을 보여주고 있습니다. 참고로 싱가포르의 2021년 기준 1인당 GDP는 6만 6,263달러로 세계 10위였습니다.

4 ———————————————————— 노르웨이

20세기 초까지만 해도 노르웨이의 경제는 유럽에서 변방이었습니다. 그렇지만 당시 수력발전으로 에너지를 생산하는 산업을 추진해 경제발전의 가능성을 열었고, 제2차 세계대전을 겪으며 위기를 맞이했지만 전후 미국의 대대적인 지원 덕에 다시 반등할 수 있었습니다. 무엇보다 노르웨이 경제의 변곡점이 된 사건이 1967년에 있었는데, 바로 북해에서 석유를 발견한 것입니다.

1971년부터 매장량이 상당했던 유전에서 석유를 생산한 노르웨이는 마침 오일쇼크로 유가마저 상승함에 따라 엄청난 외화를 벌어들였습니다. 덕분에 노르웨이가 제2차 세계대전 이후 추진하려 했던 사회민주주의 개혁은 더욱 탄력을 받았습니다. 물론 수산업이나 해운산업 등의 세계적인 비자원분야 산업도 존재하지만 역시나 석유 덕에 현재 노르웨이는 세계 최고의 복지국가 중 하나로 성장한 상황입니다. 참고로 2021년 기준 노르웨이의 1인당 GDP는 8만 2,244달러로 세계 6위였습니다.

3 ──────────────────────────────── 스위스

산악지형으로 이뤄진 척박한 지리적 환경과 적은 인구, 게다가 농업 중심의 산업은 19세기 중반까지 스위스를 별 볼 일 없는 국가로 만들었습니다. 또한 자원도 기대할 게 없는 수준이었습니다.

그렇지만 스위스는 금융업과 관광업으로 경제발전의 기틀을 마련했고, 정책적으로도 경제성장을 우선시해 19세기 후반부터 20세기 초반까지 '스위스의 기적'을 만들었습니다. 게다가 중립국이었기 때문에 세계대전의 생산시설 피해에서도 빗겨나갈 수 있었고, 오히려 독일부터 영국에 이르기까지 유럽 각국에 무기를 수출해서 외화를 벌어들이며 더 높

세계 최고수준의 선진국이 된 스위스

은 경제성장을 이뤄냈습니다.

1990년대와 2000년대 초반 경제가 저성장하기도 했지만 기본적으로
서비스산업과 제조산업이 발달하며 국가의 부를 더 키웠습니다. 특히
은행을 중심으로 한 금융업을 비롯해 제약산업, 시계산업, 관광업 등은
세계 최고수준입니다. 2021년 기준 스위스의 1인당 GDP는 9만 3,515
달러로 세계 5위였습니다.

2 ——————————————————— 아일랜드

1919년부터 1921년까지 치러진 독립전쟁으로 아일랜드는 영국으로부
터 독립했습니다. 국경이 폐쇄되면서 정치적으로는 독립했지만 경제는
1979년까지 영국의 법정 통화인 파운드 스털링에 대한 의존도가 높았
습니다. 게다가 아일랜드의 경제는 농업에 기반을 둔 터라 상당히 취약
했습니다. 그럼에도 1932년에 보호주의를 도입해 더욱 침체됐는데, 이
때문에 1945년부터 1960년까지 유럽경제는 호황이었지만 아일랜드는
이에 편승하지 못했고, 오히려 수십만 명의 사람들이 아일랜드를 떠났
을 정도였습니다.

1958년 재무부 장관이었던 휘태커(Thomas Kenneth Whitaker)는 아일랜
드의 경제 체질을 바꿔놨습니다. 보호무역을 종식하고, 경제를 농업에
서 산업과 서비스업 중심으로 전환해 일자리 창출을 꾀했던 것입니다.
아일랜드는 점진적으로 영국으로부터 경제의존도를 낮췄고 1990년대
에도 첨단산업의 육성을 추진했는데, 이러한 역량이 축적되면서 엄청난
성장을 이뤄냈습니다. '켈트 타이거(Celtic Tiger)'로 불리는 아일랜드의

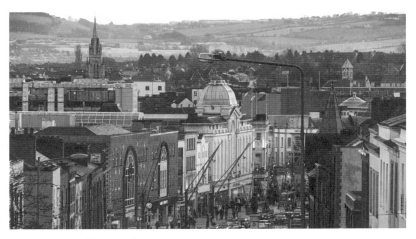

아일랜드 제2의 도시인 코크 전경

경제 호황은 1994년부터 2000년까지 매년 10%에 가까운 성장률을 보였습니다.

2000년대 초반과 2008년의 위기도 있었지만 꾸준한 외국인 투자 증가와 소비지출의 증가는 아일랜드 경제를 이끌고 있습니다. 2021년 기준 아일랜드의 1인당 GDP는 10만 2,394달러로 세계 4위였습니다.

1 ─────────────────────────── 룩셈부르크

바다에 인접하지도 않은 이중내륙국인 룩셈부르크는 19세기 초까지만 해도 인구의 대부분이 농업에 종사했습니다. 인구의 33% 정도가 해외로 이주했을 정도로 국민들의 삶은 형편없었습니다.

그렇지만 19세기 중반 척박해 보였던 영토에서 철광석이 발견되고, 1876년 영국의 야금술이 도입되면서 룩셈부르크에서 가난은 옛말이

이중내륙국의 한계를 극복하고 상당한 부를 쌓은 룩셈부르크

됐습니다. 유럽의 주요 철강생산국으로서 룩셈부르크의 경제는 급성장
했습니다. 세계대전의 위기도 있었지만 철강산업은 20세기 초중반 룩
셈부르크의 경제성장을 이끌었습니다.

이쯤 되면 웬만한 국가에서는 그동안의 성장에 안주할 수도 있었겠지
만 1960년대 룩셈부르크는 은행을 중심으로 한 금융업을 육성해 결실
을 거뒀습니다. 현재 서비스업은 룩셈부르크 GDP의 87%를 차지하고
있는데, 그중 금융업은 40%에 육박하는 수준입니다. 이러한 룩셈부르
크 금융업의 경쟁력은 런던과 취리히에 이어 세계 세 번째로 평가받기
도 했습니다. 한편 2021년 기준 룩셈부르크의 1인당 GDP는 무려 13만
1,302달러를 기록했는데, 이는 리히텐슈타인과 모나코에 이어 세계 3
위에 해당합니다.

쇳덩어리는 잊어라!
현재 지구에서 가장 비싼
금속 TOP 10

금속의 종류는 매우 다양합니다. 이러한 금속들은 특성과 쓰임새가 각기 다르기 때문에 가격 또한 시기에 따라 큰 차이를 보이고 있습니다. 전통적인 귀금속 중 하나인 은을 보면 2022년 2월 14일 기준 kg당 836달러의 시세를 형성했고, 전기차 배터리에 쓰이면서 수요가 급증하고 있는 리튬만 봐도 최근 시세가 급등한 상황입니다.

그렇다면 현재 지구에서 가장 비싼 금속은 무엇일까요? 2022년 2월 14일 기준, 트레이딩 이코노믹스, 마이닝닷컴, 미네랄 프라이스닷컴 등의 국제 시세로 확인해보겠습니다. 다만 일부 금속은 매우 소량만 생산되는 데다 거래가 활발하지 않아 알려진 가장 최근 시세를 적용해 가격을 확인했습니다. 지구에서 가장 비싼 금속 1위부터 10위까지입니다.

10 _____ 오스뮴

10위인 오스뮴(Osmium)은 자연에서 산출되는 원소 중 가장 밀도가 높은 희귀한 청백색의 금속입니다. 매우 단단하지만 부서지기 쉬운 특성

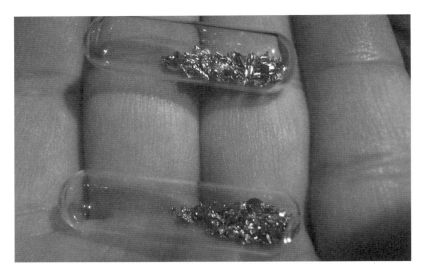

앰플에 담겨 있는 이리듐과 오스뮴

을 지니고 있는 오스뮴은 순수한 형태로 존재하지 않고 주로 백금과 섞여 자연 상태의 합금 형태로 발견되고 있습니다. 전 세계를 통틀어 생산량이 매년 평균 1t 이하로 추정되고 있는데 너무 적은 양이 생산됨에 따라 미국 지질조사국에서는 오스뮴의 생산량 자체를 공개하지 않고 있습니다. 오스뮴의 주요 생산국은 러시아, 캐나다, 남아프리카공화국, 미국을 들 수 있습니다.

오스뮴은 과거에 초기 전구의 필라멘트나 축음기 바늘로 쓰이기도 했지만 현재는 주로 고급 만년필촉에 쓰이는 등 수요가 한정적입니다. 이때문에 오스뮴의 가격은 생산량만 보면 가장 비싸야 하지만 의외로 수요가 적기 때문에 오스뮴 가격은 수년간 비슷하게 유지되고 있습니다. 2022년 2월 11일 기준, 오스뮴의 가격은 kg당 1만 4,110달러였습니다.

9위인 루테늄(Ruthenium)은 백금에 미량으로 섞여 발견되는데 지구에서 매우 희귀한 금속 중 하나라고 볼 수 있습니다. 루테늄은 백금이나 팔라듐의 경도를 높여주는 합금으로 많이 쓰이고, 단단하면서 부서지기 쉬운 특성을 갖고 있습니다. 따라서 루테늄은 이러한 특성에 따라 전기 접점에 많이 사용되고 있습니다. 또한 전선이나 전극의 제조에도 사용되고, 전기 화학에서는 촉매 역할로도 쓰이고 있습니다.

그러나 루테늄은 전 세계 매장량이 5,000t에 불과한 것으로 추정되고 있습니다. 생산량도 전 세계 통틀어 매년 평균 30t 정도밖에 되지 않는데, 주요 생산국은 러시아와 남아프리카공화국이 대표적입니다. 이러한 루테늄은 2022년 2월 14일 기준 kg당 1만 8,518달러의 시세를 형성했습니다.

백금에 미량으로 섞여 발견되는 루테늄

8 ─────────────────────────────────────── 백금

8위인 백금(Platinum)은 부식에도 강하고 단단한 은백색의 금속입니다. 마찬가지로 희귀한 금속이라고 볼 수 있습니다. 얼핏 보면 은과 헷갈릴 수도 있는데, 자연에서는 주로 순수한 형태로 발견되지 않고 혼합된 형태로 종종 발견되고 있습니다.

백금의 주요 용도는 먼저 생산량의 절반 정도가 자동차 배기가스 제어장치에 사용되고 있습니다. 이어 생산량의 30%는 반지, 귀걸이 등의 보석으로 사용되고 있고, 그 외 나머지는 전기장치나 점화플러그 등 여러 산업 분야에서 다양하게 쓰이고 있습니다. 그러나 수요와는 달리 백금은 생산량이 적습니다. 미국 지질조사국의 보고서를 보면 백금은 2021년 전 세계에서 180t이 생산됐는데, 생산량의 대부분인 130t이 남아프리카공화국에서 생산됐습니다. 한편 백금의 가격은 2022년 2월 14일 기준 kg당 3만 6,474달러였습니다.

7 ─────────────────────────────────────── 금

7위인 금(Gold)은 전성과 연성이 뛰어난 금속이어서 길게 늘이거나 넓게 펼 수 있습니다. 게다가 열과 전기전도성도 좋은 특성을 지니고 있어 활용도가 매우 다양합니다. 회로, 반도체 등에서 금이 사용되는 것만 봐도 알 수 있습니다. 이 때문에 컴퓨터나 휴대전화 등의 전자제품에서 금을 확인할 수 있습니다. 그렇지만 전자제품에는 금 소비량의 20% 정도만 사용됐기에 주된 수요가 아닙니다.

인류의 전통적 귀금속인 금

무엇보다 금은 인류의 역사 속에서 오랜 기간 가치를 상징하는 자산의 하나로 사용돼왔습니다. 금이 주화로 사용될 때에는 주요 지불수단이었고, 보석으로서는 대표적인 귀금속으로 각광받았습니다. 현재 세계 각국의 정부에서는 생산된 금의 60%를 보유하고 있기도 합니다.

미국 지질조사국의 발표에 따르면 2021년 금은 전 세계에서 3,000t이 생산됐고, 주요 생산국은 각각 300t 이상씩 생산한 중국, 호주, 러시아가 있습니다. 한편 2022년 2월 14일 기준 kg당 금의 시세는 6만 5,595달러였습니다.

6 ─────────────────────── 팔라듐

6위인 팔라듐(Palladium)은 백금과 비슷한 은백색의 금속으로, 전성과 연성이 뛰어나 가공이 쉬운 특징을 갖고 있습니다. 이러한 팔라듐은 백

금보다 더 비싸진 팔라듐

금, 금, 은, 구리, 니켈과 혼합된 형태로 존재합니다.

다만 팔라듐의 생산량은 일반 금속과 비교했을 때는 그다지 많지 않은 편입니다. 2021년 기준 팔라듐은 전 세계에서 200t이 생산됐고, 그중 남아프리카공화국이 80t, 러시아가 74t을 생산하며 두 국가의 비중이 단연 높았습니다.

이렇게 생산된 팔라듐은 다양한 용도로 활용되고 있습니다. 최근에 환경의 중요성이 커지면서 팔라듐은 자동차 배기가스 정화장치에 촉매로 쓰이고 있으며, 폭넓게 그 외에 전자제품이나 항공우주, 무기, 치과, 보석 등에서도 팔라듐은 사용되고 있습니다. 이 때문에 팔라듐은 과거에 비해 가격이 매우 급등한 상황인데 현재는 금을 능가한 시세를 형성하고 있습니다. 2022년 2월 14일 기준 kg당 팔라듐의 시세는 8만 4,413 달러였습니다.

5 _____ 이리듐

5위인 이리듐(Iridium)은 은백색의 금속으로 경도가 상당히 뛰어나고, 밀도도 자연 상태의 금속으로는 오스뮴에 이어 두 번째로 높은 특징을 갖고 있습니다. 또한 부식에도 상당히 강한 금속입니다.

이러한 특성 덕에 이리듐은 항공기 엔진 부품 등에 사용되는 합금으로 선호되고 있습니다. 그 외 일반적으로 의학, 자동차, 전자 분야의 각종 부품에 이리듐이 활용되고 있습니다. 이 때문에 이리듐의 수요는 매년 증가하고 있는 상황입니다.

그렇지만 생산량은 이러한 수요를 뒷받침하기 어려운 수준인데 매년 평균 7t 정도밖에 되지 않기 때문입니다. 주요 생산국은 브라질, 미국, 미얀마, 남아프리카공화국으로 볼 수 있습니다. 당연히 이러한 수요와 공급 구조 때문에 이리듐의 가격은 매우 높습니다. 2022년 2월 14일 기준 kg당 이리듐의 가격은 13만 7,568달러였습니다.

4 _____ 스칸듐

4위인 스칸듐(Scandium)은 희토류의 17개 원소에 포함된 금속으로, 은빛을 띠며 연성이 좋은 특징을 지니고 있습니다. 스칸듐은 1937년 전기 분해로 처음 생산됐지만 가용성이 낮고 제조도 어려워 1970년까지는 활발하게 쓰이지 못했습니다. 그렇지만 1971년 스칸듐이 알루미늄 합금으로 활용되면서, 가벼우면서도 내구성과 강도를 높일 수 있다는 것이 확인됐습니다. 스칸듐은 항공기, 각종 무기류, 자전거, 야구 배트에서

매년 15~20t만 생산되는 스칸듐

사용됐고, 조명으로도 효율이 좋아 수요가 존재합니다.

다만 앞선 다른 금속들과 마찬가지로 생산량이 문제입니다. 전 세계를 통틀어도 매년 생산량이 15~20t이 전부이기 때문입니다. 우크라이나, 중국, 러시아, 카자흐스탄이 주요 생산국으로 수요를 따라가기에는 역부족입니다. 따라서 스칸듐의 시세는 상당한데, 2022년 1월 14일 기준 산화스칸듐이 아닌 금속스칸듐의 가격은 kg당 28만 8,014달러였습니다.

3 ——————————————————————— 로듐

3위인 은빛의 로듐(Rhodium)은 단단하고 내식성과 내구성이 뛰어난 금속으로 알려져 있습니다. 또한 열을 가해도 산화물을 생성하지 않는 특징을 갖고 있습니다. 따라서 로듐은 조명부터 원자로에 이르기까지 다양하게 사용되고 있고, 보석으로도 백금을 도금해 긁힘 방지 마감재로도 쓰이며 은을 도금했을 때는 광택을 항상 유지하게 해줍니다.

그렇지만 무엇보다 주된 사용처는 따로 있습니다. 바로 자동차산업입니다. 로듐은 수요의 80%가 자동차산업에서 발생하는데, 최근 환경의 중요성이 커지면서 로듐은 자동차 배기가스의 유해성을 낮추기 위해 촉매 변환기로 사용되고 있습니다. 이는 앞선 팔라듐이나 백금보다 설치도 쉽고, 질소산화물을 잘 걸러내는 장점이 있습니다.

그러나 전 세계의 로듐의 생산량은 매년 평균 30t에 그치고 있습니다. 대부분인 80%가 남아프리카공화국에서 생산되는데, 매장량만 놓고 본다면 금의 4분의 1 수준이라 수요에 맞춰 대대적으로 증산하는 것도 한계가 있습니다. 2022년 2월 14일 기준 로듐의 kg당 가격은 64만 7,278달러였습니다.

2 ——————————————————————— 플루토늄

2위인 플루토늄(Plutonium)은 많은 사람들이 알고 있을 정도로 대중의 인지도가 높은 금속입니다. 이는 플루토늄이 원자로에서 연료로 사용되고, 핵무기로도 사용되기 때문입니다. 자연 상태의 플루토늄은 우라늄 광석에서 미량으로만 존재하기 때문에 유용한 양을 확보하기 위해서는 별도의 시설을 갖춰야만 생산이 가능합니다. 금속의 플루토늄은 은빛을 띠고 있지만 산화하기 때문에 회색이나 노란색으로 변색됩니다. 또한 플루토늄은 다른 금속과는 다르게 열전도나 전기전도성이 낮은 편입니다.

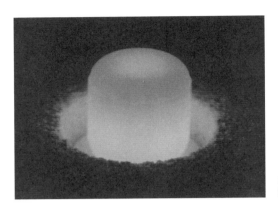

반감기가 87.7년인
플루토늄-238의 펠릿

무엇보다 플루토늄은 독성이 강한 금속이고 또한 핵 연쇄 반응을 일으키기 때문에 취급도 매우 주의해야 하는데, 생산부터 관리까지 너무나 많은 어려움이 존재하나 활용 가치는 뛰어나 플루토늄의 가격은 상상을 초월합니다. 현재 플루토늄의 시세는 kg당 400만 달러로 알려져 있습니다. 다만 자금 여력이 있다고 해도 특성상 거래도 힘들뿐더러 구매 또한 함부로 할 수 없는 게 현실입니다.

1 ——————————————————————— 캘리포늄

캘리포늄(Californium)은 현재 지구에서 가장 비싼 금속입니다. 은백색의 금속인 캘리포늄은 최초 1950년 2월 9일 미국 로렌스버클리 국립연구소에서 합성해 생산이 이뤄졌습니다. 무엇보다 캘리포늄은 원자로와 입자가속기에서 생산되기에 생산이 까다로운 데다 생산량도 일반 여타 금속과 동일하게 생각해서는 안 됩니다. 현재 가장 많이 사용되는 캘리포늄-252의 경우 매년 미국 오크리지 국립연구소에서 0.25g, 러시아

최초 캘리포늄 합성에 사용됐던 직경 60인치 크기의 사이클로트론

원자로 연구소에서는 매년 0.025g이 생산되고 있습니다. 다만 캘리포늄-252는 보통 마이크로그램의 단위로 미국 원자력 규제위원회를 거쳐 거래돼 다양한 곳에서 활용되고 있어 생산량 단위가 적다고 활용되지 못하는 것은 아닙니다.

현재 캘리포늄은 원자로 시동부터 항공기나 무기의 균열 탐지, 유정에서 물과 기름층의 탐지와 더불어 의학계에서도 치료 용도로 쓰이고 있습니다. 캘리포늄의 시세는 1g 기준 2,500만 달러로 알려져 있는데, 1g으로도 TOP 10의 다른 금속을 압도하는 수준이지만 동일하게 비교하기 위해 1kg으로 책정한다면 무려 250억 달러에 달합니다. 물론 전 세계 연간 캘리포늄 생산량을 봤을 때 1kg은 당장 구할 수도 없는 질량입니다.

여전히 매우 심각하다!
희토류 매장량이
가장 많은 국가 TOP 10

1위	중국
2위	베트남
3위	브라질
3위	러시아
5위	인도
6위	호주
7위	미국
8위	그린란드
9위	탄자니아
10위	캐나다

희토류는 단일 원소의 광물 형태로 존재하지 않고 여러 희토류 원소 또는 비금속의 혼합 형태로 존재하고 있습니다. 희토류는 하나의 원소가 아니라 네오디뮴(Nd), 란타늄(La), 사마륨(Sm) 등 희귀한 17개 원소를 한데 묶어 부르는 개념입니다. 이 때문에 이러한 원소들은 매장량부터 소비량까지 많은 차이를 보이고 있습니다. 다만 2021년 5월 발간한 펜실베이니아대학교 에너지 정책센터의 보고서를 토대로 희토류 전체를 묶어서 판단해본다면 희토류는 전 세계 소비량의 38%가 영구자석으로 사용되고 이어 촉매, 유리 연마 분말 및 첨가제 등의 순으로 활용되고 있습니다. 대표적으로 버지니아급 핵잠수함 한 대에는 4.2t, F-35 한 대에는 427kg의 희토류가 사용되는데 이것만 봐도 희토류가 얼마나 중요한지를 알 수 있을 것입니다.

그렇다면 이러한 희토류를 가장 많이 매장하고 있는 국가는 어떤 국가일까요? 2022년 1월에 공개된 미국 지질조사국의 자료를 통해 2021년 기준 희토류의 매장량을 확인하겠습니다. 희토류 매장량이 가장 많은 국가 1위부터 10위까지입니다.

10 ──────────────────────────── 캐나다

10위는 캐나다입니다. 캐나다의 희토류 매장량은 83만 톤입니다. 이는 전 세계 희토류 매장량의 0.7%에 해당합니다. 캐나다는 희토류를 상당량 매장하고 있음에도 희토류의 생산량은 없었습니다.

그렇지만 중국과 갈등을 보이고 있는 캐나다는 2021년에 희토류 채굴 사업을 시작했습니다. 이를 통해 2025년까지 매년 5,000t의 희토류를 생산한다는 계획을 세우기도 했습니다. 더 나아가 2021년 6월 캐나다는 미국, 호주와 함께 희토류 광산 데이터베이스를 구축한다는 계획을 수립해 보다 더 적극적인 대응에 나서고 있는 상황입니다.

9 ──────────────────────────── 탄자니아

9위는 탄자니아입니다. 탄자니아의 희토류 매장량은 89만 톤으로 확인됐습니다. 이는 전 세계 희토류 매장량 대비 0.7%입니다. 세계 9위 규모의 희토류 매장량과는 달리 2021년 기준 탄자니아의 희토류 생산량은 없었습니다. 2021년 3월 새로 대통령에 취임한 사미아 술루후 하산(Samia Suluhu Hassan)의 행정부는 탄자니아 내 광물 생산량의 GDP 비중을 높이는 정책을 추진하고 있는데, 이에 그동안 미개발 상태인 희토류 생산에 대해서도 관심이 높아지고 있습니다.

실제 중국이 이를 주시하고 있는 가운데 탄자니아는 2021년 7월 호주의 피크 리소스사의 탄자니아 내 앵걸러 희토류 프로젝트를 승인했습니다. 이는 아직 개발되지 않은 네오디뮴(Nd), 프라세오디뮴(Pr) 광상이 대상으로 탄자니아 최초의 희토류 광산입니다. 현재 채굴을 위해 제분소, 농축기 등의 기반시설의 건설이 진행 중입니다.

8 _____ 그린란드

8위는 덴마크의 자치령인 그린란드입니다. 그린란드에 매장돼 있는 희토류는 총 150만 톤입니다. 전 세계 희토류의 1.3%가 그린란드에 매장돼 있는 것입니다. 그렇지만 2021년 기준 그린란드의 희토류 생산량은 전혀 없는 상황입니다.

미국을 비롯한 몇몇 국가에서는 그린란드 희토류에 대해 많은 관심을 보이고 있지만, 그럼에도 덴마크는 그린란드의 희토류 채굴이 환경오염을 비롯해 생태계 변화를 야기할 수 있다고 우려를 표명하고 있고, EU 또한 마찬가지의 입장이어서 당장 실현될 수 있을 것으로 보이지는 않습니다.

7 _____ 미국

7위는 미국입니다. 미국의 희토류 매장량은 180만 톤입니다. 이는 전 세계 희토류 매장량 대비 1.5%의 비중입니다. 이러한 미국의 2021년 희토류 생산량은 4만 3,000 t이었습니다. 이는 세계 2위의 생산량인데, 2021년 전 세계 희토류 생산량 대비 15.4%를 차지하는 규모입니다. 최근 중국이 희토류 공급을 통제하자 이를 가장 민감하게 받아들이는 국가가 바로 미국입니다.

희토류 원석과 1센트의 크기 비교

그렇지만 미국은 이미 2010년에 핵심 소재 전략을 세워 희토류의 생산 재개를 추진한 바 있습니다. 실제 투자유치를 확대하고, 인허가 절차도 간소화했으며, 생산량도 확대하고 있습니다. 2021년의 희토류 생산량이 2020년 대비 10.3% 증가한 것만 봐도 쉽게 알 수 있습니다.

더 나아가 미국은 안정적인 희토류 확보를 위해서 역내 공급망에도 신경을 쓰고 있는데, 2021년 2월 미 국방부는 호주의 희토류 업체에 희토류 처리 가공 시설의 건설을 위해 3,040만 달러를 지원하기도 했습니다. 또한 미국의 민간 부문에서도 희토류에 대한 관심을 높이고 있어 중국 의존도를 낮추기 위한 움직임은 더욱 빨라질 것으로 전망되는 상황입니다.

6위는 호주입니다. 호주에 매장돼 있는 희토류는 총 400만 톤입니다. 이는 전 세계 희토류의 3.3%가 호주에 매장돼 있다고 볼 수 있는 양입니다. 한편 2021년 호주가 생산한 희토류는 총 2만 2,000 t이었는데, 이는 전 세계 생산량의 7.9% 규모입니다. 또한 연간 생산량으로는 세계 4위에 해당합니다.

호주의 전 총리였던 스콧 모리슨(Scott Morrison)이 공개적으로 반중 전선을 이끈 이후 호주는 미국과 더불어 중국을 가장 경계하고 있는 국가입니다. 이는 희토류도 마찬가지입니다. 중국을 견제할 희토류 생산의 최전선국으로 손꼽히는 호주는 정부 차원에서 희토류를 포함한 광물산업의 육성에 힘쓰고 있는데, 대표적으로 자원 개발 업체의 자금 지원을 위해 20억 호주 달러의 대출 제도를 마련하기도 했습니다. 민간 기업을 봐도 세계에서 두 번째로 큰 광산업체인 호주의 라이너스는 2025년 가동 시작을 목표로 말레이시아에 희토류 처리 시설을 건설 중입니다. 한편 호주는 2021년 12월 한국과 핵심 광물 공급망 협력 MOU를 체결한 바 있습니다.

5위는 인도입니다. 인도의 희토류 매장량은 690만 톤입니다. 전 세계 희토류의 5.8%가 인도에 매장돼 있는 상황입니다. 이어 희토류 생산량을 보면 인도는 2021년 2,900 t을 기록했는데, 이는 전 세계 희토류 생

상단 중앙에서 시계방향으로 프라세오디뮴, 세륨, 란타늄, 네오디뮴, 사마륨, 가돌리늄의 희토류 산화물

산량의 7위이자 전 세계 생산량과 대비했을 때는 1%의 비중이라고 볼 수 있습니다.

희토류와 관련해 인도는 중국의 잠재적인 대항마로 꼽히고 있습니다. 특히 인도는 자국 내 희토류 수요가 증가하자 희토류의 중국 의존도를 낮추기 위해 국제 협력을 적극 추진 중입니다. 대표적으로 인도는 2021년 미국, 일본, 호주와 함께 희토류 관련 국제규범을 확립하고 정제기술 및 개발자금을 융통하기 위해 협력을 확대하기로 방침을 정한 바 있습니다.

3   **러시아**

공동 3위 첫 번째는 러시아입니다. 러시아의 희토류 매장량은 2,100만 톤입니다. 이는 러시아에 전 세계 희토류의 17.5%가 매장돼 있다고 볼 수 있는 규모입니다. 한편 러시아의 희토류 생산량은 2020년 기준 2,700t이었는데, 전 세계 희토류 생산의 1%에 해당합니다. 순위로는 세계 8위의 생산량이었습니다.

러시아는 중국과 동맹 수준의 협력을 이어가고 있지만 한편으로는 중국의 희토류 통제를 경계하고 있습니다. 이에 2030년까지 희토류 생산 비중을 10%로 늘린다는 목표를 세운 뒤 러시아는 정부 차원에서 투자를 확대하고 있습니다. 15억 달러의 대대적인 투자계획을 공개한 러시아 산업무역부의 방침이 대표적입니다.

3 ─────────────────────────────── 브라질

공동 3위 두 번째는 브라질입니다. 브라질의 희토류 매장량은 2,100만 톤입니다. 이는 앞선 러시아와 동일하게 전 세계 희토류 매장량의 17.5%에 해당하는 규모입니다. 그러나 막대한 매장량과는 달리 브라질의 희토류 생산량은 매우 미미한 수준인데, 2021년의 생산량은 500t에 머물렀습니다. 이는 전 세계 희토류 생산의 0.2%에 불과하고, 순위로는 9위였습니다.

브라질의 희토류 생산량은 2020년보다 100t이 줄어들었습니다. 희토류 매장량만 보면 브라질은 희토류를 주도할 수 있을 것으로 보이지만 현실적으로는 인적 자원과 정제 기술의 부족, 그리고 정제 과정에서 발생하는 환경오염 문제가 큰 과제로 남아 있어 생산량 확대가 어려운 상황입니다.

2 _____ 베트남

2위는 베트남입니다. 베트남에 매장돼 있는 희토류는 총 2,200만 톤입니다. 전 세계 희토류 매장량의 18.3%가 베트남에 매장돼 있다고 볼 수 있습니다. 그렇지만 베트남의 희토류 생산량은 앞선 브라질처럼 매우 저조한데 2021년 400t을 기록했습니다. 전 세계 생산량 대비 0.1%의 비중에 순위는 10위였습니다. 더구나 2021년은 2020년 700t을 생산했던 생산량보다 감소한 상황입니다.

베트남 정부가 희토류를 전략자원으로 관리하고 있다지만 생산량이 미미한 궁극적인 원인은 매장량을 떠나 희토류 정제 기술이 떨어진 데서 찾아볼 수 있습니다. 이 때문에 베트남 정부는 해외 기업의 투자 유치를 추진하고 있는데, 그럼에도 베트남 내 희토류 관련 수출 및 환경 규제가 유지되고 있는 상황이라 당장 생산량을 늘리기는 쉽지 않아 보입니다.

1 _____ 중국

세계에서 희토류를 가장 많이 매장하고 있는 국가는 중국입니다. 중국의 희토류 매장량은 4,400만 톤입니다. 이는 전 세계 희토류 매장량의 36.6%의 비중입니다. 그러나 중국은 매장량의 비중을 넘어선 희토류의 생산량을 보여주고 있습니다. 2021년 중국이 생산한 희토류는 총 16만 8,000t이었는데, 이는 전 세계 생산량의 60%로 절반이 넘는 점유율을 기록하고 있는 것입니다.

이 때문에 몇 년 전부터 중국은 희토류의 공급을 통제해 세계 각국에 영향력을 행사하고 있습니다. 이는 중국이 2021년 12월 3개사가 합병해 탄생한 세계 최대 희토류 기업인 중국희토류그룹 등 소수의 국영기업에만 생산 할당량을 부여하기 때문에 가능한 현상입니다.

더욱 놀라운 것은 이러한 중국의 60%라는 세계 생산량 점유율이 2010년 92%에 비해 떨어진 수치라는 점입니다. 이는 미국을 비롯해 호주가 생산량을 늘리며 대응에 나섰기 때문입니다.

중국도 이에 다시 맞불을 놓은 상황입니다. 중국 자연자원부와 공업정보화부는 2022년 상반기 희토류 채굴과 제련에 대한 지침을 발표했는데, 채굴량은 10만 800 t, 제련량은 9만 7,200 t으로 결정한 상태입니다. 이는 2021년보다 20% 이상 증가한 규모로, 떨어진 생산량 비중을 높여 미국 등을 견제하려는 계획으로 판단됩니다.

금수저의 끝판왕!
최근 100년 동안
가장 어린 왕 TOP 10

대통령이나 총리는 그 자리에 오르기까지 보통 치열한 권력 투쟁을 거쳐야 합니다. 이와 달리 역사 속에서는 출생신분 덕에 자연스럽게 권력을 부여받은 사람들도 있습니다. 바로 군주제 국가의 왕입니다. 모든 권력이 왕에게 집중될 수밖에 없는 국가 체제에서는 왕의 판단이 국가의 존폐를 좌우하기도 했습니다. 그만큼 중요한 자리이지만 왕이라는 자리는 대부분 세습으로 이어져왔습니다. 그렇지만 사람의 수명이 같을 수는 없기에 전임 왕의 자리를 물려받은 왕마다 즉위 시의 나이는 천차만별이었습니다.

역사상 가장 어린 왕의 나이는 어느 정도였을까요? 309년 사사니드 페르시아의 샤푸르 2세는 어머니 배 속에서 태아로 있던 때에 왕의 자리를 물려받아 역사상 가장 어렸고, 이어서 태어난 날 왕이 된 1316년 프랑스의 장 1세가 있습니다. 국내는 조선의 제24대 임금으로 1834년에 즉위한 헌종과 고려의 제29대 왕인 충목왕이 각각 8세에 즉위해 어린 왕으로 기록돼 있습니다. 최근 100년을 기준으로 살펴보겠습니다. 지난 100년간 어떤 왕이 가장 어렸을까요? 1위부터 10위까지입니다.

10 ———————————————————————————— 시메온 2세

10위는 불가리아의 시메온 2세(Simeon II)입니다. 1937년 6월 16일에 태어난 시메온 2세는 아버지가 사망하며 1943년 8월 28일 차르가 됐습니다. 어린 나이였기 때문에 삼촌인 키릴 왕자를 중심으로 총 3명이 섭정을 맡았습니다. 제2차 세계대전 당시인 1944년 소련군이 불가리아를 침공하면서 섭정을 맡았던 사람들과 기존 불가리아의 권력 핵심층은 체포돼 처형됐습니다. 시메온 2세는 살아남았지만 1946년 소련에 의해 불가리아의 군주제는 폐지됐고 공화국이 됐습니다.

세월은 흐르고 1990년이 되어 불가리아도 공산주의 정권이 무너지면서 그에게도 변화가 찾아왔습니다. 그는 시민권을 회복할 수 있었고, 재산도 찾을 수 있었습니다. 공화국인 불가리아에서 그는 정치 활동을 재개했고, 2001년 7월 24일 불가리아의 제48대 총리에 올라섰습니다. 군주제에선 왕이었지만 공화제에선 선거를 통해 정부 수장이 된 것인데, 이는 인류 역사상 두 번째 사례였습니다.

9 ———————————————————————————— 미하이 1세

9위는 루마니아의 미하이 1세(Michael I)입니다. 1921년 10월 25일에 태어난 그는 아버지인 카롤이 왕위 계승을 포기하면서 조부인 페르디난드 1세에 의해 후계자로 지목됐고, 조부가 1927년 사망하자 그해 7월 20일 왕이 됐습니다. 당시 그의 나이는 5세에 불과했기에 섭정을 위한 평의회가 열리기도 했지만, 1930년 그의 아버지인 카롤이 루마니아로 귀국해 카롤 2세라는 이름으로 통치를 시작하면서 그는 왕에서 물러 났습니다. 그러나 카롤 2세는 억압적인 독재로 인해 1940년 루마니아 에서 강제 추방됐고, 미하이 1세는 그해 9월 6일 다시 왕이 됐습니다. 재임 기간에 그는 1945년 소련의 압박으로 인해 그로자(Petru Groza)의 공산주의 정부를 인정할 수밖에 없었고, 이후 공산주의 정부에 의해 그 는 1947년 추방되며 모든 재산이 압수됐습니다. 냉전이 종식되고 공산 주의 정권이 무너지면서 그는 1997년 시민권을 회복할 수 있었고, 압수 됐던 일부 재산도 되찾을 수 있었습니다.

8 _____ 텐진 갸초

8위는 달라이 라마로 잘 알려진 티 베트의 텐진 갸초(Tenzin Gyatso)입 니다. 1935년 7월 6일에 태어난 그 는 1940년 2월 22일 제14대 달라이 라마로 선정됐는데, 현재 티베트 망 명정부의 수장이기도 합니다. 그가 달라이 라마를 맡은 뒤 1950년 11월 중국이 티베트를 점령하게 됐고, 급 기야 1959년 티베트에서는 반란이 발생하며 중국에 대항했습니다.

1955년 당시 제14대 달라이 라마인 텐진 갸초의 모습

티베트 반란으로 티베트인 수천 명이 사망했지만 중국에 의해 진압됐 고, 달라이 라마는 인도로 망명했습니다. 이후 그의 망명은 지금까지 이

어져오고 있습니다. 다만 2011년 그는 정치권력에서 물러나며 이를 롭상 상가이(Lobsang Sangay)가 이어받았고, 그는 영적 지도자로만 남아 티베트의 독립을 위해 힘쓰고 있습니다.

7 ——————————— 음왐부차 4세

7위는 부룬디의 음왐부차 4세(Mwambutsa IV)입니다. 1912년 5월 6일생인 그는 아버지 사망 후 1915년 12월 16일 부룬디의 왕이 됐습니다. 당시 부룬디는 벨기에 식민 통치를 받고 있었지만 직접 통치가 아닌 간접 통치가 이뤄진 시기여서 왕으로 즉위할 수 있었습니다. 다만 어렸기에 가족들의 섭정이 한동안 진행되다 1929년부터 직접 통치를 했습니다. 1962년 부룬디는 독립했고 음왐부차 4세의 자리는 유지됐지만 당시 후투족과 투치족 사이의 갈등이 극에 달한 터라 왕의 권력은 불안한 상태였습니다. 급기야 1965년 후투족 군부 세력의 쿠데타가 발생했고, 쿠데타는 실패했지만 음왐부차 4세는 해외로 망명했습니다. 이후 부룬디는 두 차례의 쿠데타가 더 발생했는데, 1966년의 세 번째 쿠데타에서 군주제는 완전히 폐지됐습니다. 왕으로 다시 올라설 수 있는 기회는 완전히 사라졌고 부룬디로 귀국하지 못한 채 망명 생활을 이어갔습니다.

6 ——————————— 루키디 4세

6위는 우간다의 루키디 4세(Rukidi IV)입니다. 1992년 4월 16일생인 루키디 4세는 1995년 그의 아버지가 사망하면서 그해 9월 12일 우간다

토로(Toro)의 왕이 됐습니다. 우간다에서는 4개 지역의 왕이 존재하는데 그중 하나가 토로 지역입니다. 그는 나이가 매우 어렸기에 그의 어머니, 이모, 우간다의 무세베니 대통령이 섭정을 맡았습니다.

참고로 우간다는 공화국이지만 헌법으로 왕의 자리가 명시돼 있습니다. 다만 왕은 정치 참여나 통치 권한이 없는 자리입니다. 현재 토로의 왕으로 군림 중인 루키디 4세는 주로 복지와 경제 개발을 위한 자금을 지원받기 위해 국내외를 오가며 힘을 기울이고 있습니다. 지금은 사망했지만 리비아의 카다피가 한때 토로 왕실의 가장 큰 후원자로도 잘 알려진 바 있습니다.

5 ———————————————————— 갸넨드라

5위는 네팔의 갸넨드라(Gyanendra)입니다. 1947년 7월 7일에 둘째 아들로 태어난 그는 아버지 마힌드라 왕세자가 아닌 조모와 함께 살았습니다. 1950년 11월 정치적 불안으로 조부인 트리부반 왕과 마힌드라 왕세자를 비롯한 왕족들이 인도로 망명했고, 결국 네팔에 유일하게 남은 갸넨드라가 1950년 11월 7일 네팔의 왕이 됐습니다. 그러나 이는 오래가지 못했습니다. 인도로 망명했던 왕족들이 1951년 정치적 합의를 통해 네팔로 돌아와 트리부반이 왕위를 이어갔기 때문입니다.

이후 1975년 그의 형인 비렌드라가 왕이 됐고, 비렌드라에게는 아들이 있었기에 갸넨드라는 더 이상 왕의 자리에 올라서지 못할 것으로 보였습니다. 그러나 2001년 6월 네팔 왕실의 충격 사건으로 비렌드라 왕부터 그의 아들이었던 디펜드라까지 사망하게 되자 갸넨드라는 2001

년 6월 4일 다시 네팔의 왕이 됐습니다.

두 번째 통치를 시작하면서 그는 권력 강화를 꾀했습니다. 그의 권력욕은 억압적인 정책으로 표출됐는데 이로 인해 네팔에서는 시위와 파업이 잇따라 발생하며 혼란스러웠습니다. 상황이 점점 격화되자 결국 네팔에서는 새로운 헌법이 제정됐고, 군주제가 폐지되면서 2008년 5월 28일 그는 왕의 자리에서 물러났습니다.

4 ———————————————— 푸이

4위는 영화 〈마지막 황제〉로도 잘 알려졌던 청나라 황제 푸이(溥儀)입니다. 1906년 2월 7일에 태어나 1908년 12월 2일 청나라 황제로 즉위했는데, 1912년 신해혁명이 발발하면서 황제에서 물러났습니다. 1917년 장순을 중심으로 한 세력들이 푸이를 다시 복위시켜 그해 7월 1일 황제로

1922년 당시 푸이의 모습

올라섰지만 결국 국내외 지지를 받지 못하며 11일이 지난 7월 12일에 물러날 수밖에 없었습니다.

퇴위 이후 푸이는 베이징에서 머무르다 톈진으로 거처를 옮겼는데, 일본의 만주 침공 이후 그는 일본이 세운 만주국에서 초대 황제가 됐습니다. 일본이 제2차 세계대전에서 패망하자 그도 만주국 황제에서 물러났

고, 오히려 도쿄 전범 재판에 회부돼 10년간 수감생활을 했습니다. 공산화된 중국에서는 마오쩌둥 공산당으로부터 감옥에서 재교육을 받은 뒤 석방 후 그는 평민으로 지내다 1967년 10월 17일 사망했습니다.

3 ─────────────────── 푸아드 2세

3위는 이집트의 푸아드 2세(Fuad II)입니다. 그가 태어났던 1952년 1월 16일 당시만 해도 아버지인 파루크 왕이 이집트를 통치하고 있었습니다. 그렇지만 그해 이집트혁명이 발생했고, 파루크 왕은 혁명세력과의 타협과 아들인 푸아드 2세를 위해 권좌에서 물러났습니다. 푸아드 2세는 그가 태어난 지 6개월 만인 1952년 7월 26일 왕으로 올라섰지만 이후 아버지가 추방되면서 아버지를 따라 이집트를 떠날 수밖에 없었습니다.

1953년 6월 18일, 이집트는 왕정을 폐지하고 공화국이 됐습니다. 이에 푸아드 2세도 자연스레 왕에서 물러났고, 이집트가 아닌 유럽에서 성장하며 생을 보냈습니다.

2 ─────────────────── 소부자 2세

2위는 과거 스와질란드의 소부자 2세(Sobhuza II)입니다. 1899년 7월 22일에 태어나 생후 4개월이 되던 때 아버지의 갑작스러운 사망으로 스와질란드 통치자인 은그웬야마(Ngwenyama)가 됐습니다. 할머니였던 라보치베니가 섭정을 진행했고, 1921년부터 소부자 2세가 직접 통치를 진행했습니다. 이후 그의 통치는 1982년 사망할 때까지 총 82년 254일간 이뤄졌습니다.

소부자 2세는 은그웬야마로 군림하면서 1968년 스와질란드가 영국으로부터 독립하는 데 큰 역할을 했고, 1973년에는 헌법을 폐지하고 의회를 해산해 절대 권력도 확보했습니다. 이후 그는 강력한 지도력을 발휘하면서 스와질란드의 경제를 성공적으로 이끌며 오랜 기간 통치할 수 있었습니다.

1 ——————————————— 알폰소 13세

최근 100년 동안 가장 어린 왕 1위는 스페인의 알폰소 13세 (Alfonso XIII)입니다. 1886년 5월 17일에 출생한 알폰소 13세는 태어나자마자 왕으로 즉위했습니다. 아버지인 알폰소 12세가 1885년 11월 25일 이질이 재발해 사망했기 때문입니다. 그러나 알폰소 13세는 너무나 어린 나이였기 때문에 어머니인 마리아 크리스티나가 섭정을 하게 됐습니

어머니 마리아 크리스티나와 함께 한 알폰소 13세

다. 이후 그의 나이 16세가 되던 해인 1902년 섭정에서 벗어나 직접 통치를 시작했습니다.

당시 스페인은 미국과의 전쟁에서 패해 식민지가 줄어든 상태였고, 바스크와 카탈루냐에서는 자치 확대를 요구하고 있는 데다 노동단체의 폭력적 시위는 극에 달해 안정적인 상태가 아니었습니다. 때문에 알폰소 13세는 의회에 대한 불만을 표출했고 의회와 갈등이 있었습니다. 이런 와중에 1923년 미겔 프리모 데 리베라 장군의 쿠데타가 발생했는데 알폰소 13세는 쿠데타를 지지했습니다.

그렇지만 쿠데타 독재 정부는 1930년 무너지게 됐고, 쿠데타를 지지했었던 알폰소 13세의 입지도 불안해졌습니다. 알폰소 13세는 정국 안정을 위해 지방선거에 동의했고, 이 선거에서 공화당이 승리하며 스페인은 공화국이 됐습니다. 결국 알폰소 13세는 스페인을 떠날 수밖에 없었고, 1941년 로마에서 생을 마감했습니다.

꽂히는 뭔가에
유난히 집착을 보였던
독재자 TOP 10

과거나 지금이나 절대 권력을 추구하며 독재를 자행한 인물들은 상당히 많았습니다. 이러한 독재자들은 절대 권력을 국가나 국민의 이익을 위해 행사했던 그리스의 요안니스 메탁사스(Ioannis Metaxas)나 싱가포르의 리콴유(李光耀)와 같은 극소수를 제외하고 대부분은 권력을 확보하면 억압 통치를 이어간다는 공통점이 있습니다. 이 때문에 대부분의 사람들은 독재를 부정적으로 인식하고 있고, 더 나아가 독재자들의 이미지는 독선, 억압, 공포, 부패 등으로 귀결되고 있습니다.

그런데 이러한 독재자들도 사람인지라 이들 또한 어떤 것에 꽂히게 되면 일반인들처럼 집착을 보이기도 했습니다. 이러한 것들을 알아보려고 합니다. 꽂히는 뭔가에 유난히 집착을 보였던 독재자들입니다.

10 _____ 사담 후세인

1979년부터 이라크를 장기간 통치했던 사담 후세인(Saddam Hussein)은 미국과 2번의 전쟁을 치른 인물이기도 합니다. 2003년 후세인은 그 두 번째 전쟁으로 체포돼 권력에서 축출됐습니다. 그런데 2005년 당시 교도소에 수감돼 있던 후세인과 관련해 특이한 보도가 있었습니다. 바로 후세인이 스낵인 도리토스를 상당히 선호한다는 내용이었습니다.

이는 당시 교도관으로 근무했던 미군들의 증언이었습니다. 미군들은 후세인이 큰 도리토스 봉지를 10분 만에 먹어치울 정도로 좋아했고, 친절하고 수다스러웠다고 묘사했습니다. 후세인은 수감 중에 도리토스 외에 다른 것들은 별도로 요구하지 않았던 것으로 알려져 있습니다.

9 _____ 무하마르 카다피

무하마르 카다피(Muammar Gaddafi)는 1969년부터 2011년까지 리비아를 통치했던 인물입니다. 그런데 카다피가 권력에서 쫓겨난 뒤 리비아인들이 그의 숙소에서 스크랩북을 발견했습니다. 스크랩북 안에는 콘돌리자 라이스(Condoleezza Rice) 전 미 국무장관의 사진이 도배돼 있었습니다. 이것은 카다피가 그녀에게 집착했다는 것을 증명하는 것인데, 2007년 알자지라와의 인터뷰에서 카다피는 그녀를 사랑한다고 말하기도 했습니다.

미 국무장관이었던 그녀가 2008년 리비아를 방문했을 때 카다피는 그녀에게 저녁 식사를 제안했고, 이후 그녀를 위해 작곡했던 '백악관의 검은 꽃'이라는 노래도 들려줬습니다. 또한 카다피는 다이아몬드 반지를 포함한 총 20만 달러 이상의 선물을 그녀에게 주기도 했습니다. 한편 그녀도 카다피에게 선물을 줬는데, 그녀가 준 것은 미국 정부의 인장이 찍힌 접시였습니다.

1971년 쿠데타로 우간다를 통치하기
시작한 이디 아민(Idi Amin)은 통치 당
시 자신을 대영제국의 정복자라 불리는
것을 선호했습니다. 이는 그가 영국 식
민지 당시 영국 식민지군에 복무했었기
때문에 영국에 대한 집착이 생긴 것으
로 볼 수 있습니다. 우간다가 독립한 이
후 정권을 잡은 그는 스스로에게 빅토

1975년 UN을 방문한 이디 아민

리아 십자훈장을 수여하기도 했습니다. 더 나아가 자신이 스코틀랜드의
왕이 되겠다고 발언하기도 했고, 특히 엘리자베스 2세보다 자신이 뛰어
나기 때문에 자신이 영연방을 통치해야 한다고도 주장했습니다.

1972년 그는 우간다 내 모든 영국 소유의 기업들을 국유화하기도 했는
데, 이에 영국은 1977년 우간다와 외교관계를 단절했습니다. 이를 두고
이디 아민은 자신이 영국을 물리쳤다고 주장하며 자신을 대영제국의
정복자라고 선언했습니다.

7 _____ **프랑수아 뒤발리에**

프랑수아 뒤발리에(François Duvalier)는 1957년부터 1971년까지 아이
티를 통치한 인물입니다. 뒤발리에는 무엇보다 공포 정치를 행한 것으
로 유명한데, 특히 반대파에 대한 탄압은 매우 철저했습니다. 이 때문에

뒤발리에의 통치 기간에 정치적 반대파들은 꾸준히 살해당하거나 추방 됐는데, 사망자만 6만 명에 달하는 것으로 추정되고 있습니다.

그런데 이런 그의 통치 방식 때문에 그가 집착한 것이 있었는데 바로 검은 개였습니다. 1963년 뒤발리에는 자신의 정치적 정적이었던 클레 멘테 바봇(Clément Barbot)이 검은 개로 위장했다는 출처가 불분명한 소 문을 듣고 아이티 내의 모든 검은 개를 죽이라고 명령했습니다. 그때부 터 뒤발리에는 검은 개에 유난히 집착했는데, 이후 아이티의 수도인 포 르토프랭스에서는 경찰들이 돌아다니며 검은 개를 발견할 때마다 사격 을 가했습니다.

6 ——————————————————————— 김정은

3대 세습을 통해 북한의 권력을 확보한 김정은은 억압적인 통치를 하고 있습니다. 그가 집착할 정도로 좋아한 것이 있으니 바로 스위스 에멘탈 치즈입니다. 과거 스위스에서 유학을 했던 김정은은 에멘탈 치즈를 무 척이나 좋아해 한때 제재를 피해 많은 양을 수입하기도 했습니다.

더 나아가 김정은이 이를 직접 북한에서 생산하도록 지시했다는 일화 도 매우 유명한데, 지시와 달리 북한에서 생산한 에멘탈 치즈가 스위스 수준에 못 미쳐 김정은이 격분했다고도 전해집니다. 또한 북한 관리들 이 프랑스 치즈학교에 수강 신청했다가 거절당한 적도 있었을 만큼 김 정은의 에멘탈 치즈에 대한 관심이 어느 정도인지를 짐작하게 합니다. 현재 김정은이 다이어트를 했다고는 하지만 지구상에 에멘탈 치즈가 존재하는 한 체중을 끝까지 유지할 수 있는지는 의문입니다.

5 _____ 피델 카스트로

거의 50년에 가까운 세월 동안 쿠바를 통치하다 90세의 나이로 사망한 피델 카스트로(Fidel Castro)는 군복과 시가로 상징되는 인물입니다. 그렇지만 이러한 상징적인 것에 유제품을 포함시켜야 할 것 같습니다. 그는 평소 식사를 할 때 아이스크림 여러 개를 같이 먹었고, 하루 종일 밀크셰이크를 마시는 등 유제품에 대한 관심이 매우 컸습니다. 때문에 1963년 CIA는 미수에 그쳤지만 밀크셰이크로 그를 독살하려고도 했었습니다.

독살의 위기가 있었다면 더 이상 좋아하지 않을 법도 한데 유제품 사랑은 여전했습니다. 1966년에는 수도 아바나에 현재도 운영 중인 코펠리아라고 불리는 거대한 아이스크림 가게를 직접 건설했고, 쿠바에서도 충분한 양의 우유를 생산하기를 원해 캐나다에서 홀스타인 젖소를 수입하기도 한 것이 이를 대표적으로 말해줍니다. 특히 수입한 캐나다의 홀스타인 젖소가 쿠바의 새로운 환경에 적응하지 못하자 홀스타인 젖소와 쿠바의 토종 소를 교배하라고 지시한 것은 놀랍기만 합니다.

4 _____ 엔베르 호자

1941년부터 1985년까지 알바니아를 통치했던 엔베르 호자(Enver Hoxha)는 공산주의자로 철저한 공안통치를 진행했고, 종교를 무자비하게 탄압하며 알바니아를 세계 최초의 무신론 국가로 선언하기도 했습니다. 또한 그는 스탈린주의를 추종했던 터라 스탈린에서 벗어나고자 했던 1950년대 소련의 후르쇼프(Nikita Khrushchev)와는 갈등을 보이기도 했는데, 때문에 그는 소련을 비롯한 주변국의 침략을 경계해 벙커에 집착하기 시작했습니다.

알바니아 전국을 벙커화해 방어한다는 전략으로 벙커는 1967년부터 그가 사망할 때까지 꾸준히 지어졌고, 건설된 벙커는 총 17만 3,371개에 달하는 것으로 알려져 있습니다. 그가 권력을 유지하고자 벙커에 얼마나 집착했는지를 이 수치만 봐도 알 수 있지만 산, 해변, 도시, 농장을 구분하지 않고 마구 지어진 벙커의 위치는 그의 광적인 집착을 더 잘 설명해주고 있습니다.

3 ──────────── 사파르무라트 니야조프

사파르무라트 니야조프(Saparmurat Niyazov)는 1985년부터 2006년까지 투르크메니스탄을 통치했던 인물입니다. 그는 투르크메니스탄을 서방이나 러시아와는 거리를 둔 중립국으로 외교 정책을 펴며 나름 현실적인 외교 방향을 추구했습니다. 그렇지만 대내적으로는 매우 괴상했는데, 특히 법에 대한 집착을 보였습니다.

립싱크가 음악 예술 발전을 저해한다면서 립싱크를 금지했고, 개들이 매력 없다고 해 수도 아슈하바트에서 개를 내쫓았으며, 1997년 자신이 심장 수술로 금연을 하자 모든 공공장소에서 흡연하는 것을 금지했습니다. 또한 그는 오페라, 발레, 서커스가 투르크인들과 어울리지 않는다고 해 이를 막았고, 남성이 머리와 수염을 기르는 것도 못 하게 했으며, TV에서 출연자들이 자연스럽게 비춰져야 한다며 화장을 금지했습니다. 자신이 봤을 때 개들은 뼈를 잘 씹어 치아가 튼튼하니 사람들도 치아를 튼튼하게 하기 위해 뼈를 씹어야 한다고도 주장했습니다.

그렇지만 이를 능가한 것이 있었습니다. 투르크어에서 빵이라는 단어를 없애고 이를 자신의 어머니 이름으로 대체하게 했고, 일부 도로명도 자신의 아버지와 어머니 이름으로 명명하도록 했으며, 도시부터 각종 다양한 물품에는 자신의 이름을 따 명명하게 했습니다. 그의 통치 시절 항상 태양을 향해 회전했던 15m 크기의 그의 금도금상만 보더라도 당시 그의 위상이 어느 정도인지를 짐작하게 합니다.

2 _____ 구르반굴리 베르디무하메도프

사파르무라트 니야조프가 2006년 사망한 뒤 대통령 권한대행을 거쳐 대통령이 된 구르반굴리 베르디무하메도프(Gurbanguly Berdymuk-hammedov)는 2022년 3월 19일까지 투르크메니스탄을 통치했습니다.

투르크메니스탄의 구르반굴리 베르디무하메도프 대통령이 입장하는 모습

2022년 대통령 선거에서 아들이 승리해 대통령이 되자 물러난 것입니다. 그런데 그가 통치하던 시절에는 전임 대통령을 능가하는 집착을 보였는데 바로 흰색입니다. 흰색이 운이 좋다고 생각한 그는 수도의 모든 건물을 흰색 대리석으로 덮어버리게 했고, 이에 도시 전체가 그가 원하는 색으로 바뀌게 됐습니다.

그렇지만 도시가 흰색이 됐다고 해도 그에게는 도시를 지나다니는 차량이 눈에 거슬렸나 봅니다. 2018년 수도인 아슈하바트 내 검은색 차량을 압수하라고 명령해 경찰이 이를 압수했는데, 차주들은 차를 되찾기 위해 도색 비용을 납부해야 했습니다.

1 ——————————————— 장베델 보카사

1966년부터 중앙아프리카 공화국의 대통령이었던 장베델 보카사(Jean-Bédel Bokassa)는 재임 기간 중이었던 1976년에 중앙아프리카공화국을 중앙아프리카제국으로 선포하며 자신을 황제로 추대했습니다. 대관식은 당시 기준으로 2,000만 달러의 비용을 투입했는데 이는 현재 가치로 9,970만 달러에 달합니다. 자신을

1970년 장베델 보카사

황제로 추대했을 만큼 절대 권력을 쥐고 있던 그가 집착했던 것이 있는데 바로 여성이었습니다. 이는 그에게 17명의 아내가 있었고, 그들과의

관계에서 50명 이상의 자녀를 두었다는 사실이 증명해줍니다.

그의 아내는 국적이 매우 다양했는데 자국인 중앙아프리카공화국 아내 여러 명을 비롯해 가봉인 아내, 자이르인 아내, 스웨덴인 아내, 독일인 아내, 루마니아인 아내, 레바논인 아내, 베트남인 아내, 중국인 아내 등이 있습니다. 그가 이렇게 다양한 국적의 여성과 결혼을 할 수 있었던 건 해외 방문 시 마음에 드는 여성을 발견하면 상당히 공들여 설득했었기 때문입니다. 그렇지만 이와 달리 자국 여성과는 반강제적으로 결혼을 행했습니다.

북한과의 수교를
끝까지 거부하고 있는
의외의 국가 TOP 10

지속적인 도발에 따른 대표적인 고립 국가로 알려져 있는 곳이 바로 북한입니다. 그렇지만 이러한 국제적인 상황과는 다르게 2022년 5월 기준 북한이 외교관계를 유지하고 있는, 이른바 수교를 맺고 있는 국가는 총 160개국입니다. 한국이 외교관계를 맺고 있는 국가가 191개국이라는 것에 비춰본다면 크게 차이가 나지 않아 보입니다. 게다가 북한이 외교관계를 맺고 있는 160개국 중에는 한국은 외교관계를 맺지 못했지만 북한은 단독으로 수교해 외교관계를 유지하고 있는 국가도 3개국이 존재합니다. 쿠바, 시리아, 팔레스타인이 그 3개국에 해당합니다.

그렇다면 이와 달리 북한과의 외교관계를 유지하지 않는 미수교국에는 어떤 국가가 있을까요? 대표적으로 미국이나 일본 등이 있지만, 그 외에 한국과 외교관계를 유지하고 있으나 북한과는 외교관계를 맺지 않은 채 미수교국으로 남아 있는 의외의 국가들을 알아보겠습니다. 10개국을 소개합니다.

10 _____ 말레이시아

애초 말레이시아는 북한과 대사관을 개설했을 정도로 북한과의 외교관계를 긴밀하게 유지하고 있었던 수교국이었습니다. 북한은 1974년 말레이시아 쿠알라룸푸르에 대사관을 개설했고, 말레이시아도 2004년부터 북한에 대사를 파견했습니다. 게다가 2009년부터는 말레이시아인들이 무비자로 북한을 여행할 수 있었을 정도로 양국의 관계는 상당히 돈독했습니다.

그렇지만 2017년 2월 13일 북한의 김정남 암살은 양국의 외교관계에 근본적인 변화를 불러왔습니다. 말레이시아가 부검을 실시한다고 하자 북한은 김정남 시신을 요구했는데, 이에 대해 말레이시아가 부검과 진상 규명은 당사국의 권리라는 점을 들어 거부했기 때문입니다. 이에 보복으로 북한은 말레이시아가 시신을 반환할 때까지 말레이시아 대사관 직원들을 억류하기도 했습니다.

이후 양국은 다시 외교관계를 회복할 조짐이 있긴 했습니다. 실제로 2018년 북미정상회담 이후 말레이시아의 마타히르 모하맛(Mahathir Mohamad) 총리는 대북관계를 개선할 것이라고 언급했고 2019년 최룡해를 만나 국교 재개를 논의하기도 했습니다.

그러나 2021년 3월 말레이시아가 탈북자를 미국으로 송환하자 북한은 말레이시아와 외교관계를 단절한다고 발표했습니다. 이에 말레이시아도 48시간 내에 북한 외교관의 출국을 명령해 현재 양국의 외교관계는 단절된 상태입니다.

현재 프랑스는 북한과 외교관계를 맺지 않고 있는 미수교국입니다. EU 회원국 중에서는 에스토니아와 함께 유일한 국가이기도 합니다. 프랑스가 이처럼 북한과 외교관계를 맺고 있지 않는 이유는 크게 2가지입니다. 바로 인권과 핵입니다.

프랑스는 일관되게 북한이 핵무기를 포기하고 인권을 개선할 경우 외교관계 수립에 대해 검토해보겠다는 입장입니다. 1981년 방북한 프랑스의 미테랑(François Mitterrand) 대통령이 북한을 인정하겠다고 약속하기도 했었고, 2011년 프랑스 정부가 평양에 프랑스 협력 문화활동사무소를 개설하기도 했습니다. 하지만 프랑스는 이에 대해 문화와 인도주의적 측면에서만 접근한 것이라 실제 북한이 핵 문제, 인권 개선을 이뤄내야 외교관계를 수립할 것이라고 다시 한번 강조했습니다.

프랑스 수도인 파리 전경

8 _____ 바티칸 시국

바티칸 시국과 북한의 관계는 매우 냉랭한 상태입니다. 북한은 표면적으로 종교의 자유를 허용하고 있다고 주장하며 1988년 완공한 성당인 장충성당을 대외적으로 홍보하고 있지만 실상은 다릅니다. 북한은 가톨릭을 포함한 모든 종교를 통제하고 탄압하면서 북한 주민의 종교 활동을 철저히 금하고 있습니다. 특히 바티칸 시국 입장에서는 북한이 건국 당시 성직자들을 처형한 역사가 있는 데다, 대외적으로는 가톨릭을 국가 체제의 홍보수단으로만 활용하고 있고 내부적으로는 체제 안정을 위해 종교인 색출에만 열을 올리고 있어 근본적인 변화가 있지 않는 한 관계 개선이 쉽지 않은 상황입니다.

북한도 일반 국가와는 다른 바티칸 시국의 특성상 외교관계를 개선할 경우 체제에 엄청난 변화를 몰고 올 수 있어서 외교관계 개선에는 소극적입니다. 간혹 교황의 방북이 거론되긴 하나 마찬가지로 실현되지 못하고 있는 상태입니다.

바티칸 시에 있는 성 베드로 대성당

남아메리카의 대표적인 친미 국가 중 하나인 엘살바도르는 현재 북한
과는 수교하지 않고 있는 상태입니다. 엘살바도르와 북한은 모두 비동
맹 회원국이어서 비동맹회의 때 접촉이 있긴 하지만 교류나 교역을 목
적으로 한 별도의 외교관계를 보여주지는 않고 있습니다.

엘살바도르는 유엔의 대북 제재를 대체로 적극적으로 이행하고 있는데,
한때 제재 중인 북한과 49건의 무역 건수가 있어 주목받기도 했었습니
다. 그러나 이는 한국과의 무역코드 혼동으로 담당자가 한국을 북한으
로 잘못 기입했던 것이어서 대북 제재를 위반하지 않은 것으로 밝혀지
기도 했습니다. 엘살바도르는 북한과 관련한 주요 국제적 사안에 대해
서는 한국의 입장을 지지하고 있어서 북한과의 관계 개선이 당장 이뤄
질 것으로 보이지는 않습니다.

엘살바도르 수도인 산살바도르 전경

6 ————————————————— 사우디아라비아

사우디아라비아의 이웃에 위치하고 있는 쿠웨이트에는 북한대사관이 존재하지만 사우디아라비아와 북한과의 외교관계는 단절된 상태입니다. 북한이 1992년 오만, 1993년 카타르, 2001년 쿠웨이트와 바레인, 2007년 아랍에미리트 등 여러 걸프협력회의 회원국들과 외교관계를 수립했음에도 현재까지 사우디아라비아는 북한과의 관계 개선에 냉담한 상태입니다.

먼저 북한은 사우디아라비아가 외교관계를 단절한 지역 라이벌인 이란과 핵과 미사일 등을 협력할 만큼 매우 긴밀한 관계입니다. 이어 북한은 2002년 예멘에 대략 20기의 스커드 미사일을 판매했는데, 후티 반군이 이를 사우디아라비아와의 분쟁에서 사용했을 정도로 사우디아라비아의 시각에서는 북한이 달가운 존재는 아닙니다. 게다가 궁극적으로 사우디아라비아는 시리아나 이란과 달리 미국과 동맹국 수준의 관계를 유지하고 있어 당장 북한과의 외교관계가 개선될 것으로 보이지는 않습니다.

5 ————————————————————— 이스라엘

북한과 외교관계를 맺기 어려운 국가를 꼽자면 가장 먼저 이스라엘을 들 수 있습니다. 이스라엘과 북한은 상호 간에 매우 적대적인 관계이기 때문입니다.

먼저 북한은 1973년 욤 키푸르 전쟁에서 조종사를 이집트에 파견해 미

북한과 매우 적대적인 이스라엘

그-21로 이스라엘의 F-4와 공중전을 치르기도 했습니다. 당시 공중전
에서 미그-21 한 대가 이스라엘에 의해 격추되었습니다. 또한 북한은
수년간 이란, 시리아, 리비아 등 이른바 이스라엘의 적성국(敵性國)에 미
사일과 무기를 공급해 이스라엘을 자극하기도 했습니다. 2010년 이스
라엘의 외무장관이었던 아비그도르 리베르만(Avigdor Lieberman)은 북
한을 시리아, 이란과 묶어 악의 축이라고 밝히기도 했고, 2014년 이스라
엘이 팔레스타인과 갈등을 보이자 북한은 하마스에 무기 거래를 제안하
기도 했을 만큼 이스라엘과 북한의 관계는 복잡하게 얽혀 있습니다.
현재 북한은 이스라엘을 제국주의의 위성국가로 보고 국가로 인정하지
않은 채 오히려 보복을 공언하며 팔레스타인만 국가로 인정하고 있습
니다. 반대로 이스라엘은 북한을 세계 안보의 위협 국가로 인식하고 있
는 상황입니다.

우루과이는 전통적으로 한국과 매우 우호적인 관계를 유지하고 있습니다. 이는 반대로 북한과의 관계가 순탄치 않음을 보여주는 것이기도 합니다.

무엇보다 우루과이는 북한의 핵 개발, 미사일 도발, 인권 탄압에 대해 매우 비판적인 시각을 갖고 있는 상태입니다. 유엔에서 북한의 제재 관련 입장도 한국 정부와 긴밀히 공조해나간다는 방침을 갖고 있을 정도입니다. 특히 북한은 주 브라질 북한대사관과 주 페루 북한대사관을 통해 우루과이 정부에 외교관계 수립을 시도했지만 우루과이 정부는 이에 응하지 않기도 했습니다. 지난 2017년 우루과이의 로돌포 닌 노보아 (Rodolfo Nin Novoa) 외교장관은 북한의 태도 변화가 없는 한 수교 등의 관계 개선은 없을 것이라고 강조하기도 했습니다.

우루과이의 해변 휴양도시인 푼타델에스테 전경

3 ——————————————————————————— 이라크

북한과 이라크는 1968년 사담 후세인이 집권하면서 외교관계를 맺은 바 있습니다. 이러한 양국의 관계는 1980년 이란과 이라크가 전쟁을 치르면서 산산조각 났습니다. 북한이 이란을 지원했기 때문입니다. 실제 북한이 이란에 지원한 T-54, T-55 전차를 비롯해 170mm 곡산 자주포와 스커드 미사일은 전쟁 당시 이라크에 노획되기도 했습니다.

그렇지만 1990년대 말 이라크는 북한으로부터 미사일을 구매하는 등 양국은 미사일 거래로 다시 협력관계를 구축했습니다. 또한 2001년 미국은 이라크가 북한과 함께 아프리카 수단에 미사일 공장을 공동 건설했다고 보고서를 공개한 바 있습니다.

그러나 2003년 미국과 이라크 전쟁으로 사담 후세인 정권이 몰락하자 미국과의 관계가 긴밀해진 이라크는 북한과의 외교관계를 단절한 상황입니다. 실제 2012년 벌어진 시리아 내전 당시에는 북한의 무기가 시리아에 유입되는 것을 막고자 이라크는 북한 항공기의 영공 접근을 불허한 바 있습니다.

2 ——————————————————————————— 아르헨티나

1973년 아르헨티나는 북한과 외교관계를 맺었습니다. 쿠데타로 인해 단 49일간 아르헨티나의 대통령이었던 헥토르 캄포라(Héctor Cámpora)가 집권할 당시 아르헨티나는 북한과의 관계를 개선했습니다. 이후 헥토르 캄포라가 대통령 자리에서 물러나고 새로운 정권의 부통령이었던 이사벨 페론(Isabel Perón)이 평양을 방문해 김일성과 전격적으로 만나면서 그해 6월 아르헨티나와 북한은 수교했습니다.

그렇지만 아르헨티나와 북한의 외교관계는 오래 지속되지 못했습니다. 수교 이후 개설된 주 아르헨티나 북한대사관은 아르헨티나 내 좌익 게릴라에 지원을 하고 있었는데, 정권이 수시로 바뀌는 아르헨티나의 정치 환경 속에서 우익 군사정권이 집권하자 상황이 바뀐 것입니다. 북한이 대사관에 불을 지르고 외교관들을 본국으로 송환해 증거를 인멸하는 모습을 보이자 아르헨티나의 우익 군사정권은 북한과의 외교관계를 단절했습니다.

물론 1990년대 잠시 아르헨티나가 북한의 유엔 가입을 지지하기도 했지만 이는 그 이상으로 확대되지는 않았습니다. 1990년대 중반 카를로스 메넴(Carlos Menem)이 집권할 당시 북한은 부에노스아이레스에 경제협력 사무소를 개설하는 등 아르헨티나와의 관계 개선의 의지를 보이기도 했지만 아르헨티나는 과거 사건의 손해배상과 미납된 곡물 대금을 지급받아야 논의할 수 있다고 해 거부했습니다.

1 ——————————————————————— 볼리비아

볼리비아는 2006년부터 2019년까지 집권했던 에보 모랄레스(Evo Morales)를 비롯해 2020년에 집권한 대통령인 루이스 아르세(Luis Arce)에 이르기까지 21세기 대부분을 사회주의 운동당 소속의 인물들이 통치하고 있습니다. 그렇기 때문에 북한과의 외교관계가 개선될 것으로도 생각할 수 있겠지만 친북 성향을 보이는 일부 인사들을 제외하고는 대

사회주의 정권임에도 북한과 미수교국인 볼리비아

부분 현실을 냉정하게 바라보는 분위기입니다.

북한이 모랄레스 대통령 연임 확정 당시 주 페루 북한대사관을 통해 취임식 특사 파견을 원했지만 볼리비아 정부는 이를 거절했고, 이후 G77(개발도상국들의 국제회의) 중국 특별정상회의에서 북한 대표단은 볼리비아 고위 인사에게 수교를 요청하기도 했는데 볼리비아는 한 발 물러선 모양새입니다. 이는 볼리비아와 한국과의 관계가 애매해질 수 있다는 점과 북한과의 수교가 볼리비아 경제에 실익이 없다는 점 때문이었습니다. 사회주의 정권이 통치하고 있는 볼리비아이지만 북한과의 외교관계 정상화는 쉽지 않아 보입니다.

중립국이 되려 했지만
최종 지위를 상실해
실패한 국가 TOP 10

1위   스웨덴

2위   미국

3위   튀르키에

4위   핀란드

5위   아르헨티나

6위   룩셈부르크

7위   우크라이나

8위   우루과이

9위   라오스

10위   대한민국

중립국은 말 그대로 어느 한편에 서지 않고 국제법상 중립의 원칙을 준수하는 주권국가입니다. 단순하게 국가 입장에서 보면 중립국이야말 로 정치·경제·외교 등 국가 주권의 제한을 받기보다는 주권을 보장받 고 국민의 재산과 생명을 보호받을 수 있는 손쉬운 방법이라고 생각할 수 있을 것입니다.

그러나 중립국이 되기 위해서는 매우 고도의 외교능력이 반드시 뒷받 침돼야 합니다. 한 국가가 일정한 절차를 거쳐 중립을 선언해도 국제사 회가 이를 인정해야 진정한 중립이 될 수 있고, 설령 중립을 인정받았다 고 하더라도 시간이 흘러 전쟁 등 각종 변화하는 국제 정세에 따라 어 느 특정 편에 서지 않고 유연하게 대처할 수 있어야 하기 때문입니다. 물론 특수한 사례를 제외하고 일정 수준의 국방력을 갖추고 있는 것도 중요합니다.

이 때문에 현재 중립국의 지위를 유지하고 있는 국가는 많지 않은데, 대 표적으로 스위스, 오스트리아, 투르크메니스탄, 바티칸 시국, 코스타리 카 등이 있습니다. 그렇다면 한때 중립국이 되려고 했지만 최종 실패한 국가에는 어떤 국가가 있을까요? 이들 국가를 보면 중립국을 유지하지 못한 데는 다양한 이유가 있었는데 이를 확인해보겠습니다.

10 ———————————————————————— 대한민국

1897년 조선에서는 기존의 왕실이 유지되는 가운데 새롭게 대한제국을 선포하며 고종을 중심으로 한 광무개혁으로 근대화를 추진하려고 했습니다. 당시 주변정세는 대한제국에게 유리한 상황이 아니었습니다. 일단 기본적으로 대한제국의 재정이 넉넉지 않은 데다 동시에 일본이 주축이 된 해외 자본이 대한제국을 좌지우지하면서 제대로 된 근대화를 추진하기에는 한계가 있었던

서양식 의복을 갖춰 입은 고종

것입니다. 게다가 고종의 의지와는 다르게 일본이 사사건건 개입하며 견제하자 안정적인 통치자체가 불가능한 상황이었습니다.

그러던 중 당시 대한제국에 영향을 끼치고 있었던 러시아와 일본의 대립이 격화하자 1904년 1월 21일 고종은 전 세계를 대상으로 대한제국이 중립국임을 선언했습니다. 그렇지만 일본이 러일전쟁에서 승리하고 1905년 을사늑약이 체결됨으로써 대한제국의 중립국 시도는 역사 속으로 사라졌습니다.

9 ——————————————————————————— 라오스

1962년 제네바의 유엔안전보장이사회는 당시 외세의 개입으로 내전의
혼란에 휩싸였던 라오스의 안정을 위해 라오스에 중립국의 지위를 부
여하자는 협정을 체결했습니다. 당시 협정은 미국을 비롯해 소련, 북베
트남, 남베트남 등 라오스를 둘러싼 이해당사국들이 모두 서명한 것이
라 기대를 모았습니다.

그렇지만 중립국의 지위를 부여한다는 협정과는 달리 현실은 냉혹했습
니다. 북베트남은 서명 이후에도 라오스에 수천 명의 군인을 주둔시켰
고, 소련과 중국도 라오스에 지원을 계속 이어갔습니다. 미국도 마찬가
지로 라오스에 대한 군사적 지원을 이어감으로써 라오스의 내전은 더
욱 격화됐습니다. 1962년 중립국을 위한 서명이 있었지만 내전은 1975
년까지 이어졌습니다. 당시 내전은 북베트남의 지원을 받은 라오스 인
민해방군이 승리했고 라오스의 바타나(Savang Vatthana) 왕을 비롯한 기
존 라오스 왕실은 모두 체포돼 노동수용소로 보내지며 라오스는 사회
주의국가가 됐습니다.

8 ——————————————————————————— 우루과이

1937년 당시 우루과이의 알프레도 발도미르(Alfredo Baldomir) 대통령
은 외교에서 우루과이의 중립을 강조했습니다. 그러나 1939년 12월, 커
다란 변수가 발생했습니다. 우루과이 해안에서 영국과 독일의 리버 플
레이트 해전이 벌어졌기 때문입니다. 당시 해전에서 영국의 헨리 하워

드(Henry Howard)가 이끌었던 왕립해군함대는 독일의 한스 랑스도르프 (Hans Langsdorff)가 지휘했던 그라프 슈페 순양함에 큰 피해를 남겼습니다. 이에 그라프 슈페 순양함은 수리를 위해 우루과이의 몬테비데오 항구로 피신했는데, 이때부터 영국과 독일은 중립국이었던 우루과이를 둘러싸고 치열한 외교전을 전개했습니다.

당시 영국 외교관이었던 유진 밀링턴 드레이크(Eugen Millington-Drake)는 우루과이 정부와의 관계를 바탕으로 이를 유리하게 이끌었고, 결국 독일의 그라프 슈페가 72시간 내에 출항해야 하는 것으로 결론이 났습니다. 하지만 독일은 몬테비데오 항구 밖에 영국의 압도적인 해상전력이 배치됐다고 오인해 출항하지 않고 그라프 슈페를 자침(自沈)했습니다. 1940년 독일은 우루과이와 외교관계를 단절하겠다고 위협했는데, 결론적으로 1942년 우루과이는 독일과 외교관계를 종료했고 1945년에는 독일과 일본에 선전포고해 중립국 지위를 상실했습니다.

7 _____ 우크라이나

1990년 우크라이나의 국가주권선언은 공식적으로 중립을 표방한 것이었습니다. 이는 한동안 우크라이나의 외교정책에서도 증명됐는데, 1994년 NATO의 평화를 위한 파트너십에 가입할 당시 러시아 중심의 독립국가연합과도 제한된 군사파트너십을 유지했던 사례는 대표적입니다. 2010년 당시 대통령이었던 야누코비치(Viktor Yanukovych)하의 우크라이나 의회는 우크라이나의 중립을 다시 한번 선언하고 NATO 가입을 막는 법안을 승인함으로써 중립국으로서의 면모를 보여줬습니다. 그러나 2014년 러시아가 침공하자 우크라이나는 2010년 군사동맹 가입을 하지 않겠다고 의회가 가결했던 비동맹 지위를 포기하고 중립외교정책 또한 철회해 서방과 가까워지며 현재까지 러시아와 대결을 이어가고 있습니다.

6 룩셈부르크

1866년 룩셈부르크를 둘러싸고 프랑스와 프로이센은 외교적으로 대립했습니다. 그런 와중에 양국 모두는 룩셈부르크가 어느 한 국가로 치우치는 것을 원하지 않았기 때문에 룩셈부르크를 중립국으로 만드는 걸 합의했습니다. 룩셈부르크를 포함한 총 9개국이 1867년 런던조약에 서명함으로써 룩셈부르크에 완전한 독립과 중립을 부여한 것입니다.

그러나 1914년 제1차 세계대전 기간에 독일이 프랑스를 공격하기 위해 룩셈부르크를 침공하면서 런던조약의 서명을 무의미하게 만들었습니

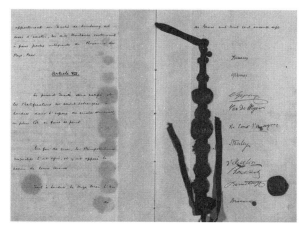

1867년 당시 9개국이
서명했던 런던조약

다. 독일의 점령이 이어졌지만 룩셈부르크의 기존 정치체제는 유지됐는데, 그럼에도 룩셈부르크는 독일에 대해 강한 불만을 가지면서 동시에 독일의 강제병합을 경계했습니다.

제1차 세계대전이 독일의 패배로 끝나면서 독일이 철수했지만 한때 프랑스는 룩셈부르크의 중립성을 의심했습니다. 역사는 반복된다는 말처럼 제2차 세계대전 기간인 1940년 독일은 또 한 번 룩셈부르크를 점령했습니다. 이때 독일은 룩셈부르크를 독일 영토로 간주했는데, 이에 런던에 망명 중이었던 룩셈부르크 정부는 이를 비난했고 연합군을 지원했습니다. 결국 종전 후 룩셈부르크는 1948년 중립국 지위를 포기하고 이듬해 NATO의 창립 회원국이 됐으며, 1950년에는 한국전쟁에 참전하기도 했습니다.

5   아르헨티나

19세기 이후 아르헨티나는 외교에 있어 중립을 유지했습니다. 당시 아르헨티나는 영국과 긴밀한 경제적 관계를 구축하고 있었습니다. 아르헨티나는 영국에 축산물과 농산물을 다량 수출하고 있었고, 영국은 아르헨티나에 철도와 금융의 투자를 진행했을 정도로 상당한 규모의 양국 간 무역이 이뤄지고 있었던 것입니다.

이런 상황에서 제1차 세계대전 당시 독일은 잠수함으로 영국을 봉쇄하는 작전을 진행했습니다. 이때 아르헨티나의 상선인 몬테 프로테히도는 독일의 공격을 받았습니다. 이에 아르헨티나에서는 독일에 반대하는 여론이 팽배했는데, 더불어 미국의 압박도 있었지만 이폴리토 이

몬테 프로테히도

리고옌(Hipólito Yrigoyen) 행정부는 미국이나 독일에 거리를 둔 중립을 유지했습니다. 당시 미국이 주장했던 범미주의를 제국주의로 봤기 때문입니다.

제2차 세계대전 초반에 아르헨티나는 추축국과의 관계를 끊지 않고 중립을 유지했습니다. 미국은 당시 아르헨티나가 중남미 국가 중 유일하게 추축국과 관계를 유지하는 것에 불만이었고, 이에 미국 내 아르헨티나 상품을 몰수하고 아르헨티나 선박의 정박을 금지했으며 대외무역도 중단해 아르헨티나를 '서반구의 나치본부'라고 비난하기도 했습니다. 결국 연합국의 전방위적 압박에 아르헨티나는 추축국과의 관계를 단절했고, 1945년에는 선전포고를 하며 중립국의 지위를 포기했습니다.

4 _____ 핀란드

핀란드는 제2차 세계대전 당시 한때 추축국 편에 서기도 했지만 종전 이후 외교정책의 중립을 도입했습니다. 1948년 핀란드는 소련에 적대적인 군사동맹에 가입하거나 서방의 소련에 대한 공격에 핀란드 영토를 사용할 수 없도록 규정한 조약을 소련과 체결하기도 했습니다. 이 때문에 냉전 당시에는 친소국가라고 비춰지기도 했습니다. 이러한 핀란드의 중립성은 국제법에 근거하지 않았고, 또한 여러 국가가 참여한 조약으로 확립된 것도 아니었습니다. 오히려 당시 소련에 의해 강제적으로 중립이 된 경우로 보는 시각이 많은 편입니다.

다만 소련 붕괴 이후의 행보는 달랐습니다. 친소련에서 탈피해 EU 가입 등으로 친서방의 성향을 보이면서 중립국의 지위를 유지했던 것입니다. 그렇지만 2022년 핀란드는 중립국의 지위를 포기했습니다. 러시아의 우크라이나 침공으로 인해 NATO 가입을 신청했기 때문입니다.

3 _____ 튀르키예

1923년 튀르키예에서는 공화국이 선포되고 무스타파 케말 아타튀르크 (Mustafa Kemal Atatürk)가 초대 대통령이 됐습니다. 당시 아타튀르크는 '조국의 평화, 세계의 평화'라는 튀르키예의 기본 외교정책을 선언하면서 중립국이 되고자 했습니다. 실제로 한동안 이는 유지됐고, 아타튀르크가 사망한 이후 이스멧 이뇌뉘(İsmet İnönü)가 집권했을 때도 마찬가지였습니다.

무스타파 케말 아타튀르크

이를 증명하듯 제2차 세계대전 기간이었던 1941년 튀르키예는 독일과 불가침조약에 서명하기도 했습니다. 또한 전쟁에 개입하지 않고자 튀르키예는 추축국을 비롯해 연합국과 등거리외교를 진행했습니다. 그렇지만 연합국은 지속적으로 튀르키예에 압박을 가했습니다. 결국 1944년 튀르키예는 독일과의 외교관계를 단절했고, 이듬해에는 독일에 선전포고를 했습니다.

이후 튀르키예는 국제외교에 적극적으로 참여했습니다 1950년에는 한국전쟁에 참전했고, 1952년에는 NATO의 회원국이 돼 냉전 당시 소련의 지중해 진출을 막는 역할을 했습니다.

2 ──────────────────────────── 미국

1778년 미국의 조지 워싱턴(George Washington)은 내각의 만장일치하에 중립을 선언했고, 1796년 공직을 떠나면서도 연설을 통해 미국의 중립을 다시 한번 강조했습니다. 이를 계기로 미국에서는 18세기 후반부터 20세기 초반까지 불개입주의가 기본적인 외교정책으로 자리 잡았습니다.

사실상 중립국의 지위를 누리고 있었던 미국은 1914년 제1차 세계대전이 발발했을 때도 1917년 초까지 중립을 유지했고, 이를 추진했던 우드로 윌슨(Woodrow Wilson) 대통령은 재선에 성공하기도 했습니다. 하지만 독일의 전쟁범죄가 미국에 보도되고 독일이 무제한잠수함작전을 펼치면서 미국의 상선을 공격하자 마침내 미국은 1917년 독일에 선전포고를 하며 참전했습니다. 그동안 견지해왔던 불개입주의가 깨진 순간이

일본의 진주만 공격 당시 2기의 어뢰를 맞아 침몰한 웨스트 버지니아

었습니다.

종전 후 미국은 다시 한번 중립의 외교정책을 추진했고, 급기야 1929
년 경제대공황이 발생하자 국제외교에는 관심을 줄인 채 자국경제 문
제해결에만 집중했습니다. 1939년 독일이 폴란드를 침공하자 미국 내
부에서는 개입과 불개입의 논란이 벌어졌습니다. 루스벨트(Franklin
Roosevelt) 행정부는 독일과 이탈리아에 견제가 필요하다고 봤지만 그
럼에도 미국 내부는 개입하지 않는다는 의견이 다수였습니다. 이런 와
중에 1941년 일본의 진주만 공격은 미국의 중립 정책에 큰 변화를 불러
왔습니다. 미국은 참전을 선언했고, 당시 대표적으로 불개입원칙을 주
장했던 허버트 후버(Herbert Hoover)도 참전을 지지했습니다. 이후 미국
은 적극적으로 국제외교 및 정치에 관여해 현재는 세계의 패권국가로
자리 잡은 상태입니다.

스웨덴의 중립역사는 비교적 오래됐습
니다. 19세기 초 스웨덴은 국제조약으
로 인정받지 않았지만 국제 분쟁에 개
입하지 않으며 전통적인 중립외교정책
을 펼쳤습니다. 1834년 구스타프 14세
가 공식적으로 스웨덴의 중립을 선언
하며 스웨덴은 본격적인 중립국이 됐
습니다. 두 차례의 세계대전 당시에도
스웨덴은 일부 교전국에게만 지원을
하는 수준이었지, 참전은 하지 않았습

라울 발렌베리

니다. 다만 1941년 독일군이 스웨덴 영토를 거쳐 핀란드 전선으로 이동
하는 것을 허용했는데, 이때 라울 발렌베리(Raoul Wallenberg)가 다수의
난민을 나치즘으로부터 보호했습니다.

종전 이후에도 스웨덴은 지속적으로 중립적 지위를 유지했습니다.
2022년 러시아의 우크라이나 침공은 스웨덴의 중립국 역사를 바꿔놨
습니다. 러시아의 위협을 느껴 NATO에 가입신청을 하며 중립적 지위
를 포기한 것입니다.

사진 출처

P. 21, 24, 27, 104, 106, 107, 108, 112, 168, 175, 180, 181, 186, 187, 193, 203, 326, 327, 331, 334, 336, 374, 375, 381, 390
shutterstock.com

P. 30, 35, 37, 41, 44, 47, 49, 52, 55(좌), 55(우), 59, 63, 66, 68, 79, 82, 85, 88, 89, 99, 100, 105, 109, 110, 113, 119, 120, 123, 127, 128, 131, 133, 137, 141, 146, 149, 151, 152, 157, 160, 161, 163, 169, 171, 174, 177, 182, 184, 188, 189, 194, 197, 198, 204, 212, 215, 217, 219, 222, 232, 236, 238, 271, 291, 293, 307, 308, 318, 321, 324, 330, 333, 338, 339, 353, 356, 363, 368, 373, 377, 378, 384, 387, 389, 392, 393
Public Domain

P. 73
Public Domain / Harrison (Sgt), War Office official photographer

P. 75
Photo by : Bundesarchiv, Bild 146-1976-116-08A / CC-BY-SA 3.0

P. 97
Photo by Julius Dadalti / CC BY-SA 4.0
Source :
https://commons.wikimedia.org/wiki/File:Len%C3%A7%C3%B3is_Maranhenses_2018.jpg

P. 117(상)
Public Domain / Marcelo RosaMelo

P. 117(하)
Public Domain / Daderot

P. 140
Photo by James Petts / CC BY-SA 2.0
Source : https://www.flickr.com/photos/14730981@N08/49571408056

P. 143
Photo by Guy Fawkes/ CC BY-SA 2.0
Source : https://www.flickr.com/photos/101164947@N02/23669977794

P. 208
Photo by Jérôme / CC BY-SA 3.0
Source :
https://commons.wikimedia.org/wiki/File:Baarle-Nassau_fronti%C3%A8re_caf%C3%A9.jpg

P. 209
Photo by Roland Zumbuehl / CC BY-SA 3.0
Source : https://commons.wikimedia.org/wiki/File:La-Cure-Douane.jpg

P. 224
Public Domain / ALAN SCHMIERER

P. 227
Public Domain / Brücke-Osteuropa

P. 229
Public Domain / Rgaudin

P. 246, 248, 249, 255, 256, 259, 261, 269
Public Domain / NASA

P. 265
Public Domain / Tobias ToBeFree Frei,tfrei.de

P. 267
Public Domain / OldakQuill

P. 277
Public Domain / NASA/GSFC/LaRC/JPL/MISR Team

P. 279
Public Domain / Vesta

P. 281
Photo by : tadpolefarm / CC BY-SA 3.0
Source : https://web.archive.org/web/20161017214031/http://www.panoramio.com/
photo/45496757

P. 284
Public Domain / British Government

P. 287
Photo by : Comet Photo AG (Zürich) / CC BY-SA 4.0
Source : http://doi.org/10.3932/ethz-a-001007508